文化创意企业法律实务手册

THE HANDBOOK OF LEGAL PRACTICE IN CULTURAL AND CREATIVE ENTERPRISES

北京市国有文化资产监督管理办公室 组织编写

法律出版社 | LAW PRESS

《文化创意企业法律实务手册》

编辑委员会

前　言

文化创意产业被视为21世纪最有发展前景的产业，已经成为新常态下我国经济增长的强力助推器。作为全国文化中心，北京近年来文化创意产业发展势头强劲。2015年，全市文化创意产业实现增加值3179.3亿元，占地区生产总值的比重达13.8%，成为北京市举足轻重的支柱产业。然而，由于文创领域法治建设相对滞后，企业在经营过程中面临诸多困惑与障碍，制约企业发展，进而影响产业健康快速发展。

为帮助文化创意企业深入了解并运用有关法律法规维护合法权益，北京市国有文化资产监督管理办公室特组织编撰了《文化创意企业法律实务手册》一书，聚焦文化创意企业常遇常涉的法律事务，梳理相关法规规定、典型案例，进行条文解读并提出法律建议。

本书共分为七章，内容包括文化创意企业设立、合同、融资、知识产权、劳动用工、市场监管及其他法律实务，涵盖了目前文化创意企业常用的法律法规。全书选取31个文化创意产业相关司法和行政案例进行详细评述、提炼和总结。这些案例涉猎广泛，涵盖北京市文化创意产业全类别，且均源自于我国法院系统及相关行政主管部门官方网站，具有权威性和指导意义。

谨以此书供文化创意企业和广大同仁参考。

《文化创意企业法律实务手册》编委会

2016年12月

目　录

第一章

文化创意企业设立法律实务

第一节 文化创意企业设立法律实务概述

一、企业设立一般规定

企业,一般是指以营利为目的,运用各种生产要素(土地、劳动力、资本和技术等),向市场提供商品或服务,实行自主经营、自负盈亏、独立核算的具有法人资格的社会经济组织。现代经济学理论认为,企业本质上是"一种资源配置的机制",其能够实现整个社会经济资源的优化配置,降低整个社会的"交易成本"。

在商品经济范畴,作为组织单元的多种模式之一,企业是指按照一定的组织规律,有机构成的经济实体,一般以营利为目的,以实现投资人、客户、员工、社会大众的利益最大化为使命,通过提供产品或服务换取收入。它是社会发展的产物,因社会分工的发展而成长壮大,是市场经济活动的主要参与者,在中国计划经济时期,"企业"是与"事业单位"平行使用的常用词语。《辞海》1979 年版中,"企业"的解释为:"从事生产、流通或服务活动的独立核算经济单位";"事业单位"的解释为:"受国家机关领导,不实行经济核算的单位"。在社会主义经济体制下,各种企业并存共同构成社会主义市场经济的微观基础。在学理上,企业的分类有许多种,这里不再一一赘述。

在我国,继《公司法》、《合伙企业法》实施之后,《个人独资企业法》已于 2000 年 1 月 1 日正式实施。该法律的实施标志着我国市场经济三大基本企业形态均已确立。[1] 因此,我国法定的企业三类基本组织形式为公司、合伙企业和个人独资企业,其中,公司制企业是现代企业中最主要的最典型的组织形式,以下将对其进行详细介绍。

(一)公司设立的一般规定

根据我国《公司法》第 3 条的规定,公司是指股东按照公司法的规定,以出

---

〔1〕 赵旭东等著:《商法学》,高等教育出版社 2011 年版,第 34 页。

资方式设立，股东以其认缴的出资额或认购的股份为限对公司承担责任，公司以其全部法人财产对公司债务承担责任的企业法人。依据不同的标准，从不同的角度可以对公司作不同的分类，考虑到本书的实践操作意义，将采用我国《公司法》的划分。按照我国《公司法》第 2 条的规定，该法所称公司是指依照本法在中国境内设立的有限责任公司和股份有限公司。

1. 公司设立的条件

(1)有限责任公司设立的条件

有限责任公司，简称有限公司，是指由法律规定的一定人数的股东所组成，股东以其出资额为限对公司债务承担责任，公司以其全部资产对其债务承担责任的企业法人。我国《公司法》第 23 条规定，设立有限责任公司，应当具备下列条件：第一，股东符合法定人数；第二，有符合公司章程规定的全体股东认缴的出资额；第三，股东共同制定公司章程；第四，有公司名称，建立符合有限责任公司要求的组织机构；第五，有公司住所。

具体来说，设立有限责任公司需要符合主体、财产和组织三方面的条件。[1]

①主体条件

主体条件是指股东资格及人数要件，即股东须符合法定人数和资格。关于股东人数，在我国，有限责任公司应由 50 个以下股东出资设立。关于股东资格，自然人作为发起人应当具备完全行为能力，法律禁止的法人，如党政机关和军队不得作为公司的发起人，原则上公司不得自为股东，而且，为了维护有限公司的人合性，公司章程约定不能成为股东的人不得为股东。

②财产条件

财产条件，主要涉及注册资本和出资方式。

关于注册资本。《公司法》规定，有限责任公司的注册资本为在公司登记机关登记的全体股东认缴的出资额。法律、行政法规以及国务院决定对有限责任公司注册资本实缴、注册资本最低限额另有规定的，从其规定。

关于出资方式。股东可以用货币出资，也可以用实物、知识产权、土地使用权等可以用货币估价并可以依法转让的非货币财产作价出资；但是，法律、行政

---

〔1〕 参见赵旭东等著：《商法学》，高等教育出版社 2011 年版，第 34 页。

法规规定不得作为出资的财产除外。[1] 股东以非货币财产出资的，对作为出资的非货币财产应当评估作价，核实财产，不得高估或者低估作价。法律、行政法规对评估作价有规定的，从其规定。股东以货币出资的，应当将货币出资足额存入有限责任公司在银行开设的账户；以非货币财产出资的，应当依法办理其财产权的转移手续。

③组织条件

组织条件主要涉及公司的章程、名称、住所以及依法建立的组织机构等。

关于公司章程。在我国，设立公司必须依法制定公司章程，股东应当在公司章程上签名、盖章。章程应当对公司的组织规范和行动准则作出规定。有限责任公司的章程应在设立阶段由公司最初的全体股东共同制定。《公司法》第25 条明确规定了有限责任公司的章程应当载明的事项。

关于名称。《公司法》明确规定，依照本法设立的有限责任公司，必须在公司名称中标明有限责任公司或者有限公司字样。

关于住所。依据《公司法》的规定，公司以其主要办事机构所在地为住所。公司住所是公司注册登记的必要事项之一。公司可以建立多处生产、经营场所，但是经公司登记机关登记的公司住所只能有一个。

关于组织机构。一般来说，有限责任公司的组织机构有股东会、董事会和监事会。有限责任公司的股东会由全体股东组成，是公司的权力机构。有限责任公司设董事会，其成员为 3 人至 13 人；但是，股东人数较少或者规模较小的有限责任公司，可以设一名执行董事，不设董事会。执行董事的职权由公司章程规定。两个以上的国有企业或者两个以上的其他国有投资主体投资设立的有限责任公司，其董事会成员中应当有公司职工代表；其他有限责任公司董事会成员中可以有公司职工代表。董事会中的职工代表由公司职工通过职工代表大会、职工大会或者其他形式民主选举产生。董事会设董事长 1 人，可以设副董事长。董事长、副董事长的产生办法由公司章程规定。有限责任公司设监事会，其成员不得少于 3 人。股东人数较少或者规模较小的有限责任公司，可

---

〔1〕 2014 年我国公司资本制改革，《公司法》取消了设立公司的法定资本最低限额制度。除募集设立的股份有限公司以外，全面推行“认缴资本制”。此后章节关于公司设立的条件，皆是如此。

以设1~2名监事,不设监事会。监事会应当包括股东代表和适当比例的公司职工代表,其中职工代表的比例不得低于1/3,具体比例由公司章程规定。监事会中的职工代表由公司职工通过职工代表大会、职工大会或者其他形式民主选举产生。监事会设主席一人,由全体监事过半数选举产生。董事、高级管理人员不得兼任监事。

(2)国有独资公司的设立条件

我国《公司法》所指的国有独资公司,是指国家单独出资、由国务院或者地方人民政府授权本级人民政府国有资产监督管理机构履行出资人职责的有限责任公司。《公司法》第64条规定,国有独资公司的设立和组织机构,有特别规定的从其规定,没有特别规定的适用关于有限责任公司的规定。关于国有独资公司的特别规定如下:

①章程

国有独资公司章程由国有资产监督管理机构制定,或者由董事会制定报国有资产监督管理机构批准。

②组织机构

国有独资公司不设股东会,由国有资产监督管理机构行使股东会职权。国有资产监督管理机构可以授权公司董事会行使股东会的部分职权,决定公司的重大事项,但公司的合并、分立、解散、增加或者减少注册资本和发行公司债券,必须由国有资产监督管理机构决定;其中,重要的国有独资公司合并、分立、解散、申请破产的,应当由国有资产监督管理机构审核后,报本级人民政府批准。前述重要的国有独资公司,按照国务院的规定确定。

国有独资公司设董事会,董事每届任期不得超过3年。董事会成员中应当有公司职工代表。董事会成员由国有资产监督管理机构委派;但是,董事会成员中的职工代表由公司职工代表大会选举产生。董事会设董事长一人,可以设副董事长。董事长、副董事长由国有资产监督管理机构从董事会成员中指定。国有独资公司设经理,由董事会聘任或者解聘。经国有资产监督管理机构同意,董事会成员可以兼任经理。国有独资公司的董事长、副董事长、董事、高级管理人员,未经国有资产监督管理机构同意,不得在其他有限责任公司、股份有限公司或者其他经济组织兼职。

国有独资公司监事会成员不得少于五人，其中职工代表的比例不得低于1/3，具体比例由公司章程规定。监事会成员由国有资产监督管理机构委派；但是，监事会成员中的职工代表由公司职工代表大会选举产生。监事会主席由国有资产监督管理机构从监事会成员中指定。

(3)股份有限公司设立的条件

股份有限公司，简称股份公司，是指公司全部资本划分为等额股份，股东以其所认购股份对公司承担责任，公司以其全部资产对公司债务承担责任的企业法人。我国《公司法》第76条规定，设立股份有限公司，应当具备下列条件：第一，发起人符合法定人数；第二，有符合公司章程规定的全体发起人认购的股本总额或者募集的实收股本总额；第三，股份发行、筹办事项符合法律规定；第四，发起人制定公司章程，采用募集方式设立的经创立大会通过；第五，有公司名称，建立符合股份有限公司要求的组织机构；第六，有公司住所。

同有限责任公司一样，股份有限公司的设立也需要符合主体、财产和组织三方面条件。

①主体条件

在我国，设立股份有限公司，应当有2人以上200人以下为发起人；对发起人资格的限制，与有限责任公司基本相同，但我国《公司法》规定，其中须有半数以上的发起人在中国境内有住所。

②财产条件

我国《公司法》规定，股份有限公司采取发起设立方式设立的，注册资本为在公司登记机关登记的全体发起人认购的股本总额。在发起人认购的股份缴足前，不得向他人募集股份。股份有限公司采取募集方式设立的，注册资本为在公司登记机关登记的实收股本总额。法律、行政法规以及国务院决定对股份有限公司注册资本实缴、注册资本最低限额另有规定的，从其规定。而发起人的出资方式与有限责任公司的股东的出资方式是一致的。

③组织条件

股份有限公司的章程、名称和住所的要求与有限责任公司大体一致，他们的主要区别在于对组织机构的要求不同。股份有限公司的组织机构同样是股东大会、董事会和监事会。股份有限公司股东大会由全体股东组成。股份有限公司设董事会,其成员为5~19人。董事会成员中可以有公司职工代表。董事会中的职工代表由公司职工通过职工代表大会、职工大会或者其他形式民主选举产生。董事会设董事长1人,可以设副董事长。董事长和副董事长由董事会以全体董事的过半数选举产生。股份有限公司设监事会,其成员不得少于3人。监事会应当包括股东代表和适当比例的公司职工代表,其中职工代表的比例不得低于1/3,具体比例由公司章程规定。监事会中的职工代表由公司职工通过职工代表大会、职工大会或者其他形式民主选举产生。监事会设主席一人,可以设副主席。监事会主席和副主席由全体监事过半数选举产生。另外,董事、高级管理人员不得兼任监事。

2. 公司设立的程序

(1)有限责任公司设立的程序

相对于股份有限公司的设立,有限责任公司的设立程序相对简单。依据《公司法》及相关法律规定,有限责任公司的设立应当经过下列程序:

①发起人发起。有限责任公司只能由发起人发起设立。发起人首先要对设立有限责任公司进行可行性分析和预测,确定设立公司的意向。在发起人有数人时,应签订发起人协议或作出发起人会议决议。

②订立公司章程。我国《公司法》规定,公司章程须经全体股东同意并签名盖章,报登记主管机关批准后才能正式生效。

③申请名称预先核准。《公司登记管理条例》第17~18条规定了设立公司申请名称预先核准应当提交的文件和遵循的程序。

④报经有关部门审批。对于法律、行政法规规定必须报经批准的,应当在公司登记前依法办理批准手续。

⑤申请设立登记。发起人向公司登记机关申请设立登记,这是使公司取得法律人格的重要一步。

⑥登记发照。登记机关对申请进行审查后,对符合法律规定的,予以登记,发给执照,公司即告成立。

(2)股份有限公司设立的条件

股份有限公司的设立分为发起设立和募集设立两种,这两种方式基本相同,只是募集设立还需要经过向社会公开招募股份及其相关的信息等,具体如下:

①签订发起人协议。发起人协议是发起人之间以书面形式表达的共同设立公司、各个发起人之间基于设立义务的意思表示一致的行为，它规范的是发起人在发起阶段的权利义务关系。

②报经有关部门批准。根据《公司法》第6条第2款的规定，法律、行政法规规定设立公司必须报经批准的，应当在公司登记前依法办理批准手续。鉴于股份有限公司的股份发行涉及社会资金流向和众多股东的利益，故而必须报经批准才能成立的情形就更多一些。

③制定公司章程。股份有限公司的章程是设立股份有限公司必须具备的文件，由公司的发起人共同制定并经发起人全体同意并签名、盖章，该章程涉及公司设立后股东之间的关系及对外的关系。

④申请名称预先核准。这与前述有限责任公司是一致的。

⑤认购股份。发起设立的，发起人认购应发行的全部股份；募集设立的发起人应认购法定数额的股份，我国《公司法》第84条规定，以募集设立方式设立股份有限公司的，发起人认购的股份不得少于公司股份总数的35%；但是，法律、行政法规另有规定的，从其规定。此外，对于公开募集其余股份，我国法律也做了比较严格的要求。

⑥建立公司组织机构和申请设立登记。发起设立的股份有限公司，发起人在交付全部出资以后，就应当选举公司的董事和监事，组成董事会和监事会。由董事会向登记机关报送设立的批准文件、章程等，申请设立登记。募集设立的，发起人应当在足额缴纳股款以后30日内召开公司的创立大会，创立大会由发起人、认股人组成。董事会应于创立大会结束后30日内，向公司登记机关申请设立登记。

⑦公告。公司成立后，应当进行公告。公告的设立登记的内容应当与登记机关核准登记的内容一致。

（二）合伙企业设立的一般规定

根据我国《合伙企业法》第2条的规定，本法所称合伙企业，是指自然人、法人和其他组织依照本法在中国境内设立的普通合伙企业和有限合伙企业。普通合伙企业由普通合伙人组成，合伙人对合伙企业债务承担无限连带责任。本法对普通合伙人承担责任的形式有特别规定的，从其规定。有限合伙企业由普通合伙人和有限合伙人组成，普通合伙人对合伙企业债务承担无限连带责任，有限合伙人以其认缴的出资额为限对合伙企业债务承担责任。

1. 普通合伙企业设立的规定

我国《合伙企业法》第 14 条规定，设立合伙企业，应当具备下列条件：

(1)有 2 个以上合伙人，合伙人为自然人的，应当具有完全民事行为能力；

(2)有书面合伙协议；

(3)有合伙人认缴或者实际缴付的出资；

(4)有合伙企业的名称和生产经营场所；

(5)法律、行政法规规定的其他条件。

其中有四点需要予以特别说明：

(1)合伙协议。合伙协议依法由全体合伙人协商一致、以书面形式订立。订立合伙协议、设立合伙企业，应当遵循自愿、平等、公平、诚实信用原则。合伙协议经全体合伙人签名、盖章后生效。合伙人按照合伙协议享有权利，履行义务。修改或者补充合伙协议，应当经全体合伙人一致同意；但是，合伙协议另有约定的除外。《合伙企业法》第 18 条还规定了合伙协议应当载明的事项。合伙协议未约定或者约定不明确的事项，由合伙人协商决定；协商不成的，依照本法和其他有关法律、行政法规的规定处理。

(2)合伙企业名称。合伙企业名称中应当标明“普通合伙”字样。

(3)合伙人出资。合伙人可以用货币、实物、知识产权、土地使用权或者其他财产权利出资，也可以用劳务出资。合伙人以实物、知识产权、土地使用权或者其他财产权利出资，需要评估作价的，可以由全体合伙人协商确定，也可以由全体合伙人委托法定评估机构评估。合伙人以劳务出资的，其评估办法由全体合伙人协商确定，并在合伙协议中载明。合伙人应当按照合伙协议约定的出资方式、数额和缴付期限，履行出资义务。以非货币财产出资的，依照法律、行政法规的规定，需要办理财产权转移手续的，应当依法办理。

(4)合伙人的资格限制。国有独资公司、国有企业、上市公司以及公益性的事业单位、社会团体不得成为普通合伙人。

2. 有限合伙企业设立的规定

有限合伙企业设立的条件与普通合伙企业基本一致，所不同的是有限合伙企业由2个以上50个以下合伙人设立；但是，法律另有规定的除外，而且，有限合伙企业至少应当有一个普通合伙人。根据《合伙企业法》第60条的规定，对有限合伙企业及其合伙人有专门规定的，从其规定；未作规定的，适用关于普通合伙企业及其合伙人的规定。因此，以下只对其有专门规定的地方予以说明。

关于合伙协议。合伙协议除符合普通合伙合伙协议的规定外，还应当载明下列事项：(1)普通合伙人和有限合伙人的姓名或者名称、住所；(2)执行事务合伙人应具备的条件和选择程序；(3)执行事务合伙人权限与违约处理办法；(4)执行事务合伙人的除名条件和更换程序；(5)有限合伙人入伙、退伙的条件、程序以及相关责任；(6)有限合伙人和普通合伙人相互转变程序。

关于出资。对于有限合伙企业，它的有限合伙人可以用货币、实物、知识产权、土地使用权或者其他财产权利作价出资，但是有限合伙人不得以劳务出资。

除此之外，有限合伙企业登记事项中应当载明有限合伙人的姓名或者名称及认缴的出资数额。有限合伙企业由普通合伙人执行合伙事务。执行事务合伙人可以要求在合伙协议中确定执行事务的报酬及报酬提取方式。

(三)个人独资企业设立的一般规定

我国《个人独资企业法》第2条规定，本法所称个人独资企业，是指依照本法在中国境内设立，由一个自然人投资，财产为投资人个人所有，投资人以其个人财产对企业债务承担无限责任的经营实体。

1. 个人独资企业的设立条件

《个人独资企业法》第8条规定，个人独资企业的设立，需要符合以下条件：

(1)投资人为一个自然人；

(2)有合法的企业名称；

(3)有投资人申报的出资；

(4)有固定的生产经营场所和必要的生产经营条件；

(5)有必要的从业人员。

2. 设立个人独资企业的其他规定

(1)申请。申请设立个人独资企业，应当由投资人或者其委托的代理人向个人独资企业所在地的登记机关提交设立申请书、投资人身份证明、生产经营场所使用证明等文件。委托代理人申请设立登记时，应当出具投资人的委托书和代理人的合法证明。个人独资企业不得从事法律、行政法规禁止经营的业务;从事法律、行政法规规定须报经有关部门审批的业务,应当在申请设立登记时提交有关部门的批准文件。

(2)申请书记载事项。个人独资企业设立申请书应当载明下列事项:①企业的名称和住所;②投资人的姓名和居所;③投资人的出资额和出资方式;④经营范围。

(3)分支机构。个人独资企业设立分支机构,应当由投资人或者其委托的代理人向分支机构所在地的登记机关申请登记,领取营业执照。分支机构经核准登记后,应将登记情况报该分支机构隶属的个人独资企业的登记机关备案。分支机构的民事责任由设立该分支机构的个人独资企业承担。

二、文化创意企业设立特别规定

为大力发展文化创意产业,建立科学、系统、可行的文化创意产业统计,北京市制定了《文化创意及相关产业分类》(DB11/T 763 - 2015),该标准明确,文化创意产业是指以创作、创造、创新为根本手段,以文化内容和创意成果为核心价值,以知识产权实现或消费为交易特征,为社会公众提供文化体验的具有内在联系的行业集群。该标准将文化创意产业分为九大类,即

(1)文化艺术服务;

(2)新闻出版及发行服务;

(3)广播电视及电影服务;

(4)软件和信息技术服务;

(5)广告和会展服务;

(6)艺术品生产与销售服务;

(7)设计服务;

(8)文化休闲娱乐服务;

(9)文化用品设备生产销售及其他辅助服务。

实践中,文化创意企业的设立通常涉及出版、网络、旅游等类别,因此,本手册将着重对这几种文化创意企业的设立作出说明。

（一）出版单位

我国《出版管理条例》规定，出版物，是指报纸、期刊、图书、音像制品、电子出版物等。出版单位，包括报社、期刊社、图书出版社、音像出版社和电子出版物出版社等。法人出版报纸、期刊，不设立报社、期刊社的，其设立的报纸编辑部、期刊编辑部视为出版单位。国务院出版行政部门负责全国的出版活动的监督管理工作。在我国，国务院其他有关部门按照国务院规定的职责分工，负责有关的出版活动的监督管理工作。县级以上地方各级人民政府负责出版管理的行政部门（以下简称出版行政部门）负责本行政区域内出版活动的监督管理工作。县级以上地方各级人民政府其他有关部门在各自的职责范围内，负责有关的出版活动的监督管理工作。

1. 出版单位的设立条件

设立出版单位，应当具备下列条件：

（1）有出版单位的名称、章程；

（2）有符合国务院出版行政部门认定的主办单位及其主管机关；

（3）有确定的业务范围；

（4）有人民币 30 万元以上的注册资本和固定的工作场所；

（5）有适应业务范围需要的组织机构和符合国家规定的资格条件的编辑出版专业人员；

（6）法律、行政法规规定的其他条件。

审批设立出版单位，除依照前款所列条件外，还应当符合国家关于出版单位总量、结构、布局的规划。

2. 主体资格

报社、期刊社、图书出版社、音像出版社电子出版物出版社等应当具备法人条件，经核准登记后，取得法人资格，以其全部法人财产独立承担民事责任。视为出版单位的报纸编辑部、期刊编辑部不具有法人资格，其民事责任由其主办单位承担。

3. 申请程序及要求

设立出版单位，由其主办单位向所在地省、自治区、直辖市人民政府出版行政部门提出申请；省、自治区、直辖市人民政府出版行政部门审核同意后，报国务院出版行政部门审批。

设立出版单位的申请书应当载明下列事项：

(1)出版单位的名称、地址；

(2)出版单位的主办单位及其主管机关的名称、地址；

(3)出版单位的法定代表人或者主要负责人的姓名、住址、资格证明文件；

(4)出版单位的资金来源及数额。

设立报社、期刊社或者报纸编辑部、期刊编辑部的，申请书还应当载明报纸或者期刊的名称、刊期、开版或者开本、印刷场所。申请书应当附具出版单位的章程和设立出版单位的主办单位及其主管机关的有关证明材料。

4. 审批程序

国务院出版行政部门应当自收到设立出版单位的申请之日起 90 日内，作出批准或者不批准的决定，并由省、自治区、直辖市人民政府出版行政部门书面通知主办单位；不批准的，应当说明理由。设立出版单位的主办单位应当自收到批准决定之日起 60 日内，向所在地省、自治区、直辖市人民政府出版行政部门登记，领取出版许可证。登记事项由国务院出版行政部门规定。出版单位经登记后，持出版许可证向工商行政管理部门登记，依法领取营业执照。

5. 注销登记

图书出版社、音像出版社和电子出版物出版社自登记之日起满 180 日未从事出版活动的，报社、期刊社自登记之日起满 90 日未出版报纸、期刊的，由原登记的出版行政部门注销登记，并报国务院出版行政部门备案。因不可抗力或者其他正当理由发生前款所列情形的，出版单位可以向原登记的出版行政部门申请延期。

(二)互联网文化单位

根据我国《互联网文化管理暂行规定》，互联网文化产品是指通过互联网生产、传播和流通的文化产品，主要包括：(1)专门为互联网而生产的网络音乐娱乐、网络游戏、网络演出剧(节)目、网络表演、网络艺术品、网络动漫等互联网文化产品；(2)将音乐娱乐、游戏、演出剧(节)目、表演、艺术品、动漫等文化产品以一定的技术手段制作、复制到互联网上传播的互联网文化产品。互联网文化活动是指提供互联网文化产品及其服务的活动，分为经营性和非经营性两类。经营性互联网文化活动是指以营利为目的，通过向上网用户收费或者以电子商务、广告、赞助等方式获取利益，提供互联网文化产品及其服务的活动。非经营性互联网文化活动是指不以营利为目的向上网用户提供互联网文化产品及其服务的活动。而互联网文化单位，是指经文化行政部门和电信管理机构批准或者备案，从事互联网文化活动的互联网信息服务提供者。

1. 互联网文化单位的设立条件

申请设立经营性互联网文化单位，应当具备以下条件：

(1)单位的名称、住所、组织机构和章程；

(2)确定的互联网文化活动范围；

(3)适应互联网文化活动需要并取得相应从业资格的8名以上业务管理人员和专业技术人员；

(4)适应互联网文化活动需要的设备、工作场所以及相应的经营管理技术措施；

(5)符合法律、行政法规和国家有关规定的条件。

审批设立经营性互联网文化单位，除依照前款所列条件外，还应当符合互联网文化单位总量、结构和布局的规划。

2. 申请程序及要求

申请设立经营性互联网文化单位，应当向所在地省、自治区、直辖市人民政府文化行政部门提出申请，由省、自治区、直辖市人民政府文化行政部门审核批准。应当提交下列文件：

(1)申请书；

(2)企业名称预先核准通知书或者营业执照和章程；

(3)资金来源、数额及其信用证明文件；

(4)法定代表人、主要负责人及主要经营管理人员、专业技术人员的资格证明和身份证明文件；

(5)工作场所使用权证明文件；

(6)业务发展报告；

(7)依法需要提交的其他文件。

申请设立经营性互联网文化单位经批准后，应当持《网络文化经营许可证》，按照《互联网信息服务管理办法》的有关规定，到所在地电信管理机构或者国务院信息产业主管部门办理相关手续。

3. 审批程序

对申请设立经营性互联网文化单位的，省、自治区、直辖市人民政府文化行政部门应当自受理申请之日起 20 日内做出批准或者不批准的决定。批准的，核发《网络文化经营许可证》，并向社会公告；不批准的，应当书面通知申请人并说明理由。《网络文化经营许可证》有效期为 3 年。有效期届满，需继续从事经营的，应当于有效期届满 30 日前申请续办。

4. 非经营性互联网文化单位的备案

非经营性互联网文化单位，应当自设立之日起 60 日内向所在地省、自治区、直辖市人民政府文化行政部门备案，并提交下列文件：

（1）备案报告书；

（2）章程；

（3）资金来源、数额及其信用证明文件；

（4）法定代表人或者主要负责人、主要经营管理人员、专业技术人员的资格证明和身份证明文件；

（5）工作场所使用权证明文件；

（6）需要提交的其他文件。

（三）旅行社

根据我国《旅行社条例》，旅行社是指从事招徕、组织、接待旅游者等活动，为旅游者提供相关旅游服务，开展国内旅游业务、入境旅游业务或者出境旅游业务的企业法人。国务院旅游行政主管部门负责全国旅行社的监督管理工作。县级以上地方人民政府管理旅游工作的部门按照职责负责本行政区域内旅行社的监督管理工作。县级以上各级人民政府工商、价格、商务、外汇等有关部门，应当按照职责分工，依法对旅行社进行监督管理。

1. 旅行社的设立条件

申请设立旅行社，经营国内旅游业务和入境旅游业务的，应当具备下列条件：（1）有固定的经营场所；（2）有必要的营业设施。

2. 申请和审批

申请设立旅行社，经营国内旅游业务和入境旅游业务的，应当向所在地省、自治区、直辖市旅游行政管理部门或者其委托的设区的市级旅游行政管理部门提出申请，并提交符合设立规定的相关证明文件。受理申请的旅游行政管理部门应当自受理申请之日起20个工作日内作出许可或者不予许可的决定。予以许可的，向申请人颁发旅行社业务经营许可证，申请人持旅行社业务经营许可证向工商行政管理部门办理设立登记；不予许可的，书面通知申请人并说明理由。

申请经营出境旅游业务的，应当向国务院旅游行政主管部门或者其委托的省、自治区、直辖市旅游行政管理部门提出申请，受理申请的旅游行政管理部门应当自受理申请之日起20个工作日内作出许可或者不予许可的决定。予以许可的，向申请人换发旅行社业务经营许可证，旅行社应当持换发的旅行社业务经营许可证到工商行政管理部门办理变更登记；不予许可的，书面通知申请人并说明理由。

3. 分社及服务网点的设立

旅行社设立分社的，应当持旅行社业务经营许可证副本向分社所在地的工商行政管理部门办理设立登记，并自设立登记之日起3个工作日内向分社所在地的旅游行政管理部门备案。旅行社分社的设立不受地域限制。分社的经营范围不得超出设立分社的旅行社的经营范围。

旅行社设立专门招徕旅游者、提供旅游咨询的服务网点应当依法向工商行政管理部门办理设立登记手续，并向所在地的旅游行政管理部门备案。旅行社服务网点应当接受旅行社的统一管理，不得从事招徕、咨询以外的活动。

4. 特别规定

（1）质量保证金。旅行社应当自取得旅行社业务经营许可证之日起3个工作日内，在国务院旅游行政主管部门指定的银行开设专门的质量保证金账户，存入质量保证金，或者向作出许可的旅游行政管理部门提交依法取得的担保额度不低于相应质量保证金数额的银行担保。经营国内旅游业务和入境旅游业务的旅行社，应当存入质量保证金20万元；经营出境旅游业务的旅行社，应当增存质量保证金120万元。旅行社每设立一个经营国内旅游业务和入境旅游业务的分社，应当向其质量保证金账户增存5万元；每设立一个经营出境旅游业务的分社，应当向其质量保证金账户增存30万元。质量保证金的利息属于旅行社所有。

（2）外商投资旅行社。设立外商投资旅行社，由投资者向国务院旅游行政主管部门提出申请,并提交符合设立条件的相关证明文件。国务院旅游行政主管部门应当自受理申请之日起30个工作日内审查完毕。同意设立的,出具外商投资旅行社业务许可审定意见书;不同意设立的,书面通知申请人并说明理由。申请人持外商投资旅行社业务许可审定意见书、章程,合资、合作双方签订的合同向国务院商务主管部门提出设立外商投资企业的申请。国务院商务主管部门应当依照有关法律、法规的规定,作出批准或者不予批准的决定。需要注意的是,外商投资旅行社不得经营内地居民出国旅游业务以及赴香港特别行政区、澳门特别行政区和台湾地区旅游的业务,但是国务院决定或者我国签署的自由贸易协定和内地与香港、澳门特别行政区关于建立更紧密经贸关系的安排另有规定的除外。

(四)娱乐场所

根据《娱乐场所管理条例》,娱乐场所,是指以营利为目的,并向公众开放、消费者自娱自乐的歌舞、游艺等场所。县级以上人民政府文化主管部门负责对娱乐场所日常经营活动的监督管理;县级以上公安部门负责对娱乐场所消防、治安状况的监督管理。

1. 娱乐场所设立的条件

根据《娱乐场所管理办法》,设立娱乐场所,应当符合以下条件:

(1)有与其经营活动相适应的设施设备,提供的文化产品内容应当符合文化产品生产、出版、进口的规定;

(2)歌舞娱乐场所消费者人均占有使用面积不得低于1.5平方米(农村地区除外),游艺娱乐场所的使用面积不少于200平方米,使用面积不包括办公、仓储等非营业性区域;

(3)符合国家治安管理、消防安全、环境噪声等相关规定;

(4)法律、法规和规章规定的其他条件。

2. 申请和审批

设立娱乐场所,应当向所在地县级人民政府文化主管部门提出申请;设立中外合资经营、中外合作经营娱乐场所,应当向所在地省级人民政府文化主管部门提出申请,省级人民政府文化主管部门可以委托所在地县级以上文化主管部门进行实地检查。申请设立娱乐场所前,筹建人可以向负责审批的文化主管部门提交筹建咨询申请,文化主管部门应当为筹建人提供行政指导。

文化主管部门受理申请后,应当对设立场所的位置、周边环境、面积等进行实地检查。符合条件的,应当在设立场所、文化主管部门办公场所显著位置向社会公示10日,并依法组织听证。文化主管部门应当对歌舞娱乐场所使用的歌曲点播系统和游艺娱乐场所使用的游戏游艺设备进行内容核查。文化主管部门应当根据听证和文化产品内容核查结果作出行政许可决定。予以批准的,核发娱乐经营许可证;不予批准的,应当书面告知申请人并说明理由。

3. 从业主体的禁止性规定

根据《娱乐场所管理条例》第5条,有下列情形之一的人员,不得开办娱乐场所或者在娱乐场所内从业:

(1)曾犯有组织、强迫、引诱、容留、介绍卖淫罪,制作、贩卖、传播淫秽物品罪,走私、贩卖、运输、制造毒品罪,强奸罪,强制猥亵、侮辱妇女罪,赌博罪,洗钱罪,组织、领导、参加黑社会性质组织罪的;

(2)因犯罪曾被剥夺政治权利的;

(3)因吸食、注射毒品曾被强制戒毒的;

(4)因卖淫、嫖娼曾被处以行政拘留的。

4. 营业场所的禁止性规定

根据《娱乐场所管理条例》第7条,娱乐场所不得设在下列地点:

(1)居民楼、博物馆、图书馆和被核定为文物保护单位的建筑物内;

(2)居民住宅区和学校、医院、机关周围;

(3)车站、机场等人群密集的场所;

(4)建筑物地下一层以下;

(5)与危险化学品仓库毗连的区域。

娱乐场所的边界噪声,应当符合国家规定的环境噪声标准。

(五)拍卖企业

根据我国《拍卖管理办法》,拍卖企业是指依法在中国境内设立的从事经营性拍卖活动的有限责任公司或者股份有限公司。商务部是拍卖行业主管部门,对全国拍卖业实施监督管理。省、自治区、直辖市人民政府和设区的市人民政府商务主管部门对本行政区域内的拍卖业实施监督管理。

1. 拍卖企业设立的条件

《拍卖管理办法》第 7 条规定，设立拍卖企业，应当具备下列条件：

(1)有自己的名称、组织机构和章程；

(2)有固定的办公场所；

(3)有 3 名以上取得拍卖业从业资格的人员，其中至少有 1 名是拍卖师，并有与主营业务密切联系的行业从业资格的专职或兼职人员；

(4)有符合有关法律、行政法规及本办法规定的拍卖业务规则；

(5)符合商务主管部门有关拍卖行业发展规划。

2. 申请设立分公司的条件

拍卖企业申请设立分公司，应当符合下列条件：

(1)符合拍卖业发展规划；

(2)年检合格；

(3)分公司应有 2 名以上取得拍卖业从业资格的人员，并有与主营业务密切联系的行业从业资格的专职或兼职人员；

(4)有固定的办公场所；

(5)经营拍卖业务 3 年以上，最近 2 年连续盈利，其上年拍卖成交额超过 5000 万元人民币；或者上年拍卖成交额超过 2 亿元人民币。

3. 办理程序

申请设立拍卖企业及分公司，应当先经企业或分公司所在地市级商务主管部门审查后，报省级商务主管部门核准并颁发拍卖经营批准证书。申请人持拍卖经营批准证书向所在地工商行政管理机关办理登记手续。省级商务主管部门对拍卖企业及分公司的设立许可可以采取听证方式。拍卖经营批准证书由商务部统一印制。

拍卖企业及分公司自领取拍卖经营批准证书之日起，6 个月内未领取营业执照，其拍卖经营批准证书自动失效。拍卖企业及分公司成立后 6 个月未开业，或开业后连续 6 个月无正当理由未举办拍卖会或没有营业纳税证明的，由有关部门依法吊销其营业执照，商务主管部门收回拍卖经营批准证书。

4. 外商投资拍卖企业的特殊规定

设立外商投资拍卖企业除应符合以上的规定外还应当符合下列条件：

(1)符合外商投资企业注册资本和投资总额的有关规定;(2)外商投资拍卖企业的经营期限一般不超过30年,在中西部设立外商投资拍卖企业的经营期限一般不超过40年。

设立外商投资拍卖企业及分公司,按照下列程序办理:申请人应向商务部报送规定的申请材料。商务部应自收到全部申请材料之日起在规定时间内作出是否批准的决定,对于批准设立的,颁发外商投资企业批准证书和拍卖经营批准证书,对于不批准的,应说明原因。申请人应当自收到外商投资企业批准证书和拍卖经营批准证书之日起1个月内,向所在地工商行政管理机关办理登记手续。商务部对外商投资拍卖企业及分公司的设立许可可以采取听证方式。

三、文化创意企业设立常见法律问题

文化创意企业设立涉及的主要问题有出资争议、企业设立协议、企业设立登记等。下面,简要列举一些常见法律问题:

(一)因违约而导致公司无法设立的责任承担问题

虽然公司发起人为了设立公司而签订设立公司协议,但是这并不能保证公司能够如期设立,如果有发起人违反公司设立协议约定的义务,或者未如约缴纳出资,或者未及时办理登记,对于其违约的认定及责任的承担都是需要关注的问题。

(二)挂靠经营问题

为了实现资源的共享和成本的减少,实践中许多企业都会出现挂靠经营的情况。对于文化创意企业来说也不例外,然而,并不是所有的企业都允许挂靠经营。为了实现规范化管理和稳定市场秩序,我国对某些文化创意企业的挂靠经营予以禁止。下节案例中,将会详细介绍旅游行业的挂靠禁止规定。

(三)经营场所的限制

这个问题主要集中在娱乐场所的设立上。近年来,随着我国社会经济的发展和人民收入的提高,娱乐消费已经成为大众重要消费方式之一。巨大的消费需求,让各类娱乐场所如雨后春笋般崛起。在极大地丰富了人民群众文化生活和推动经济发展的同时,无证经营、涉黄涉毒、扰民、安全隐患等现象成为文化市场举报投诉的热点,各种争议也随之而生。有鉴于此,对于娱乐场所作出一些限制性规定是极其必要的。

第二节 文化创意企业设立典型案例与解析

一、上海吉玛摄影有限公司与施某公司设立纠纷上诉案[1]

案例要旨

公司发起人在法律上须同时具备三个法律特征,即为设立公司签署公司章程、向公司认购出资或者股份和履行公司设立职责。在不符合前述特征的前提下,因公司设立失败而发生的合作者之间的纠纷,属于公司设立纠纷,归属于民事案由。根据《中华人民共和国合同法》相关规定,按照迟延履行和违约行为的相关规定处理。

案情简介

上海吉玛公司是一家专业从事儿童摄影的有限责任公司,2009 年 9 月 19 日,吉玛公司作为甲方与作为乙方的施某签订了一份《股份合作协议》。协议约定:"由甲、乙双方共同出资在中国境内注册有限责任公司,公司名称为 Artiz-Photography(艺匠摄影),公司注册地址为________(空白),经营地址为上海市茂名北路××号×号楼 106 室至 109 室。公司注册资金为人民币 100 万元(以下币种均为人民币),甲、乙双方均以货币出资方式各出资人民币 50 万元,分别占公司注册资金的 50%。由乙方根据合同约定事项制作《公司章程》,经甲方审阅后甲、乙双方签字。甲、乙双方出资到位后,由乙方聘请有资质机构进行验资,获取《验资报告》,所需费用由甲、乙双方负担。《公司章程》、《资产评估报告》、《验资报告》出具后 5 日内,由乙方编制公司注册申请表,到工商机关办理公司注册登记,领取《法人营业执照》。"同日,吉玛公司、施某另签订了一份《补充协议》,该补充协议载明:"甲方(即吉玛公司)出资的人民币 50 万元实际是以

---

〔1〕 上海市第二中级人民法院(2012)沪二中民四(商)终字第 508 号民事判决书。

茂名北路××号×号楼106室至109室的租赁使用权、现有设备、装饰、用具、服装折价人民币50万元作为出资。自股份协议书及本补充协议签订之日起茂名北路××号×号楼106室至109室的租赁使用权、现有设备、装饰、用具、服装、所有权属于ArtizPhotography艺匠摄影所有。”2010年2月10日，吉玛公司、施某又签订了一份《补充协议》，约定签约双方原定2009年10月31日前共同注册公司事宜，由于双方工作耽搁，现定2010年2月22日前完成。吉玛公司、施某签署上述协议后，未进一步明确设立新公司ArtizPhotography（艺匠摄影）的注册地址，亦未依约进行相关的资产评估、验资等手续，签约双方未能就设立新公司的相关事宜达成共识，最终亦未签署ArtizPhotography（艺匠摄影）的《公司章程》。嗣后，吉玛公司以施某不履行设立新公司的工商登记手续为由，向法院提起诉讼。请求判令：（1）解除2009年9月19日吉玛公司、施某签订的《股份合作协议书》；（2）施某向吉玛公司返还投资款人民币50万元；（3）施某赔偿吉玛公司（自2009年9月20日起至判决生效之日止，按中国人民银行同期贷款基准利率计算的）因此而遭受的利息损失。在一审审理过程中，施某同意吉玛公司的第一项诉讼请求，即解除2009年9月19日双方签订的《股份合作协议书》。

一审法院认为：本案系设立公司过程中发起人责任纠纷，根据查明的事实，吉玛公司与施某所签《股份合作协议》以及《补充协议》，于法无悖，合法有效，签约双方理应严格遵守，各自全面履行协议规定的义务。而吉玛公司提交的证据材料，未能证实双方在签约后，依约履行了相关的资产交接、评估、验资等手续，双方最终亦未能就设立新公司的相关事宜达成共识，签署ArtizPhotography（艺匠摄影）的《公司章程》。应当明确的是，在设立公司的过程中，作为投资人实施的包括现金出资、实物出资、实物投入前的价值评估等行为，必须征得协议相对人的确认与认可，并由协议相对人签发收入现金、接收实物的相应签收凭据，最终将投资各方投入的资产按约进行评估、验资等程序，投资各方还必须签署《公司章程》，用以约定投资各方的权利与义务。至此，方可向国家工商行政管理部门申请办理工商企业的注册登记手续。而吉玛公司在无视系争《股份合作协议》项下是否具备企业工商注册登记前置条件的情况下，仅以施某不予办理工商登记手续为由要求施某返还其投资款50万元的诉讼请求，缺乏事实依据,亦不符合协议的约定,难以支持。即便是存在施某侵占吉玛公司财产的行为,吉玛公司可另行主张权利,在审理发起人责任纠纷中不予处理。同时,吉玛公司提供的证据亦不足以证明其所称的财产就是本案吉玛公司诉称的价值50万元的投资实物,施某个人经营的"韩匠摄影"与本案亦并无关联,施某的抗辩理由,符合协议的约定,于法有据,予以采信。基于施某同意吉玛公司解除2009年9月19日双方签订的《股份合作协议书》的诉请,且在审理过程中,双方均未作出需要继续相互合作的意思表示,本案系争《股份合作协议书》可予以解除。据此,一审法院判决:(1)2009年9月19日吉玛公司与施某签订的《股份合作协议书》予以解除;(2)吉玛公司的其他诉讼请求,不予支持。一审案件受理费8800元,由吉玛公司负担。

一审判决后,吉玛公司不服,向二审法院提起上诉称:原审认定事实不清,适用法律错误。吉玛公司已经将实物全部交付给施某,履行了股份合作协议中的交付义务。施某实际占有实物,但怠于履行合同约定的义务,吉玛公司要求施某返还作价投资款是有依据的。原审适用工商条例判定合同的效力无法律依据,也遗漏了发起人条例中关于已经收取的股权款或实物,有义务予以返还的条款。故请求撤销原审判决主文第二项,依法改判。而施某辩称:吉玛公司既未证明其交付了实物,也未证明其交付了相应的出资,其应承担举证不能的后果。吉玛公司并未交付实物,也就不存在实物或出资的返还问题。请求维持原审判决。

二审法院认为:本案中,吉玛公司与施某签订《股份合作协议书》后,始终未能就设立艺匠摄影共同签署公司章程,因此,无论是吉玛公司还是施某,均不具备上述发起人条件之一的须"签署公司章程"的法律要件,非法律意义上的发起人。故原审将本案案由定为发起人责任纠纷不当。根据吉玛公司和施某签订的《股份合作协议书》,双方共同确定成立艺匠摄影,故本案的案由应为公司设立纠纷。由于吉玛公司、施某在原审中均表示同意解除《股份合作协议书》,艺匠摄影已不可能设立,因此本案所要解决是吉玛公司、施某谁对公司设立失败有过错,以及过错方应承担何种违约责任,从而判定吉玛公司要求返还投资作价款50万元的诉讼请求是否应得到支持。

从吉玛公司提供的证据来看,代表该公司的陈某某于2010年9月与施某共同完成了和房屋出租人签订房屋转租合同的手续，已完成了该项义务。而艺匠摄影是否成立，施某担当着更多具体的设立义务，但施某未向法院提供任何证据证明其交付了约定的出资，积极履行了设立公司的义务，或在吉玛公司未履行协议约定义务时，其曾向吉玛公司提出异议或催告。2009 年 9 月 19 日吉玛公司即与施某签订本案系争协议，协议约定当日茂名北路 × × 号 × 号楼 106 室至 109 室房屋租赁使用权及设备、装饰、用具、服装所有权即归艺匠摄影所有。虽然双方当事人之间缺乏交接清单等手续，但吉玛公司提供的该公司广告宣传册、照片等证据能够证明所涉房屋装修情况与现状一致，系争场地目前又是由施某经营的韩匠摄影用于摄影业务。首先，吉玛公司至少已将包括装饰部分的租赁场地交付施某使用的事实可以认定。其次，吉玛公司的陈某某也已同施某一起办理了房屋转租合同。最后，如吉玛公司确未履行系争协议约定的出资义务，施某从未提出异议或催告的做法显然不符常理。对此，施某仍表示不认可吉玛公司交付任何出资，称吉玛公司未能提供交接清单，主张因双方对设立公司的事项无法达成一致导致合同无法履行，但未提供任何依据，故本院难以采信。鉴于此，本院认为，吉玛公司交付出资的概然性大于施某所主张的吉玛公司未交付出资的盖然性。

本案中，吉玛公司出资的目的是为设立艺匠摄影，其出资财物的所有权本应归艺匠摄影所有。因艺匠摄影未成立，有关财物的控制、使用人应承担返还责任。由于房屋、设备、装饰等现在由施某控制、使用较长时间，房屋租赁权、装饰不具返还的可操作性，设备、服装等则存在折旧，且作价人民币 50 万元的内容不具可分割性，故综合考虑本案情况，由施某返还吉玛公司出资折价款人民币 50 万元为妥。因此，法院判决施某应于判决生效之日起 10 日内向上诉人上海吉玛摄影有限公司返还出资折价款人民币 50 万元以及相应的利息损失，并承担一审、二审的诉讼费用。

案例解析

本案主要涉及的法律问题有两个：一是发起人范围如何界定；二是在设立公司过程中，因一方当事人违约而导致公司无法设立时违约方的责任承担问题。这也是公司设立过程中经常出现的问题。

公司发起人在公司的设立和运作过程中有其特殊的地位与作用,也有其特殊的法律责任,既有别于一般股东,也不同于仅签订协议但尚未进入实质性设立阶段的公司合作者。根据相关公司法原理,所谓发起人,在法律上须同时具备以下三个法律特征,即为设立公司一要"签署公司章程"、二要"向公司认购出资或者股份"、三要"履行公司设立职责"。本案中,双方虽然签订了以设立公司为目的的《合作协议》,吉玛公司也交付了认购的出资,但一方面《合作协议》在性质上并不能等同于公司章程,双方没有签署公司章程的行为;另一方面双方也没有进一步着手实施实质性的公司筹办事务,故双方之间的关系还停留在设立公司的合作者的阶段,尚不能认定为公司发起人。此外,吉玛公司主张施某返还投资款所依据的事实和理由,并不属于公司法及其司法解释规定的发起人责任内容,而是基于双方就设立公司达成的初步合意,相关财产交付的依据也是为设立公司签订的《合作协议》,因公司设立失败而发生的合作者之间的纠纷,按照最高人民法院新的民事案由规定,确定为公司设立纠纷较妥。

事实上,本案最为关键的问题还是吉玛公司 50 万元投资的返还问题。而要解决这一问题,必然要分清到底哪一方对公司设立存在过错。双方约定吉玛公司以房屋租赁使用权、现有设备、装饰、用具、服装折价人民币 50 万元作为出资,以及施某要负责验资、申请登记等义务。吉玛公司已经按照约定履行了协助签订房屋租赁合同以及缴付出资的义务,而施某虽然不认可吉玛公司交付任何出资,称吉玛公司未能提供交接清单,主张因双方对设立公司的事项无法达成一致导致合同无法履行,但未提供任何依据。而且,施某事实上也占有着该房屋,该房屋的设计装潢以及设备与当初协议的内容基本一致,反而是施某在吉玛公司履行出资义务之后,并没有履行相应的义务,导致公司无法如期设立。根据《中华人民共和国合同法》相关规定,当事人一方迟延履行债务或者有其他违约行为致使不能实现合同目的的,当事人可以解除合同。合同解除后,尚未履行的,终止履行;已经履行的,根据履行情况和合同性质,当事人可以要求恢复原状、采取其他补救措施,并有权要求赔偿损失。本案中,由于施某的违约致使公司不能设立,所以应由其承担返还吉玛公司出资的责任。

本案启示

在设立文化创意企业过程中,当公司合作者尚不具备发起人资格时,因公司设立失败而发生的合作者之间的纠纷,属于公司设立纠纷,应当按照我国《合同法》中关于迟延履行和违约行为的规定处理。因此,在设立公司时,尤其是在签订合作协议的时候,应明确各方权利与义务,遵循诚实信用原则,避免遭受不必要的损失。

二、崔鹏诉四达国际旅行社挂靠经营合同纠纷案[1]

案例要旨

旅行社挂靠经营是指旅行社在一定时期内允许其他组织或个人使用其经营资质对外从事旅行社业务的行为。旅行社不得准许其他企业、团体或者个人以部门或者个人承包、挂靠的形式经营旅行社业务。在我国,出租、出借、转让旅行社业务经营许可证以及其他变相承包、挂靠的行为都是不被允许的。

案情简介

2009年3月1日,四达国际旅行社(甲方,以下简称四达国旅)与崔鹏(乙方)就设立四达国际旅行社北京慈云寺营业部,签订《四达国际旅行社设立门市协议》。协议约定:甲方责任:(1)为乙方负责经营管理的门市办理营业的相关手续;(2)同乙方负责经营管理的门市员工签订劳动合同。甲方权利:(1)对乙方负责的门市按协议年度上收定额"经营利润"(费用)人民币15,000元;(2)向乙方收取"经营责任风险保证金"人民币10,000元,若乙方所负责的门市没有完成任务指标或违反《四达国旅门市管理条例》,甲方有权动用保证金,并同时有权要求乙方立即补足所应缴的保证金。乙方责任:(1)自行解决办公场

[1] 北京市丰台区人民法院(2012)丰民初字第02500号民事判决书,http://www.pkulaw.cn/Case/pfnl_118287085.html?match=Exact,北大法宝。

所,按照甲方(门市管理中心)所提供的统一形象要求进行装修装饰;(2)负责选择招聘、管理所经营管理门市的员工,按照甲方人事管理要求签订统一格式劳动合同,并保证负责为每个员工缴纳社会劳动保险,如违反此项规定造成甲方管理部门受处罚,则甲方(门市管理中心)对该门市处以双倍的处罚;(3)按要求缴纳"经营责任风险保证金";(4)乙方负责的门市所产生的一切费用全部纳入乙方所经营管理的门市成本,自行消化解决,乙方负责的门市因自行操作产生的纠纷由乙方自行承担责任并解决。乙方权利为合法使用甲方的名称、品牌、账户、发票、制式合同等。协议有效期到期后,甲乙双方应在协议有效期终止后15个工作日内完成往来账目核对,缴清差额欠款;甲方在乙方退还全部未用发票、收据以及税控机和业务印章,并撤销一切与"四达国旅"有关的招牌、形象标识后向乙方退还所缴纳的"经营责任风险保证金"。甲方应按照协议,在乙方无过错的前提下,尽可能为乙方创造经营条件;在甲方无故意过失的前提下,由于客观原因不能满足乙方要求时,乙方应予以谅解。如甲方违反上述条款,赔偿乙方同保证金同等数额违约金。乙方应严格执行上述条款,若有违反,则根据上述条款中的处理措施进行处理,直至解除协议,取消乙方的经营资质,保证金不予退还。本协议有效期自双方签字起生效,有效期1年,签订日期由2009年3月1日起至2010年2月28日止。

后来,直到合同到期,四达国旅也未能履行相关义务,致崔鹏一直无法营业,造成了严重的经济损失。经崔鹏多次要求,四达国旅既不退还崔鹏缴纳的各项费用,也不赔偿崔鹏的损失,更不予办理相关营业的手续。故崔鹏诉至法院,请求判令:(1)四达国旅返还崔鹏交纳的管理费人民币15,000元;(2)四达国旅返还崔鹏交纳的经营责任风险保证金人民币10,000元;(3)四达国旅支付违约金人民币10,000元;(4)四达国旅返还办理证件费用人民币1500元;(5)四达国旅赔偿崔鹏的房租损失人民币66,000元;(6)四达国旅承担本案诉讼费。

被告四达国旅于2012年2月21日在庭审中辩称:(1)双方的挂靠经营合同应该是无效的,这是崔鹏和戴前进的门市经理曹宝健签订的。此份合同违反了国家的强制性规定,应为无效。(2)崔鹏并没有领取营业执照,合同只是履行了一部分。崔鹏的确交纳了合同约定的款项给戴前进,但四达国旅只对崔鹏交纳的经营风险保证金知情,愿意返还经营保证金,办证费、管理费也愿意与崔鹏协商解决。

经查,2008 年 3 月 31 日,四达国旅与戴前进签订《合作经营协议书》。按照协议约定,四达国旅股份中含人民币 60 万元旅游质保金、戴前进以人民币 100 万元现金为股份(人民币 100 万元作为旅游质保金,在合作协议终止时,归还戴前进);四达国旅将财务章交由戴前进管理,所有经营流动资金由戴前进负责解决,戴前进负责旅行社日常经营管理,进行国际和国内旅游线路的策划与宣传、根据需要设立相关部门,管理四达国旅的门市管理中心印章,开展经营项目许可的旅游业务和专项活动;戴前进应向四达国旅交纳固定利润等。后四达国旅与戴前进在履行《合作经营协议书》过程中产生纠纷,诉讼至法院,法院作出一审民事判决。四达国旅与戴前进不服,上诉到北京市第二中级人民法院。2011 年 6 月 17 日,北京市第二中级人民法院作出(2010)二中民终字第 8468 号民事判决书,认定:《合作经营协议书》不具备共同出资、共同经营、共担风险的特性,所以其性质为承包合同而非联营合同。四达国旅与戴前进签订《合作经营协议书》的行为系以变相承包的方式非法转让经营权的行为,该行为扰乱了旅游市场秩序,违反了《旅行社管理条例》的规定,《合作经营协议书》无效。崔鹏与四达国旅签订的《四达国际旅行社设立门市协议》,即是戴前进在履行《合作经营协议书》期间,由其聘用的门市负责人曹宝健代表四达国旅,与崔鹏签订的。

法院认为:我国《旅行社管理条例实施细则》第 27 条规定,旅行社业务经营许可证不得转让、出租或者出借。旅行社的下列行为属于转让、出租或者出借旅行社业务经营许可证的行为:(1)除招徕旅游者和符合《旅行社管理条例实施细则》第 34 条第 1 款规定的接待旅游者的情形外,准许或者默许其他企业、团体或者个人,以自己的名义从事旅行社业务经营活动的;(2)准许其他企业、团体或者个人,以部门或者个人承包、挂靠的形式经营旅行社业务的。崔鹏与四达国旅签订《四达国际旅行社设立门市协议》的行为系以变相承包、挂靠的方式非法转让经营权的行为,该行为扰乱了旅游市场秩序,违反了《旅行社管理条例》的规定,所以该协议无效。根据我国《合同法》第 58 条的规定,因无效合同取得的财产,应当予以返还;有过错的一方应当赔偿对方因此所受到的损失,双方都有过错的，应当各自承担相应的责任。崔鹏与四达国旅对本案合同无效均有过错，所以应当各自承担相应的责任。崔鹏要求四达国旅返还管理费、风险保证金、办理证件费用的诉讼请求，并无不妥，本院予以支持。崔鹏要求四达国旅支付违约金的请求，缺乏事实和法律依据，本院不予支持。崔鹏要求四达国旅赔偿房屋租金损失的请求，鉴于其所租房屋还用于生活居住，且其亦有过错，故对其请求中合理部分，本院予以支持。

案例解析

本案主要涉及的是旅行社的挂靠经营问题。在我国法律法规中，并未对“挂靠”进行明确解释或界定，与之相对应的法律概念为“资质出借、转让”。《旅行社条例实施细则》第 27 条规定，旅行社不得准许其他企业、团体或者个人以部门或者个人承包、挂靠的形式经营旅行社业务。作为旅游主管部门发布的规章，该条规定中虽然使用了“挂靠”的概念，但也并未对其进行进一步的解释。但是这并不影响人们对旅行社挂靠经营行为的认识。实践中一般认为，旅行社挂靠经营是指旅行社在一定时期内允许其他组织或个人使用其经营资质对外从事旅行社业务的行为。

根据《旅行社条例》及其实施细则的相关规定，凡旅行社有下列行为之一的，可以被认定为挂靠经营：(1)旅行社对所谓的“分社”没有实行统一的人事、财务、招徕、接待制度规范，对所谓的“服务网点”没有实行统一管理、统一财务、统一招徕和统一咨询服务规范；(2)旅行社设立的服务网点经营了为设立旅行社咨询、招徕业务以外的旅游业务；(3)旅行社分社、服务网点以自己的名义对外从事招徕、接待旅游业务；(4)旅行社与个人或单位签订协议，允许其挂靠成为旅行社的一个部门，并向其收取“经营权使用费”或管理费等，并许可其使用旅行社的名称；(5)旅行社与分社、服务网点签订挂靠协议或其他经济协议，将旅行社的单一业务或综合业务许可给分社、服务网点经营，并向其收取使用费用或管理费；(6)旅行社没有与分社、服务网点的员工签订劳动合同，没有纳入旅行社人事管理并发放工资报酬，没有购买法定社会保险等。

崔鹏与四达国旅签订的门市设立协议中，崔鹏负责的门市所产生的一切费用全部纳入崔鹏所经营管理的门市成本，自行消化解决，其负责的门市因自行操作产生的纠纷由其自行承担责任并解决，这已经违反了上述第一点的规定；对乙方负责的门市按协议年度上收定额“经营利润”（费用）人民币15,000元等收取费用的约定，实质上就是上述第四点所说的收取经营使用费的行为。因此，这份设立协议是旅行社挂靠经营协议，其实质上是旅行社业务经营许可证转让、出租或者出借行为，违反了法律法规的禁止性规定，当属无效。

本案启示

近年来，随着人们生活条件的提升，越来越多的人都想“出去走走”，我国的旅游产业发展如火如荼，旅行社的设立犹如雨后春笋。事实上，为了保护我国旅游产业的健康发展，国家对旅行社、旅行社分社及其服务网点的设立有着较为明确的规定，旅行社挂靠经营是被禁止的。

三、胡某某等与北京市海淀区文化委员会行政许可纠纷上诉案[1]

案例要旨

申请设立娱乐场所，应当提交法定的书面声明，申请人应当对书面声明内容的真实性负责。受理申请的文化主管部门应当就书面声明向公安部门或者其他有关单位核查，公安部门或者其他有关单位应当予以配合；经核查属实的，文化主管部门应当依法进行实地检查，作出决定。我国《娱乐场所管理条例》第7条第1款第2项规定，娱乐场所不得设立在居民住宅区和学校、医院、机关周围。

案情简介

2012年12月13日，胡某等3人（为表述方便，以下简称胡某）为设立电子游艺城，填写了《北京市海淀区游艺娱乐场所申请设立登记表》。同日，海淀区文委出具行政许可受理通知书，认为胡某提交申请材料齐全且符合法定形式，

---

〔1〕 北京市第一中级人民法院(2013)一中行终字第2585号行政判决书。

依法予以受理,并于当日将受理通知书送达胡某。2012 年 12 月 19 日,海淀区文委对胡某申请材料中提到的设立场地北京市海淀区西三旗育新花园小区 2 号楼 2 层东段西侧进行现场查验,制作了电子游艺场所现场检查记录表并拍照。海淀区文委的查验意见为:该场所位于北京市海淀区西三旗育新花园小区,不符合《娱乐场所管理条例》第 7 条第 1 款第 2 项的规定,不符合设立条件。2012 年 12 月 25 日,海淀区文委对胡某进行询问,告知其相关权利,并听取了其陈述和申辩意见。其后,海淀区文委分别于 2013 年 1 月 9 日及 14 日告知刘某(合伙人)相关权利,并听取了刘某的陈述及申辩意见。海淀区文委调取了北京市海淀区西三旗育新花园小区的国家建设用地批准书,该批准书载明的建设项目名称为高教住宅小区,土地用途为住宅。2013 年 1 月 14 日,海淀区文委作出被诉决定,认为"北京市海淀区西三旗育新花园小区 2 号楼 2 层东段西侧"位于居民住宅区,不符合《娱乐场所管理条例》第 7 条第 1 款第 2 项关于娱乐场所不得设立在居民住宅区和学校、医院、机关周围的规定。根据《行政许可法》第 38 条第 2 款,《娱乐场所管理条例》第 9 条第 3 款,决定对 3 人的申请不予许可。2013 年 1 月 16 日,海淀区文委将上述决定书送达刘某。3 人不服,向北京市海淀区人民政府提起行政复议。2013 年 3 月 18 日,北京市海淀区人民政府作出海政复决字(2013)28 号行政复议决定书,维持了被诉决定。3 人仍不服,诉至北京市海淀区人民法院。

北京市海淀区人民法院认为,我国《娱乐场所管理条例》第 7 条第 1 款第 2 项规定,娱乐场所不得设立在居民住宅区和学校、医院、机关周围。本案中,胡某拟设立的娱乐场所位于北京市海淀区西三旗育新花园小区 2 号楼 2 层东段西侧。根据海淀区文委的现场查验情况及其提交的照片、国家建设用地批准书等证据材料,可以认定上述拟设立娱乐场所位于居民区,不符合《娱乐场所管理条例》第 7 条第 1 款第 2 项的规定。海淀区文委据此作出不予行政许可决定认定事实清楚,适用法律、法规正确。此外,海淀区文委收到胡某的申请后,履行了现场检查、告知权利、听取陈述和申辩、送达等相关程序,上述程序并无不当。最终,判决驳回胡某的诉讼请求。

胡某不服一审判决,提起上诉,请求二审法院依法撤销一审判决,撤销海淀区文委于 2013 年 1 月 14 日作出的编号为 2013001 的不予行政许可决定书。

北京市第一中级人民法院认为,一审法院认定的主要事实清楚、证据充分、适用法律正确,本院应予维持。上诉人的上诉理由不能成立,其要求撤销一审判决等上诉请求本院不予支持。

案例解析

本案比较简单,主要涉及娱乐场所的设立地点。

由于娱乐场所在性质上的特殊性,对其场所的位置有特殊要求。我国《娱乐场所管理条例》第 7 条规定,娱乐场所不得设在下列地点:

(1)居民楼、博物馆、图书馆和被核定为文物保护单位的建筑物内;

(2)居民住宅区和学校、医院、机关周围;

(3)车站、机场等人群密集的场所;

(4)建筑物地下一层以下;

(5)与危险化学品仓库毗连的区域。

这不仅是为了保障人民群众的正常生活,也是娱乐场所健康发展的需要。本案中,不管胡某的起诉和上诉理由有多少,不可否认的一点是其拟设立的电子游艺城是位于居民区内的,根据该条例,这是不被允许的。因此,一审和二审法院的认定与判决都是正确的。

本案启示

基于文化产品和服务的意识形态属性,文化创意企业的设立在地点、章程和设立协议上都可能与一般企业有所不同。只有前期充分了解掌握有关政策限制和法律规定,才能在设立文化创意企业的过程中少绕圈子,少走弯路,减少时间和财产的浪费。

本章常用法律法规索引

1.《中华人民共和国民法通则》

2.《中华人民共和国公司法》

3.《中华人民共和国合伙企业法》

4.《中华人民共和国个人独资企业法》

5.《中华人民共和国企业法人登记管理条例》

6.《中华人民共和国公司登记管理条例》

7.《出版管理条例》

8.《娱乐场所管理条例》

9.《旅行社条例》

10.《拍卖管理办法》

11.《互联网文化管理暂行规定》

第二章

文化创意企业合同法律实务

第一节 文化创意企业合同法律实务概述

合同的签订和履行是文化创意企业开展经营活动、实现企业价值的重要载体和手段。文化创意企业在经营中,一方面同一般企业一样需要签订买卖、租赁、劳动等合同。同时,也需要根据企业经营范围、主营方向,签订知识产权、邻接权、拍卖、设计、服务贸易等各类民事、商事合同。

文化创意企业合同所涉及的法律法规主要包括《中华人民共和国民法通则》、《中华人民共和国合同法》、《中华人民共和国物权法》、《中华人民共和国民事诉讼法》及相关司法解释等。此外,根据文化创意企业经营领域和合同标的的不同,文化创意企业合同还需要充分考虑有关著作权、专利权、商标权、传媒、劳动关系等法律法规。以下将从企业合同的一般规定、文化创意企业常用合同及规定、文化创意企业合同常见法律问题三个方面进行阐述。

一、企业合同一般规定

(一)合同订立和履行的基本原则

合同基本原则是指导合同订立履行的主线。我国《合同法》对于合同订立和履行的规定体现了四个基本原则,分别为自由原则、合法原则、诚实信用原则和鼓励交易原则。其中,自由原则是合同订立的一项基本原则,此亦为民事法律关系中意思自治基本理念的体现。自由原则首先体现在合同依照当事人的自决意志予以签订和履行,我国《合同法》第4条规定,“当事人依法享有自愿订立合同的权利,任何单位和个人不得非法干预”。在自由原则的基础上,合法原则、诚实信用原则、鼓励交易原则都是对自由原则进行的修正,从而实现合同订立自由与社会实质正义要求的统一。

对合同的合法性要求体现在《合同法》第7条的规定中:“当事人订立、履行合同,应当遵守法律、行政法规,尊重社会公德,不得扰乱社会经济秩序,损害社会公共利益。”合同是合同当事人的意思表示,但是任何当事人的意思表示及其履行,都不能违反法律的强制性规定,因此,合法性原则亦是《合同法》确定的合同基本原则。

诚实信用原则要求合同当事人在合同订立和履行的过程中做到诚实守信。它贯穿于合同订立和履行的全过程,以防止合同当事人滥用合同自由原则,恶意订立或不适当履行合同,对合同相对方和社会公共利益造成侵害。《合同法》第6条规定:“当事人在行使权利、履行义务时应当遵循诚实信用原则。”

鼓励交易原则是指合同法在具体的制度设计上以降低当事人的交易成本,减少交易制度障碍为指导思想,达到促进当事人通过合同实现交易的立法目的。[1] 由于合同关系是市场经济中最基本的法律关系,鼓励交易原则体现了其促进市场经济高度发展的职能。我国《合同法》从以下四个方面贯彻了鼓励交易原则:(1)严格限制无效合同的范围;(2)通过规定合同订立制度体现出鼓励交易的精神;(3)在可撤销合同制度中,倡导变更而不是撤销;(4)严格限制违约解除的条件。[2] 当然,鼓励交易并不是鼓励当事人之间的任意交易,而是鼓励合法的符合诚实信用原则的交易。

(二)合同的类型

我国《合同法》分则列明了“买卖合同”、“供用电、水、气、热力合同”、“赠与合同”、“借款合同”、“租赁合同”、“融资租赁合同”、“承揽合同”、“建设工程合同”、“运输合同”、“技术合同”、“保管合同”、“仓储合同”、“委托合同”、“行纪合同”、“居间合同”15类有名合同。企业经营实践中,需要的合同种类纷繁复杂,仅仅上述合同类型是不能涵盖的,因此,大多数实践中运用的是由合同当事方自行约定的合同,亦称为无名合同。

(三)合同的订立

合同订立是指各方当事人通过协商相互之间建立合同关系的行为。《合同法》第13条规定:“当事人订立合同,采取要约、承诺方式。”要约是指一方当事人以缔结合同为目的,向对方当事人提出合同条件,希望对方当事人接受的意思表示。发出要约的一方称要约人,接受要约的一方称受要约人。承诺是指受

---

〔1〕 陈小君:《合同法学》(第2版),高等教育出版社2009年版。

〔2〕 陈奕霏:“浅析合同法鼓励交易原则的实践效用”,载《东方企业文化》2014年第20期。

要约人同意接受要约的全部条件而缔结合同的意思表示。

(四)合同的变更

合同变更指当事人约定的合同的内容发生变化和更改,即权利和义务变化的民事法律行为。合同变更有广义与狭义之分。广义的合同变更包括合同内容的变更与合同主体的变更;狭义的合同变更指合同内容的变更。从我国《合同法》第五章的有关规定来看,合同的变更仅指合同内容的变更,而合同主体的变更称为合同的转让。《合同法》第77条规定:"当事人协商一致,可以变更合同。法律、行政法规规定变更合同应当办理批准、登记等手续的,依照其规定。"

(五)合同的履行

合同的履行,是指合同的当事人按照合同完成约定的义务,如交付货物、提供服务、支付报酬或价款、完成工作、保守秘密等。合同履行应当遵循全面履行、完整履行、适当履行的原则。《合同法》第60条规定:"当事人应当按照约定全面履行自己的义务。"而我国早先颁布的《民法通则》第88条也规定:"合同的当事人应当按照合同的约定,全部履行自己的义务。"

(六)合同的解除

合同解除,是指在合同成立之后,因一方或双方当事人的意思表示,使合同关系溯及或不溯及地消灭,未履行的部分不必继续履行,已履行的部分依具体情形进行清算的制度,它是合同特有的消灭原因。[1] 合同只有在有效成立后、履行完毕前才发生合同解除的效力。根据解除权的发生根据不同,合同解除权可以分为依当事人约定而发生的解除权(约定解除权)和依法律规定而产生的解除权(法定解除权)。

二、文化创意企业常用合同及规定

为大力发展文化创意产业,建立科学、系统、可行的北京市文化创意产业统计,在《国民经济行业分类》(GB/T 4754—2002)的基础上,北京市制定了《文化创意及相关产业分类》(DB11/T 763 - 2015),为北京市文化创意产业规划和发

---

〔1〕 韩世远:《合同法总论》,法律出版社2004年版,第589页。

展提供了参考与借鉴，为文化创意产业统计监测和评价提供了科学、统一的范围与定义。鉴于不同类别的文化创意企业所常用的合同有所不同，其中的法律关系和法律问题也有所区别，以下将分述不同类别文化创意企业交易活动中可能涉及的有关合同中的常见法律问题。

（一）买卖合同

买卖合同是出卖人转移标的物的所有权于买受人，买受人支付价款的合同。其中，依约定应交付标的物并转移标的物所有权的一方称为出卖人，应支付价款的一方称为买受人。出卖人应当是买卖合同标的物的所有权人或其他有处分权人。

买卖合同是民商事活动中最常见的经济合同，也是最容易引起纠纷的经济合同。在实践中，买卖合同常见的法律问题主要缘于以下几种情况：商品质量条款未约定或约定不明，商品交接及货款支付未约定或约定不明，违反诚信原则，未考察主体资格或主体的偿债能力，违约责任问题等。因此，签订书面合同以明确合同当事人双方的权利与义务，以减少纠纷、保障民商事活动的正常进行。

（二）租赁合同

租赁合同是出租人将租赁物交付承租人使用、收益，承租人支付租金的合同。根据不同的标准，租赁合同有不同的分类方法。根据租赁物的不同，可以划分为动产租赁和不动产租赁。根据法律对租赁是否具有特殊的规定，可以划分为一般租赁和特殊租赁。根据租赁合同是否确定期限，可以划分为定期租赁和不定期租赁。《合同法》第 214 条规定：租赁期限不得超过 20 年。超过 20 年的，超过部分无效。租赁期间届满，当事人可以续订合同，但约定的租赁期限自续订之日起不得超过 20 年。《合同法》第 215 条规定：租赁期限为 6 个月以上的，合同应当采用书面形式。当事人未采用书面形式的合同，视为不定期租赁。

为了尽可能避免在租用过程中产生不必要的争议，在签订合同时需要注意相关事项，主要包括：(1) 承租方需要了解出租人和出租物的基本情况；(2) 租期条款；(3) 租金条款；(4) 保证金条款；(5) 转租条款；(6) 保管责任条款；(7) 维修责任条款。

（三）劳动合同

劳动合同是劳动者与用人单位确立劳动关系、明确双方权利和义务的协议。我国《劳动合同法》第 15 条规定，“以完成一定工作任务为期限的劳动合同，是指用人单位与劳动者约定以某项工作的完成为合同期限的劳动合同。用人单位与劳动者协商一致，可以订立以完成一定工作任务为期限的劳动合同”。第 23 条规定，“用人单位与劳动者可以在劳动合同中约定保守用人单位的商业秘密和与知识产权相关的保密事项”。

企业常见的劳动合同法律问题主要有：不签订书面的劳动合同，原合同到期后不续签合同，解雇不规范，满足具体条件时不签订无固定期限的劳动合同，非全日制用工不签劳动合同，与非正规劳务派遣公司订立劳务派遣关系，劳动者竞业禁止及商业秘密条款约定不明确，等等。

（四）知识产权合同

知识产权合同包括著作权合同、专利权合同和商标权合同等，系指平等主体的自然人、法人、其他组织之间设立、变更、终止知识产权权利义务关系的协议。知识产权是一种无形财产权，是从事智力创造性活动取得成果后依法享有的权利。根据 1967 年在斯德哥尔摩签订的《建立世界知识产权组织公约》的规定，知识产权包括对下列各项知识财产的权利：文学、艺术和科学作品；表演艺术家的表演及唱片和广播节目；人类一切活动领域的发明；科学发现；工业品外观设计；商标、服务标记以及商业名称和标志；制止不正当竞争以及在工业、科学、文学或艺术领域内由于智力活动而产生的一切其他权利。合同本身由《合同法》规制，原有的合同法中有债务合同、买卖合同、承揽合同、租赁合同等，并没有知识产权合同这一类，而随着知识产权的兴起，越来越多知识产权专用的合同或合同条款出现，法律规定散见于《专利法》、《商标法》、《著作权法》、《反不正当竞争法》等法律法规及司法解释中。常见的知识产权相关的合同，有知识产权委托开发合同、合作开发合同、销售合同、购买合同、转让合同、许可合同等。随着知识产权的交易越来越多，近年来法院受理的有关知识产权纠纷的案件也逐渐增多。

知识产权合同中的法律问题主要包括：（1）知识产权的归属。相关法律规定，知识产权归属首先看合同约定，合同里没写就推定归属被委托方即出技术方，因而在很多委托开发合同中，技术方故意不对知识产权归属做约定，导致法律推定的情形,使出资方失去相应的权利。(2)权利瑕疵担保问题。涉及设计、加工、研发的知识产权的合同中,必然包含技术来源、标识来源、文字来源,合同双方往往按照买卖合同习惯约定条款,但忽视了交付的智力成果是否侵犯第三人知识产权的问题,这个也需要重视并进行约定,双方提供给对方的技术、文字、图片均应承诺是合法并有权使用的。(3)知识产权衍生权利归属问题。例如委托研发合同履行完毕后,出资方申请了专利并计划新产品上市,技术方继续研发产品并销售给第三方,第三方将更优化的产品上市,就会给出资方造成很大的损失,因此对于衍生权利的归属应当提前约定。[1]

1. 著作权合同

著作权也称为版权或作者权,是基于文学、艺术和科学作品而产生的法律赋予公民、法人和其他组织等民事主体的一种特殊的民事权利。著作权行使的基本法律形式则是著作权合同。著作权合同是指著作权人与欲获得著作权使用、转让、质押等权利之人达成的以著作权使用、转让、质押等为内容的合意。著作权合同可以划分为著作权使用合同(主要包括出版合同、表演合同、视听作品制作合同等)、著作权转让合同、著作权质押合同等。我国《著作权法》第24条规定,著作权许可使用合同包括下列主要条款:(1)许可使用的权利种类;(2)许可使用的权利是专有使用权和非专有使用权;(3)许可使用地域、范围、期间;(4)付酬标准和办法;(5)违约责任;(6)双方认为需要约定的其他内容。《著作权法》第25条规定,权利转让合同包括下列主要条款:(1)作品的名称;(2)转让的权利种类、地域范围;(3)转让价金;(4)交付转让价金的日期和方式;(5)违约责任;(6)双方认为需要约定的其他内容。

著作权转让或者许可合同中容易导致一些法律纠纷。一些还没出名的作者由于希望自己的作品迅速面世,在面对强势出版商的格式合同或条款时,往往缺乏必要的法律知识和合同经验,在签订合同的同时也给自己今后的维权埋下了隐患。在签订合同时,首先要分清合同的类别(例如,区分著作权许可合同和著作权转让合同)。一般转让合同显然比许可合同出让的权利范围和程度要

---

[1] 明星:"企业要防范知识产权合同陷阱",载《中关村》2014年第2期。

明显增大增多。因此在签订转让合同时要比签许可合同更为谨慎。[1] 另外,著作权转让中“一权多卖”的现象严重,著作权人将其著作权多次转让给他人,由此会引发著作权转让合同无效、著作权侵权等一系列纠纷。[2]

2. 专利权合同

专利权是商品经济和科学技术发展到一定阶段的产物。专利许可合同是指专利权人许可被许可人在约定的范围内实施其专利技术,被许可人支付相应的使用费而订立的合同,属于知识产权合同的一种。1992 年颁布的《专利法》第 12 条规定:“任何单位或者个人实施他人专利的,除本法第十四条规定的以外,都必须与专利权人订立书面实施许可合同,向专利权人支付专利使用费。被许可人无权允许合同规定以外的任何单位或者个人实施该专利。”1999 年的《合同法》第 345 条和第 346 条对专利许可合同都有相应的规定。但随着市场经济发展,我国开始采取统一合同法的模式,立法机关最终将专利许可合同放回知识产权法中。虽然在《合同法》中的技术合同章节对专利许可合同有相关的规定,但是《合同法》第 355 条有例外的规定,实际将专利许可合同从《合同法》中单列了出来。[3]

专利许可合同是对专利使用权的交易,被许可人从专利权人处取得专利的使用权。按照专利权人对被许可方取得的专利使用权的限制程度不同,专利许可合同可分为独占许可合同、排他许可合同和普通许可合同。独占许可是指在一定的期限和范围内,只有被许可方享有实施该项专利的权利,被许可方以外的任何人(包括许可方)都无权实施该专利,且许可方也不得再跟他人签订专利许可合同;排他许可是指在一定的期限和范围内,许可方将技术转让给被许可方后,不得再将技术许可给任何第三人,但许可方仍有权实施该专利;普通许可是指在一定的期限和范围内,许可方不仅自己可以实施其专利,而且还可以将技术转让给其他被许可方使用。专利许可合同的合理运用可以最大限度地实现技术的进步和利益的最大化,但是专利许可对许可人可能会有潜在的风险,如专利技术被

---

〔1〕 袁博:“小心!著作权合同里也埋‘雷’”,载《中国新闻出版报》2015 年 4 月 8 日。

〔2〕 王燕:“知识产权交易纠纷特点之剖析”,载《中国发明与专利》2010 年第 10 期。

〔3〕 邱永清:《专利许可合同法律问题研究》,法律出版社 2010 年版,第 37 页。

盗用、专利技术失去优势等，所以专利权人为了规避风险，经常会在许可合同中加入限制性条款，而限制性条款是专利许可合同与其他合同最明显的区别。

（五）演艺经纪合同

演艺经纪合同是艺人与演艺经纪公司之间就演艺事务的处理、相关权利的归属与使用及演艺收入的分配等事项的协议，也是调整双方之间权利义务关系的主要依据。我国《合同法》尚没有对演艺经纪合同做出明确的定义。按照目前国内演艺圈的惯例，艺人通常会与演艺经纪公司签订“全约”，即将演艺工作范围内的一切事务交由经纪公司处理，[1]演艺事务大体包括但不限于“公开登台（包括但不限于演唱或演奏）、音乐作品的制作发行（包括但不限于演唱、制作、编曲）、宣传、电视、电影演出、剪彩及公益或商场公开活动的参与、广告形象代言、舞台表演、演唱会演出、电视电影及广告歌曲配唱、音乐词曲及文学创作、商业赞助、数字发行、相关艺人姓名及形象和商业开发等权利”。[2]

目前学术界和法律实践中对演艺经纪合同的性质尚未达成一致的意见。因此有人认为，演艺合同是具有委托、居间、雇佣、权利许可合同的性质的一种混合性的合同。在“熊威等与北京正合世纪文化传播有限公司申请知识产权合同纠纷再审案”中，最高人民法院在该案的民事裁定书中，认定了演艺合同属于综合性合同。[3]

从我国目前的现状来看，大多数经纪公司与艺人签署的演艺经纪合同具有一定的委托合同性质。委托合同是指双方当事人约定，一方为他方处理事务，他方允诺处理事务的合同。在演艺经纪合同中，一般会约定艺人将演艺事务交由经纪公司代为处理，经纪公司成为艺人在一定地域内（国内或全球）的独家代理人，代表艺人商议签订有关其演唱会表演、广告代言、电影电视出演、娱乐活动等协议，此类条款都属于委托合同的性质。

---

〔1〕 周俊武：《星路律程——行走娱乐圈法律之道》，法律出版社2008年版，第9页。

〔2〕 周俊武、陈曦：“演艺经纪合同之经纪约、唱片约和词曲约的法律属性及相关问题分析”，载中华全国律师协会知识产权专业委员会、江苏省律师协会主编：《中华全国律师协会知识产权专业委员会年会暨中国律师知识产权高层论坛论文集》（上），2009年。

〔3〕 中华人民共和国最高人民法院（2009）民申字第1203号民事裁定书。

另外,演艺经纪合同的部分条款还具有居间合同的性质。演艺经纪公司一般是根据艺人的艺能、形象等特征向艺人的需求方如电影电视剧制作公司、广告商等推荐其签约艺人,为艺人寻找合适的演出或代言机会,促成艺人与艺人需求方之间的合同订立,充当着居间订约之媒介者的角色,兼有居间人和受托人双重身份。在演艺合同中艺人与演艺经纪公司也会约定,演艺经纪公司从艺人的演出或广告代言收入中抽取部分作为演艺经纪公司的报酬。

演艺经纪合同的抬头一般都会有"聘用"的字眼,而又由于合同期限一般较长(一般为三到五年,更有甚至七八年),在此期间艺人和经纪公司的关系较为稳定,很多经纪公司也会给艺人发基础工资,这在一定程度上构成了事实上的劳动合同关系。但是实际中,国内的演艺经纪公司很少与艺人签订劳动合同性质的演艺经纪合同,因为如果要签订一份劳动合同,公司则要为艺人规范地支付工资,缴纳社会保险,会增加经纪公司的管理成本。与此同时,在劳动合同中,劳动者是依法享有辞职的权利,并不承担违约责任。[1] 而在实践中,艺人与经纪公司解约要承担违约责任。

演艺经纪公司为其签约艺人(尤其是签约歌手)录制唱片、发行专辑,在演艺合同中体现为,双方约定在合同存续期间内,演艺经纪公司必须为艺人灌录一定数量的唱片,发行一定数量的专辑,相关的条款则具有承揽合同性质。承揽合同指向特定工作成果的完成,承揽人得依交付工作成果向定作人请求报酬的支付。演艺经纪合同中,唱片、专辑是双方之间约定的工作成果。

此外,演艺合同中还包括姓名权、肖像权许可使用的条款,著作权归属的条款等内容,又体现着权利许可合同的特征。

目前我国演艺经纪行业只有《经纪人管理办法》和《营业演员管理条例实施细则》来规制,与演艺经纪合同相关的法律并不明确,加上演艺合同性质的多重性,产生了许多法律纠纷。演艺合同纠纷的产生大多和解约有关,纠纷的焦点问题主要是合同期限、诉讼保全措施、天价违约金等。由于当前的法律并未对艺人解约后经纪公司的救济手段进行有效规制,经纪公司为了防止艺人解约而造成损失,往往在演艺经纪合同中约定不公平条款。由于没有合同期限相关规

---

〔1〕 我国《劳动法》规定,劳动者辞职提前30天以书面形式通知用人单位即可。

定，许多经纪公司签订少则七八年、多则十几年的合同，并且很多经纪公司还在合同中规定了巨额违约金。

（六）出版合同

出版合同是指著作（或译作）人和出版人双方就保证作品出版而明确相互间权利义务关系的协议。按照合同要求，著者（或译者）一方应按质、按时将著作稿（或译稿）授予出版者一方，而出版者一方应按约定条件和日期将该著作（或译作）出版、发行，并按国家规定向著者（或译者）支付稿酬。它是版权所有者实现其人身权和财产权的法律形式。[1] 出版合同的出版方只能是国家出版单位，由于出版合同是有计划性的，内容比较复杂，且属长期合同（转让出版权的合同有效期一般不应少于10年），出版合同的签订必须采用书面的形式，且合同中有关双方权利和义务的规定，应当与文化部颁发的图书出版合同的相应条款相符。

出版合同的履行常会受到社会性因素的影响。一部书稿从签订合同到正式出书，通常要经过几个月甚至一年以上的时间，在这段时间内，书稿的内容、发行等情况常常会由于客观形势的变化而受到社会的影响，在签订和履行出版合同中，应当注意到这些特点。[2] 签订出版合同中遇到的问题还包括：(1)签订的时间滞后。出版社和作者就交稿时间、稿件质量、稿酬标准等只达成了口头协议，并没有签订书面的出版合同，而是等到出版时才签订正式的出版合同，容易出现到期不交稿、书稿质量无保证等问题，或是作者在稿酬标准方面与出版社讨价还价，从而引起不必要的麻烦。(2)合同主体有误。有时出版社并没有弄清谁是合法的合同主体，在相信甲方的口头承诺、没有著作权代理人授权书的情况下就与之签订了出版合同（严格上说该合同属于无效合同），一旦作者提出异议，出版社就会蒙受损失。(3)没有注意合同细节。例如，有些出版社没有在图书出版合同中加入具体的违约条款，只是泛泛而谈，一旦作者违约，出版社只能自吞苦果；又如，在一些图书出版合同中出版社只拥有传统纸介质的专有出版权，忽略了随着网络发展带来的数字出版和网络出版的版权问题，也会

---

〔1〕 李稚戎："浅谈出版合同的法律特征及其作用"，载《科教文化》2013年第4期。

〔2〕 赵桂茹："图书出版合同的法律风险防范"，载《中国版权》2007年第6期。

造成一定的法律风险。[1]

（七）艺术品交易合同

艺术品与一般物品相比，具有文化和法律上的特殊性。艺术品交易的方式主要有两种，一种是私下交易，另一种是公开拍卖。在私下交易中，画廊扮演了一个重要的中介角色，承担着促进从美术生产到消费循环互动的媒介角色。艺术家与画廊之间的法律关系有两种基本形式，第一种形式是购买协议，画廊从艺术家处购入作品，然后出售。除了支付价款外，画廊不对艺术家负有任何合同责任。协议可以适用艺术家的全部作品，也可以适用其中的一部分，协议中可以包含无条件的、或有条件的优先购买权项。第二种法律关系的形式是艺术家通常和画廊之间存在一个寄售协议。该协议允许画廊以较少的资金投入来做更多的事，也允许艺术家带着未销售掉的画作转投另一家画廊。在美国的一些州，甚至通过艺术家与艺术商的寄售成文法来规范，在艺术家和艺术商间建立了一种信托关系。私下交易同样包括了艺术家与收藏人之间的直接买卖，但是在欧美国家并不是主流。

第二次世界大战后，公开拍卖成为世界各国艺术品交易最主要的方式。拍卖合同中需要注意的法律问题主要与是否底价拍卖、所有权公布等相关。我国《拍卖法》第 21 条规定，“委托人、买受人要求对其身份保密的，拍卖人应当为其保密”，第 18 条规定，“拍卖人应当向竞买人说明拍卖标的的瑕疵”，但是拍卖人的义务仅是“说明”，并无对真实性或所有权担保的规定。拍卖人在接受了竞买人的出价后，彼此间产生了合同义务，若竞买人不能付款，拍卖行可以提起诉讼要求赔偿损失。

随着人们生活水平的提高和艺术品市场的繁荣，艺术品收藏和投资者队伍不断扩大，但是由于艺术品交易的专业性要求较高，导致与艺术品收藏和投资有关的纠纷也在不断增多。但目前我国在艺术品交易立法方面还不系统，相关规制仅有《美术品经营管理办法》作为部门规章出台，其余规制则散见于《著作权法》、《民法通则》、《消费者权益保护法》等法律、法规中。

---

[1] 易新：“签订科技图书出版合同应注意的问题”，载《科技创新导报》2014 年第 17 期。

(八)展览合同

会展合同对于调整会展各方之间的利益关系,明确各方的权利义务关系起着重要作用。会展活动的法律主体包括了会展组织者、参展商、场地提供者、观众等众多方面。根据合同主体的不同,会展合同可以分为合作会展合同、参展合同、场地提供合同、入场合同等。[1] 根据会展类型的不同,会展合同又分为会展租赁合同、会展买卖合同、会展运输合同、会展承揽合同、会展仓储合同、会展供用电、水、热力合同等。

展览合同中常见的问题包括展览物的保管责任、损害赔偿、运输过程中出现的损害或丢失、展览过程中由于第三方造成的损害等。

三、文化创意企业合同常见法律问题

文化创意企业合同主要有以下法律问题:

(一)著作权"一物二卖"

著作权交易的兴起是我国重视保护知识产权的必然结果,在著作权交易过程中,与有形财产权的交易可能遇到的风险不同的是,著作权受让人很难知晓转让人是否对该权利已经进行过交易或者之后再进行交易。由于在我国著作权的产生采用自动保护原则,版权的交易信息很难为交易对方所知晓。如果在实践中遇到著作权的"一物二卖"的行为,行为人应当如何保护自己的权利? 下节案例中将会针对这一问题进行详细讨论。

(二)窃取商业秘密

窃取商业秘密是一种不正当的竞争行为,在企业生产经营过程中,企业利用自己所掌握的商业秘密获取相对优势的竞争地位,因此,商业秘密的价值之一就在于其秘密性。在利用商业秘密的过程中,企业需要对窃取、泄露商业秘密的行为多加防范。一般企业用工之前会与劳动者签订劳动合同约定保守商业秘密和竞业禁止的义务,但是在实践中应如何认定劳动者的泄露商业秘密的行为? 又如何认定企业因泄露商业秘密行为遭到的损失? 对于这类问题,将在下节的案例中予以详细讨论。

---

[1] 柏亚琴:"关于会展合同的法律思考",载《中国会展》2004 年第 7 期。

（三）涉及拍卖的特别问题

拍卖是一种特殊的交易方式，拍卖关系中涉及委托拍卖方、拍卖行以及竞买人三方之间的法律关系。很多时候，委托方与拍卖行之间的合同的顺利履行还需要依靠竞买人的完全履行。拍卖合同作为一种特殊的委托合同，其成立与生效都有其特殊要件。如何认定拍卖合同的成立与生效？在满足法律规定的特殊要件合同成立的情况下，委托方与拍卖行拍卖不成功之后货物如何处置？货款如何支付？对于这些问题，将在下节探讨。

（四）演艺经纪合同的特别问题

演艺经纪合同由于其发展时间较短，性质较为特殊，我国《合同法》没有对这类合同专门作出规定。通过分析其特性，现在司法实践中一般认为演艺经纪合同具有委托合同、行纪合同和居间合同的综合特性。在实践中，出现的演员与经纪公司之间的解除权纠纷越来越多，但是由于演艺经纪合同的特殊性，不能仅依据我国《合同法》中对于上述三类合同的规定来解决，遇到此类问题，应当如何判定演艺经纪合同中的单方解除权以及如何确定违约责任，法院在有关判决中做出了详细的阐述。

（五）展览合同的特别问题

展览合同中的法律关系简单，但是在实践中会产生的问题却多种多样。由于展览场地所处位置不同，会导致客流量的不同。因此，在展览合同中，对于不能提供特定展台或者场地的行为是否构成根本违约，展览服务提供方和参展一方有不同的看法。对于合同纠纷而言，合同本身规定的内容是法院裁判的根据，对于双方关于展览合同中的格式条款以及展览场地是否特定的问题，法院在有关判决中则作出了详细说明。

第二节　文化创意企业合同典型案例与解析

一、北京太格印象文化传播有限公司等与杨臣刚等著作权纠纷上诉案[1]

案例要旨

依照我国《著作权法》的规定，著作人可以全部或部分转让其著作财产权，但却不能转让其著作人身权。因此，权利人与他人签订的转让其全部著作人身权和财产权的合同，将会导致合同部分无效。当出现权利人就相同的著作财产权多次向他人转让的情形，只有第一次著作权转让行为是有效的，而以后的著作权转让行为，由于其不再享有著作财产权，则属于无权处分。

案情简介

2002 年 7 月 13 日，自然人王虎与自然人杨臣刚（歌曲《老鼠爱大米》的作者）签订合同，主要内容：王虎自合同签订之日起拥有对歌曲《这样爱你》（后改名为《老鼠爱大米》）的永久版权，并永久保留杨臣刚的作者冠名权；杨臣刚自合同签订之日起至 2004 年元月止，不得利用此歌曲进行任何商业性的营利活动，自 2004 年元月起，王虎允许杨臣刚拥有此歌曲的商业演出权。合同在签订之日起生效。

2002 年 11 月 6 日，自然人田传均与杨臣刚签订合同，主要内容为：杨臣刚以每首 2000 元的标准将其创作的歌曲《如梦初醒》、《这样爱你》的著作权转让给田传均；杨臣刚将作品版权的复制权、发行权、信息网络传播权等应当由著作权人享有的其他相关权利全部转让给田传均；杨臣刚转让给田传均的以上权利为田传均独家所有，田传均有权在全世界永久性使用，杨臣刚再不得许可或转让给其他第三人使用本合同作品；田传均有权在其权利范围内行使和许可、转

---

〔1〕 北京市第一中级人民法院（2006）一中民终字第 2500 号民事裁定书，http://www.law-lib.com/cpws/cpws_view.asp? id=200400750502，2015 年 9 月 30 日访问。

让给其他第三人使用本合同作品,不需经杨臣刚同意;杨臣刚应保证所转让版权的作品为其自己创作,拥有完善版权,无侵犯任何第三人权益或违反国家法律法规的情形,如因此原因致使田传均产生损失均由杨臣刚负责赔偿等。田传均与杨臣刚均称杨臣刚已于该合同签订之后向田传均交付歌曲《这样爱你》词曲手稿。

2003 年 3 月 1 日,王虎与杨臣刚签订合同,主要内容为:自 2003 年 3 月 1 日起杨臣刚向王虎无偿转让歌曲《这样爱你》的永久版权,王虎受让的权利种类包括作品的复制权、发行权、出租权、放映权、广播权、摄制权、改编权、翻译权、汇编权以及其他所有法定著作权权利,王虎受让作品版权无地域限制;杨臣刚作为作品作者享有作品永久冠名权;自王虎受让作品版权之日起,杨臣刚不得许可第三人使用此作品;从此作品版权转让之日起四个月之后,杨臣刚可使用此作品进行非商业性和非营利性的演出,2004 年 6 月 1 日杨臣刚可使用此作品进行商业性演出;杨臣刚应保证转让版权之作品绝无侵害任何第三人之权益或违反国家法律法规规定的情形,如因可归责于杨臣刚之事由,而被王虎因使用本作品遭受第三人主张权益或触犯法律法规,概由杨臣刚负责解决排除,并赔偿王虎因此所受之损失。

2003 年 4 月 20 日,王虎作出书面版权转让声明,主要内容为:声明人王虎曾于 2002 年 7 月 13 日和 2003 年 3 月 1 日与杨臣刚签订合同,并由此享有了歌曲《这样爱你》的词曲版权;王虎将上述权益全部无偿转让给北京太格印象公司。

2004 年 10 月 10 日,杨臣刚与广东飞乐公司签订合同,其中包括杨臣刚授权广东飞乐公司独家使用、制作、发行歌曲《这样爱你》等条款。后广东飞乐发现杨臣刚此前曾与他人签订歌曲词曲的著作权转让合同,认为田传均已通过与杨臣刚签订合法有效的著作权转让合同而成为该歌曲词曲的真正著作权人,故与田传均联系并从其处取得使用该歌曲词曲的授权。

北京太格印象公司向北京市海淀区人民法院起诉称:杨臣刚与王虎分别于 2002 年 7 月 13 日和 2003 年 3 月 1 日签订两份合同,约定杨臣刚将歌曲《这样爱你》的著作财产权转让给王虎,后王虎于 2003 年 4 月 20 日将该权利转让给太格印象,故太格印象系该歌曲词曲的著作财产权人。广东飞乐和贵州出版社未经太格印象授权,擅自使用该歌曲词曲制作 CD 光盘出版发行,侵犯了太格印象的著作权。故诉至法院,要求广东飞乐和贵州出版社立即停止侵权,赔偿太格印象经济损失人民币 50 万元,并在《法制日报》和《北京晚报》公开赔礼道歉。

2005 年 9 月 29 日武汉仲裁委员会受理了本案案外人肖飞与本案原审第三人杨臣刚之间的版权转让合同纠纷案,并于 2006 年 1 月 6 日作出(2005)武仲裁字第 700 号《裁决书》。该《裁决书》载明:仲裁庭经审理查明,2001 年 12 月 23 日,肖飞与杨臣刚签订《版权转让合同》,约定杨臣刚将自行创作的歌曲《这样爱你》的发表权、署名权、修改权、保护作品完整权、复制权、发行权、出租权、展览权、表演权、放映权、广播权、信息网络传播权、摄制权、改编权、翻译权、汇编权和应当由歌曲著作权人享有的其他权利全部转让给肖飞,肖飞以人民币 500 元的价格受让取得《这样爱你》的全部版权即我国《著作权法》第 10 条规定的 17 项权利。同日,杨臣刚将歌曲《这样爱你》的手稿交给肖飞,并出具写有"今收到歌曲《这样爱你》转让费伍佰元整"的收条给肖飞。仲裁庭认为肖飞与杨臣刚签订上述《版权转让合同》时,具有相应的民事权利能力和民事行为能力,意思表示真实,是依法成立的合同,受法律保护;该合同涉及人身权的部分无效,并不影响其他部分效力,其他部分仍然有效。综上,武汉仲裁委员会裁决:《版权转让合同》部分有效,即歌曲《这样爱你》的复制权、发行权、出租权、展览权、表演权、放映权、广播权、信息网络传播权、摄制权、改编权、翻译权、汇编权和应当由歌曲著作权人享有的其他权利属于肖飞;《版权转让合同》中涉及人身权的部分无效,即歌曲《这样爱你》的发表权、署名权、修改权和保护作品完整权属于杨臣刚。

本案二审法院北京市第一中级人民法院根据查明的事实认为,2001 年 12 月 23 日,杨臣刚已经将歌曲《这样爱你》词曲著作权中除涉及人身权以外的所有权利转让给肖飞。杨臣刚于 2002 年 7 月 13 日及 2003 年 3 月 1 日与王虎签订著作权转让合同时杨臣刚已不再享有歌曲《这样爱你》词曲著作权中的财产权,该转让行为属于无权处分,现王虎没有证据证明该歌曲词曲著作权中财产权的所有人肖飞对该无权处分行为曾经予以追认,王虎无法据上述合同受让该歌曲词曲著作权中的财产权。因此,王虎于 2003 年 4 月 20 日所作出的书面版权转让声明将歌曲《这样爱你》词曲著作权转让给北京太格印象公司亦属无权处分。现北京太格印象公司亦无证据证明该歌曲词曲著作权中财产权的所有人肖飞对该无权处分行为曾经予以追认,故北京太格印象公司亦不能取得歌曲《这样爱你》词曲的著作财产权。北京太格印象公司不是歌曲《这样爱你》词曲著作权中财产权的所有人,却以著作权中财产权所有人的身份起诉广东飞乐公司、贵州文化音像出版社侵犯其著作权,不符合民事诉讼法有关起诉必须具备的条件。因此驳回了北京太格印象文化传播有限公司对广东飞乐影视制品有限公司、贵州文化音像出版社的起诉。

案例解析

(1)知识产权转让合同中应防止"一物多卖"

著作权转让,是指作者或者其他著作权人在著作权有效期内将著作权中财产权利的全部或者部分转让给他人并依照约定或者《著作权法》的有关规定获得报酬的一种行为。本案系著作权人杨臣刚将自己的作品《老鼠爱大米》进行"一物四卖"所引起,所谓"一物四卖",是指出卖人就同一标的物分别订立了四个买卖合同,出售给不同买受人。

目前我国《著作权法实施条例》中规定了著作权转让合同"可以向著作权行政管理部门备案"。从这些规定看出,我国现行法律对著作权仅规定了自愿登记制度,对著作权转让合同规定的也是自愿备案制,而是否采取登记、备案方式,往往取决于著作权人,国家并不能加以干预,且登记、备案与否也并不影响继受著作权人依合同、继承或其他合法方式取得著作权。

由于知识产权属于一种无形财产权,在对其利用时,很容易出现"重复转让"。因此,如何来规范知识产权转让行为以避免纠纷,除了依靠行为人的法律意识与诚信外,更重要的应该在知识产权转让合同签订中对"一物多卖"的情形进行预先约定,以预防此种情况的发生。

首先,应在知识产权转让合同中明确约定知识产权转让的要素。双方签订知识产权转让合同,应明确约定该知识产权的转让方和受让方,转让的具体标的，权利转让的时间等。[1]

其次，应在知识产权转让合同中明确违约赔偿条款。赔偿条款在制定时应做到，违约情形表述明确、违约情况对应的赔偿条款表述明确。此外，适当提高对于知识产权转让合同"一物多卖"情况的赔偿责任，对于防范违约情形及事后补救也都有一定帮助。

（2）未明确权利种类的著作权转让合同的效力认定

我国《著作权法》第27条规定："许可使用合同和转让合同中著作权人未明确许可、转让的权利，未经著作权人同意，另一方当事人不得行使。"这条规定意味着著作权转让合同对转让的权利种类约定不明，但有证据证明著作权人曾有转让的意思表示时，法官应当从维护著作权人的利益出发，对转让的权利种类实行严格的限定，在合理的限度内做出有利于著作权人事实认定和合同解释。我国绝大多数学者也认为：权利种类条款是订立著作权转让合同首先应当明确的，它是著作权转让合同的基本特征，是订立合同其他条款的基础或前提，是合同的必要条款和必备条款。

本案启示

知识产权是一种无形财产权，与有形财产权的"一物二卖"不同之处在于，知识产权的"一物二卖"很难为被转让人所知晓。在文化创意企业的日常运作中，著作权交易的行为不可避免，因此在与他人进行著作权交易时，应当特别注意在订立合同时明确双方的权利义务，特别是关于产生著作权纠纷时的违约条款。尽可能在达成著作权合同的同时，到版权局进行备案，以防范出现纠纷后难以举证导致的风险。

---

〔1〕 对于权利转让时间的确定，我国《民法通则》第72条规定："按照合同或者其他合法方式取得财产的，财产所有权从财产交付时起转移，法律另有规定或当事人另有约定的除外。"《合同法》第133条也规定："标的物的所有权自标的物交付时起转移。"

二、环亚经纬文化传媒有限公司诉牛银龙侵犯商业秘密竞业限制纠纷案〔1〕

案例要旨

对于单纯违反竞业限制条款而不涉及侵犯商业秘密的争议，应当确定为劳动合同纠纷。而对于既违反竞业限制义务，又导致侵犯商业秘密，即劳动者擅自将其获得的商业秘密投入使用或向他人披露而发生的侵犯商业秘密争议，性质上属于侵犯商业秘密纠纷，权利人可以直接向有管辖权的人民法院起诉。当事人对自己提出的诉讼请求所依据的事实或者反驳对方诉讼请求所依据的事实，有责任提供证据加以证明；没有证据或者证据不足以证明当事人的事实主张的，由负有举证责任的当事人承担不利后果。

案情简介

环亚经纬文化传媒有限公司是“财富网”(http://www. caifuw. net)的实际投资创建人和实际运营兼管理人。“财富商机网”是“财富网”的子版块。2008 年 1 月 1 日，环亚经纬与牛银龙签订了《劳动合同书》和《北京环亚经纬文化传媒有限公司知识产权及保密协议书》(以下简称《知识产权及保密协议书》)，受聘到环亚经纬公司担任“网络部主任”职务，任职期为一年，从 2008 年 1 月 1 日至 12 月 31 日。其中《劳动合同书》对工作内容、劳动报酬、劳动纪律、违约责任等事项均做了具体规定，并特别在“劳动纪律”条款中规定：乙方(牛银龙)必须为甲方(环亚经纬)保守商业秘密，不得向乙方企业以外的任何人员透露本公司的商业项目、操作细节、商业资料等；在“劳动合同的变更、解除”条款中规定：乙方存在严重违反劳动纪律或者甲方规章制度、严重失职营私舞弊、与第三方有劳动关系或未经甲方许可擅自兼职等情况的，甲方可以随时解除本合同；在“关于保护甲方商业秘密的约定”条款中规定：乙方必须保守甲方的商业秘密，不得泄露、使用或允许他人使用其掌握的商业机密，乙方违反前款规定，应承担相应的

〔1〕 参见北京市昌平区人民法院(2010)昌民初字第 4329 号民事判决书。来源于 http://bjgy. chinacourt. org/paper/detail/2010/08/id/305998. shtml，2015 年 10 月 1 日访问。

赔偿责任,有关保密事项及规定详见商业秘密的附件,本合同签订后,保密协议自动生效;在“其他事项”中约定:甲方依法制定的规章制度以及其他相关规定为本合同的附件,对乙方同样具有约束力。在《知识产权及保密协议书》中,第2条明确了乙方(牛银龙)应承担保密义务的范围,包括甲方(环亚经纬)资料、档案、部门拥有的各种文献、音像、图像、数据资料,有关甲方的研究项目、研究进度、项目进展和经费情况、经营情况、经营信息和技术信息、甲方明确提出保密要求等。第7条规定,未经甲方同意,乙方无论是聘用期间或者聘期终止后,不能公开或向其他人泄露甲方的各种商业信息,包括商业秘密和技术秘密。第8条约定,乙方在受甲方聘用期间,不能直接或间接地兼职或从事同甲方业务具有竞争性的业务,不能向甲方的竞争对手提供咨询或顾问性服务,无论是否获得报酬。第11条约定了违约责任:乙方违反本协议任何条款均应承担违约责任,乙方应向甲方一次性支付违约金,其数额一般不应当超过乙方所掌握的甲方商业秘密的许可使用价格,如果因为乙方违约行为造成甲方的损失,乙方应承担赔偿责任。

2009年5月11日、12日,环亚经纬前往北京市中信公证处,申请对其从互联网下载网页的过程及内容保全证据。5月11日,环亚经纬委托代理人李华伟在北京市中信公证处公证人员监督下,在公证处电脑上打开了“环球商机网”(http://www.ok985.com)页面,并对该网站各板块内容页面截屏到Word文档进行了实时打印。5月12日,李华伟在公证人员监督下,在北京中信公证处电脑上打开了“工业和信息化部ICP/IP地址、域名信息备案管理系统”(http://www.miibeian.gov.cn)页面,查到网站首页网址http://www.ok985.com的备案许可证号为“苏ICP备08115854号”,单位名称为“牛银龙”,单位性质为“个人”,审核通过时间为“2008-11-25”,并将该页面截屏到Word文档进行了实时打印。

2008年12月31日牛银龙与环亚经纬劳动合同到期后,双方未再续签劳动合同。牛银龙在环亚经纬公司工作到2009年5月20日后离职。牛银龙于2009年5月31日诉至北京市昌平区劳动争议仲裁委员会,请求环亚经纬支付带薪年休假工资、拖欠工资、未签订劳动合同双倍工资差额、解除劳动关系经济补偿金及额外经济补偿金等。2009年6月19日,环亚经纬提出反申请,称公司多次找牛银龙续签劳动合同被其拒绝，且其担任公司商机部经理期间，利用工作之便私自设立与公司业务相同的网站，严重侵犯了公司利益，请求牛银龙立即停止侵权、消除影响、赔礼道歉并赔偿经济损失人民币28万元。2009年8月，北京市昌平区劳动争议仲裁委员会作出裁决书。裁决环亚经纬支付牛银龙未签订劳动合同双倍工资差额、工资、解除劳动关系经济补偿金、带薪年休假工资等合计人民币2.9万余元，驳回了牛银龙的其他申请请求。同时昌平区劳动争议仲裁委员会认为因环亚经纬未提交牛银龙给公司造成经济损失的证据，故其要求牛银龙赔偿经济损失的请求不予支持，并以不属该委处理范围为由，驳回了环亚经纬的其他请求。

法院认为：根据相关法律规定，用人单位与劳动者可以在劳动合同中约定保守用人单位的商业秘密和与知识产权相关的保密事项；对负有保密义务的劳动者，用人单位可以在劳动合同或保密协议中与劳动者约定竞业限制条款。对于单纯违反竞业限制条款而不涉及侵犯商业秘密问题的争议，应当确定为劳动合同纠纷。而对于既违反竞业限制义务，又导致侵犯商业秘密，即劳动者擅自将其获得的商业秘密投入使用或向他人披露而发生的侵犯商业秘密争议，性质上属于侵犯商业秘密纠纷，权利人可以直接向有管辖权的人民法院起诉。

《中华人民共和国民事诉讼法》第64条第1款规定："当事人对自己提出的主张，有责任提供证据加以证明。"最高人民法院《关于民事诉讼证据的若干规定》第2条规定："当事人对自己提出的诉讼请求所依据的事实或者反驳对方诉讼请求所依据的事实，有责任提供证据加以证明；没有证据或者证据不足以证明当事人的事实主张的，由负有举证责任的当事人承担不利后果。"上述法律及司法解释均规定了举证不能将会承担的法律后果。环亚经纬以侵犯商业秘密竞业限制纠纷为由起诉要求牛银龙停止侵权、赔偿经济损失并承担诉讼费、公证费用，须举证证明牛银龙已侵犯其相关权益。但本案现有证据不足以证明牛银龙侵犯了环亚经纬的合法权益，环亚经纬对此应承担举证不能的法律后果。因此法院驳回了环亚经纬的诉讼请求。

案例解析

商业秘密作为知识产权保护制度当中的特殊内容，随着全球化趋势加强和我国国际商事交往日益密切,已成为反不正当竞争立法与司法实践的重要内容。重视商业秘密有关协议的签署,防范商业秘密风险,加强商业秘密保护,具有很强的理论意义与实践意义。

(1)商业秘密的概念及范畴

商业秘密是一个开放式的法律概念。世界各国及相关国际组织大多对商业秘密进行了定义,而这些定义却又由于时代、地域、社会环境等差异而不同。我国关于商业秘密的立法最早体现在 1991 年《民事诉讼法》第 66 条和第 120 条第 2 款中,但对于商业秘密的定义以及商业秘密的范畴没有作明确的规定。最高人民法院《关于适用〈中华人民共和国民事诉讼法〉若干问题的意见》定义商业秘密为:我国《民事诉讼法》第 66 条、第 120 条所指的商业秘密主要是指技术秘密、商业情报及信息等,如生产工艺、配方、贸易联系、购销渠道等当事人不愿公开的工商业秘密。〔1〕 我国 1993 年颁布的《反不正当竞争法》第一次以法律的形式对商业秘密的定义进行了规定:本法所称商业秘密,是指不为公众所知悉、能为权利人带来经济利益、具有实用性并经权利人采取保密措施的技术信息和经营信息。〔2〕 国家工商行政管理局根据《反不正当竞争法》制定的《关于禁止侵犯商业秘密行为的若干规定》中详细指出:本规定所称不为公众所知悉,是指该信息是不能从公开渠道直接获取的。本规定所称能为权利人带来经济利益、具有实用性,是指该信息具有确定的可应用性,能为权利人带来现实的或者潜在的经济利益或者竞争优势。本规定所称权利人采取保密措施,包括订立保密协议,建立保密制度及采取其他合理的保密措施。本规定所称技术信息和经营信息,包括设计、程序、产品配方、制作工艺、制作方法、管理诀窍、客户名单、货源情报、产销策略、招投标中的标底及标书内容等信息。〔3〕 由此我们可以总结出我国判断商业秘密的几项标准:信息的秘密性、信息的利益可能性、权利人对信息的保护以及信息的生产领域性。

---

〔1〕 参见最高人民法院《关于适用〈中华人民共和国民事诉讼法〉若干问题的意见》第 154 条。

〔2〕 参见《中华人民共和国反不正当竞争法》第 10 条。

〔3〕 参见国家工商行政管理局《关于禁止侵犯商业秘密行为的若干规定》第 2 条。

(2)合同起草中对于商业秘密范围的约定

根据我国相关法律法规的规定,侵犯商业秘密的行为主要包括:①以盗窃、利诱、胁迫或者其他不正当手段获取的权利人的商业秘密;②披露、使用或者允许他人使用以前项手段获取的权利人的商业秘密;③权利人的职工、与权利人有业务关系的单位和个人违反合同约定或者违反权利人保守商业秘密的要求,披露、使用或者允许他人使用其所掌握的权利人的商业秘密;④第三人明知或者应知一项商业秘密属侵权人违法取得,仍然从侵权人处获取、使用或者披露该项商业秘密的行为。[1] 本案为侵犯商业秘密竞业限制纠纷。侵犯商业秘密竞业限制纠纷是指因行为人违反法定或者约定的竞业限制义务,擅自将其获得的商业秘密投入使用或者向他人披露而发生的侵犯商业秘密民事争议。因此,环亚经纬公司在本案中所主张的信息是否属于商业秘密是本案的焦点问题之一。

根据《中华人民共和国反不正当竞争法》第10条第3款的规定,商业秘密是指不为公众所知悉、能为权利人带来经济利益、具有实用性并经权利人采取保密措施的技术信息和经营信息。环亚经纬主张的商业秘密系指其"财富网"网站中"财富商机"板块中的商业信息和广告,而上述信息均为"财富网"网站中的网页内容,该内容属于在互联网上公开的信息,已为公众所知悉,故上述信息不符合商业秘密的构成要件,无法作为商业秘密受到法律保护。因此,环亚经纬主张牛银龙侵犯其商业秘密的证据不足。

(3)侵犯商业秘密的赔偿数额计算

对侵犯商业秘密的损害赔偿问题,2000年10月28日最高人民法院副院长李国光在全国民事审判工作会议上的讲话指出:对于一般的知识产权侵权案件,在计算侵权损害赔偿额时,要按照侵权人的营业利润,而不要按照销售利润计算;对于完全以侵权为业的,可以按照其全部商品销售利润计算赔偿额。人民法院在计算侵权损害赔偿额时,应当对权利人的全部实际损失给予充分的赔偿,对于权利人直接用于调查、制止侵权行为的合理费用,可以计算在赔偿的范

[1] 参见《中华人民共和国反不正当竞争法》第10条、国家工商行政管理局《关于禁止侵犯商业秘密行为的若干规定》第3条相关规定。

围内，但对进行诉讼的律师费用。根据我国现行法律、法规和世贸组织的有关规则，则不宜一律计算在赔偿范围中。营业利润＝营业收入－营业成本－营业税金及附加－销售费用－管理费用－财务费用－资产减值损失＋公允价值变动收益（－公允价值变动损失）＋投资收益（－投资损失）。[1] 而对于销售利润，会计学上并没有明确这个概念，因此，根据会计学上销售利润率的概念，侵权赔偿中所依据的销售利润应为侵权人的“毛利润”，即不计减成本中的管理费用和财务费用。

（4）合同中商业秘密保护条款应注意的几个问题

商业秘密既具有知识产权的无形财产性，又具有其独特的秘密性，同时与商标权、专利权、著作权等传统知识产权相比，其不具备特定的地域性及时限性，是一项特殊的知识产权保护客体。但是在合同中，对于商业秘密的约定，应当注意以下几个问题：

①商业秘密权利人在维护权利的同时不得侵害他人的合法权益

商业秘密所有人在行使其商业秘密权利时，应相互尊重其他权利人的合法权益。在行使商业秘密权利时，应充分尊重相关员工的劳动就业权利和获得劳动报酬权利。掌握商业秘密的员工，应与其他劳动者一样，享有《劳动法》规定的平等就业和选择职业的权利。竞业禁止也叫竞业限制、竞业避止，英美法上则称为不竞争，是指民事法律关系中的当事人一方，根据法律规定或合同约定，要求另一方在一定期限内不得从事与自己相竞争的营业或不得在与自己相竞争的营业中兼职。[2] 我国《劳动法》第22条也承认雇佣人采用与受雇人签订保密协议的方式来保护其商业秘密的法律效力，但这种情况对于劳动者来说应当是自愿平等，等价有偿，符合诚实信用原则的。

②商业秘密权利人在维护权利的同时不得侵害社会公共利益

涉及公共利益而对商业秘密权利人的权利进行限制，不仅是各国的普遍做法，而且符合国际惯例，我国的社会主义性质和实行市场经济的要求也必须对此进行限制。从公共利益角度来看，对商业秘密保护的限制主要包括为

---

〔1〕 参见中国注册会计师协会编：《会计》，中国财政经济出版社2015年版。

〔2〕 杨秀峰、冯锦卫：“雇佣关系竞业禁止问题初探”，载《河北法学》2000年第6期。

维护公平竞争市场秩序的垄断限制，为维护社会利益不受非法侵害的限制和为使国家整体利益获得改善的限制（主要是强制许可）。[1] 这主要包括商业秘密权利人不得滥用其商业秘密所具有的经济和竞争优势，进行不公平竞争和垄断；不得影响普遍公众利益，违反法律法规的相关规定，侵犯公众的健康与安全。

③商业秘密权利人在维护权利的同时不得妨害他人通过善意或合理手段知晓商业秘密

根据善意取得原则，他人通过善意方式知晓并使用商业秘密，不属于侵犯商业秘密所有者的商业秘密权。此外，通过合理手段，如"反向工程"而解构、分析他人的技术秘密行为也不属于以"不正当手段"侵犯商业秘密的情况。因为"反向工程"本身是一项复杂的技术劳动，是通过合法途径取得权利人利用秘密技术制造的产品并对产品进行拆解、分析、反复研究而获得原型结果（原来的秘密技术）或者创新结果。

本案启示

商业秘密是企业据以发展的竞争力的体现，法律保护商业秘密背后隐藏的权利人所付出的劳动成果，因此保护商业秘密不受侵犯逐渐为企业所重视。商业秘密的价值体现之一在于其秘密性，因此企业也会制定一系列措施防止商业秘密的泄露，用人单位为了防止商业秘密被泄露一般都会在劳动合同中约定员工保守商业秘密和竞业禁止的条款，这些条款不仅能够在雇佣期间内对劳动者产生约束效力，还有可能持续到劳动合同结束之后。对于文化创意企业来说，对商业秘密的保护不仅在于事前的防范，还在于事后如何将企业的损失降至最低。因此，在保护商业秘密的合同条款中，企业要注意明确约定保守商业秘密以及违约的赔偿责任。

---

〔1〕 邱平荣、欧阳仁根："论对商业秘密保护的限制"，载《政法论坛》（中国政法大学学报）1997年第4期。

三、赵坚青诉盘龙企业拍卖股份有限公司浙江分公司拍卖合同纠纷案[1]

案例要旨

拍卖合同的成立不仅要满足《合同法》中对一般合同规定的成立和生效要件,还需要同时满足《拍卖法》中规定的“价高者得”规则和保留价规则。拍卖行为过程中,拍卖的成交采用“三声报价法”,竞买人的最高应价经拍卖师三次落槌或者以其他公开方式表示买定后,拍卖成交。即使拍卖结束后,竞买方拒绝签署成交确认书,也不影响合同的成立。拍卖行为中,委托方与拍卖方之间的货款支付应当依据双方之间的合同进行。为了避免因竞买人过错造成委托人不能及时收到货款,在签署委托拍卖合同时,应对付款条件、付款时间和付款方式进行明确约定。

案情简介

原告赵坚青从被告盘龙企业拍卖股份有限公司浙江分公司(以下简称盘龙拍卖公司)处以拍卖方式竞拍到“陆抑非茶花寿带图”一张。2005 年 11 月 10 日,原告将 4 件书画作品委托被告拍卖,其中包括陆抑非的作品《茶花寿带图》(合同中误将“茶花”写为“梅花”),双方据此签订艺术品委托拍卖合同一份,约定每件拍卖品均设有保留价,拍卖方有权以低于该保留价 10% 以内的价格出售;拍卖是否成交应以接到拍卖方通知并收到货款为准,其他任何媒体发表的消息或任何传阅不作为结付依据;拍卖品成交后,如买方已向拍卖方付清拍品的全部款项,并未发生任何纠纷,拍卖方将在 30 天内扣除委托方应付的佣金及各项费用后付给委托方;如拍卖品未能在拍卖会上公开出售,拍卖方须在征得委托方承诺后方可将其拍卖品以双方认可的形式再次出售。双方并确定拍品《茶花寿带图》的保留价为 7.5 万元,约定该保留价为实价,如低于此价拍出,则按实拍价结算。此后,在 2006 年 5 月 6 日的拍卖会上,陆抑非的作品《茶花寿带图》进行了拍卖。拍卖师在拍卖现场以 7 万元报价落槌。后原告前去取款时,被告

---

[1] 杭州市上城区人民法院(2007)上民二初字第 119 号民事判决书。

知成交无效。被告称由于在拍卖会上263号认为不是他举牌，拒签成交确认书，故告知原告拍卖未成交，要求原告取回拍品或再次拍卖，原告拒绝，要求被告支付成交款7万元。故赵坚青于2007年2月16日向浙江省杭州市上城区人民法院提起诉讼。

原告认为，原告从被告处以拍卖方式竞拍到“陆抑非茶花寿带图”一张。2005年11月10日，原、被告签订艺术品拍卖合同一份，原告委托被告拍卖。在合同上书写“梅花寿带轴”。2006年5月6日，被告将拍品在拍卖会上，由263号以7万元成交落槌。后原告前去取款时，被告知成交无效。有被告在2006年6月5日出具的证明为凭。为维护原告的合法权利，现诉至法院，请求判令被告支付拍卖款7万元，并承担案件受理费。

被告辩称，(1)原、被告之间是委托合同关系，被告仅代为拍卖物品，不存在因拍卖不成而收购拍卖物品的义务；(2)被告在本案中的主体不适格，拍卖不成功，被告没有向原告支付拍卖款的义务，支付义务人为买受方；(3)被告作为分公司，没有独立承担责任的能力；(4)按照原、被告签订的合同约定，被告向原告交付拍卖款的前提是收到买受人支付的全部拍卖款，在被告没有收到款项的情况下，被告没有支付义务。

法院认为，原、被告签订的委托拍卖合同是双方真实意思表示，未违反法律、行政法规的强制性规定，为有效合同。该合同第10条约定，拍卖是否成交应以接到拍卖方通知并收到货款为准；第11条约定，拍卖成交后，如买方已向拍卖方付清拍品的全部款项，并未发生任何纠纷，拍卖方将在30天内扣除委托方应付的佣金及各项费用后付给委托方，如30天内拍卖方仍未收到买方全部购买价款，付款期将顺延至收到买方全部购买价款后的10日内付给委托方。该两条款对“拍卖成交”的确定标准明显相互矛盾，也与被告在庭审中陈述的“拍卖成交”以签订拍卖成交确认书为准不相吻合。我国拍卖法规定“竞买人的最高应价经拍卖师落槌或者其他公开表示买定的方式确认后，拍卖成交。”故在一般的拍卖程序中，竞买人的叫价行为的法律性质是要约，拍卖人的落槌即是承诺，落槌确定了不可改变的成交对象和将要签订的成交合同的价格条件。买受人和拍卖人签署成交确认书仅是一种记录拍卖成交事实的方式，并不直接影响到成交事实的确立。这从被告在2006年6月5日出具的证明书中所写的

"赵坚青委托的第172号拍品'陆抑非茶花寿带图'场上由263号以七万元成交落槌",已经可以确定当时拍卖会上采用的即是拍卖师落槌成交的方式。

至于当时拍卖会上是因拍卖程序错误而导致流拍,还是263号无故撤回应价并拒签成交确认书,庭审中除原、被告陈述外,无其他证据佐证,且被告陈述无拍卖现场录像,因该节事实涉及第三人利益,且与原告在本案中的诉讼请求无直接关联,本案暂不作认定,现仅依据该两种情况分别论述被告是否存在向原告支付拍卖价款的义务。即第一种情况,在2006年5月6日的拍卖会上如发生拍卖程序错误而导致流拍的情况,则可以确定拍卖未成交,拍卖未成交的情况下,被告自然无须向原告交付拍卖价款。第二种情况,如在拍卖会上确实发生263号无故撤回应价并拒签成交确认书的情况,应认定原告委托拍卖的《茶花寿带图》已由263号以竞拍价7万元成交。但拍品虽落槌成交,拍卖物的权属并未在此时发生转移。故拍卖法规定,在拍卖成交后,发生买受人未按约支付拍卖价款的行为时,买受人应当承担违约责任,或由拍卖人征得委托人的同意,将拍卖标的再行拍卖,再行拍卖的价款低于原拍卖价款的,原买受人应当补足差额。此时,也不产生拍卖人付款义务。故不论在2006年5月6日的拍卖会上发生的是上述何种情况,原告要求由拍卖人直接向其支付拍卖款项,均无合同依据及法律依据。对原告主张由被告支付拍卖价款7万元的诉讼请求,本院不予支持。

案例解析

本案是有关拍卖合同的案例,《拍卖法》和《合同法》中对拍卖合同都有规定,因此本案对于认定拍卖合同的效力有典型意义。本案涉及的法律问题主要有两个方面,第一是拍卖合同是否生效,第二是对通过拍卖形成的买卖合同的认定。

合同的生效是合同在当事人之间发生法律效力的基础。拍卖合同不仅需要满足合同的成立要件,还需要满足合同的生效要件才能在当事人之间发生法律效力,合同的生效要件又分为合同的一般生效要件和特殊生效要件。一般生效要件为:第一,主体资格适格。拍卖合同中的基本当事人有拍卖人、出卖人和买受人。其中拍卖人需为依照《拍卖法》和《公司法》设立的从事拍卖活动的企业法人，且要有与从事拍卖业务相适应的拍卖师和其他工作人员和公安机构颁发的特种行业许可证等特殊条件。买受人与拍卖人都应当是完全民事行为能力人，且拍卖人或出卖人与拍定人不能为同一人。第二，当事人意思表示真实。第三，不得违反法律和社会公共利益。除此之外还应当满足两个特殊要件：第一，“价高者得”规则，是指拍卖人在拍卖中只能与最高应价者成交；第二，保留价规则，保留价即“底价”，是指拍卖物成交的最低价格。确立保留价的目的是保护出卖人的利益，防止过分低价给自己带来的损失。[1] 这两项拍卖规则属于法律的强制性规定，若不符合前述两项拍卖规则，会导致合同无效。从本案中原被告之间的合同来看，拍卖合同符合法律对拍卖合同规定的一般和特殊生效要件，应当认定为有效。

第二个问题在于如何认定拍卖过程中的买卖合同的成立。通过拍卖形成的买卖合同是一种特殊的买卖合同。与一般买卖不同的地方在于拍卖是一种公开竞价的买卖方式，我国《拍卖法》将其定义为“以公开竞价的方式，将特定的物品或财产权利转让给最高应价者的买卖方式”。我国《合同法》第 13 条规定：“当事人订立合同，采用要约、承诺方式。”合同本质上是一种合意，合同得以成立的基础是当事人之间对合同的根本条款（主要是价格和数量）达成一致意见。同时，《合同法》第 25 条规定“承诺生效时合同成立”，在拍卖中，竞买人的每一次竞拍都是一次要约，而拍卖师每一次击槌都是一次确认。我国《拍卖法》认定竞买人的最高应价经拍卖师落槌或者以其他公开方式表示买定后，拍卖成交。我国拍卖市场中的成交一般采用“三声报价法”，也就是说经过拍卖师三次击槌之后就将竞买人击槌前最后一次竞价视为交易价格，买卖合同即告成立。虽然拍卖之后竞买人拒绝签署成交确认书，但是这并不影响买卖合同的成立。

在本案中，合同成立并生效，双方都应当受到合同条款的约束履行各自的权利义务。本案中的合同第 11 条约定，拍卖成交后，如买方已向拍卖方付清拍品的全部款项，并未发生任何纠纷，拍卖方将在 30 天内扣除委托方应付的佣金及各项费用后付给委托方。但是在拍卖结束之后，由于竞买人的过错没有支付价款，合同没有约定被告未收到竞买人货款时，需要由被告收购该拍品。因此，

---

〔1〕 陈晶晶：“拍卖合同成立和生效的问题研究”，武汉大学硕士学位论文。

法院根据合同约定作出的原告败诉的判决的正确的。

本案启示

合同是双方当事人意思表示一致后所订立的契约，只要合同能够满足一般生效要件，就会对双方当事人产生制约。但是在《合同法》中对不同种类的合同还规定了不同的特殊生效要件。在实务中，企业要特别注重这一类特殊生效条款，违反特殊生效条款导致合同不能生效会给企业造成后续不可估量的损失。在文化创意企业逐渐发展的过程中，艺术品交易日趋增多，与之相关联的拍卖业务也越来越多。在拍卖形成的法律关系中，不仅是文化创意企业与拍卖公司之间的法律问题，还会涉及竞买人这个第三方主体。因此，在订立拍卖合同时，不仅需要重视拍卖合同本身有关双方当事人权利义务的条款，以及是否满足法律中对拍卖合同所规定的特殊生效条款，还需要关注竞买人与拍卖公司之间买卖合同不能成立时拍卖合同的履行。合同中明确约定拍卖双方之间的权利义务以及责任的承担，才能更好地保障企业自身的利益。

四、窦骁与北京新画面影业有限公司表演合同纠纷上诉案[1]

案例要旨

演艺经纪合同是一种特殊性质的合同，兼有委托合同、行纪合同和居间合同的特点。在《合同法》中没有专门的关于此种合同的规定，因此对此种合同的单方解除权不能仅按照上述几种合同适用。演艺经纪合同具有特定的人身属性，为保证合同的有效履行，一方不愿意继续履行合同时，可以向法院请求解除合同，但应当赔偿另一方因此造成的损失。

案情简介

2010年3月23日，新画面公司与窦骁（加拿大籍）签订了《合约》，约定了双方的权利义务。2012年9月5日，《新京报》上刊登了"张伟平声明'张艺谋

[1] 北京市高级人民法院(2013)高民终字第1164号民事判决书。

工作室'不具备倪妮、周冬雨等人经纪管理权——'二张'分家,新画面收回艺人"一文。2012年9月26日,窦骁委托律师向新画面公司发出了律师函。2012年9月21日,新画面公司取得了《营业性演出许可证》,经营范围是:经营演出及经纪业务。电影《山楂树之恋》于2010年4月16日开机,于2010年9月16日上映,窦骁出演男主角。电影《金陵十三钗》于2011年1月10日开机,于2011年12月15日上映,窦骁出演配角。2012年3月21日,中誉会计师事务所有限责任公司出具了《2010年7月至2012年3月北京新画面影业有限公司蒲某某女士演员经纪人代理经费收支情况审核报告》(以下简称《审核报告》)。新画面公司主张,窦骁未经其许可,自2010年10月至2012年8月擅自参加了59场演艺活动。窦骁承认其确实参加了这59场活动,但主张其中大部分都不是演艺活动,且均未获酬。窦骁因演出经纪合同纠纷,对北京新画面营业有限公司向北京市第二中级人民法院提起诉讼。

一审法院通过查明:第一,关于涉案合同的性质问题,认定涉案的合同为演出经纪合同。第二,关于涉案合同的效力问题,新画面公司在签订涉案合同时确实不具备演出经纪机构的资质,其于2012年9月21日方取得演出经纪机构的资质。法院认为新画面公司不具备演出经纪机构的资质而签订涉案合同的行为,既没有明确规定属于无效行为,也不会必然损害国家利益和社会公共利益,不能据此认定为无效合同。第三,关于涉案合同能否解除的问题,原告诉称被告未给自己安排工作,认为被告的行为构成根本性违约,因未提供证据,法院不予支持。原告提出委托合同中的随时解除权,法院认为演艺经纪合同的性质既非代理性质也非行纪性质,是综合性合同,孤立地适用"单方解除"规则有违合同权利义务的一致性、均衡性及公平性。故其主张不成立。原告又根据《合同法》第110条规定,当事人一方不履行非金钱债务或者履行非金钱债务不符合约定的,对方可以要求履行,但有下列情形之一的除外:(1)法律上或者事实上不能履行;(2)债务的标的不适于强制履行或者履行费用过高;(3)债权人在合理期限内未要求履行,主张涉案合同解除的问题,法院认为涉案合同具有特定人身属性的非金钱债务的性质,可以适用上述法律规定予以解除,但窦骁应当依法承担相应的违约责任。第四,关于窦骁承担违约责任的问题。新画面公司提出了窦骁违约擅自与第三方签约参加了59场演艺活动并获取报酬的主张,但其就此问题仅提出了相关活动宣传的网页打印件,窦骁主张其虽参加了该59项活动但均未获酬,新画面公司并未就此提供证据证明该59项活动均为演艺活动及窦骁因此而获酬,故新画面公司关于窦骁违约擅自与第三方签约参加了59场演艺活动并获取报酬的主张,缺乏依据,不予采信,其相应的判令窦骁向新画面公司交付其擅自与第三方签约参加演艺活动的全部合同原件并说明履行情况以及赔偿因其违约行为给新画面公司造成的经济损失494万元的反诉请求,不予支持。

根据查明事实,法院作出一审判决:(1)确认窦骁与新画面公司签订的《合约》是有效合同;(2)窦骁与新画面公司签订的《合约》于判决生效之日起解除;(3)驳回窦骁的其他诉讼请求;(4)驳回新画面公司的其他反诉请求。

新画面公司公司不服一审判决向北京市高级人民法院提起上诉,理由有三:第一,一审法院认定的新画面公司所提供的《审核报告》中所载明的某某项演艺活动是蒲某某作为窦骁经纪人为其安排的工作,由于蒲某某是受新画面公司指派作为窦骁的经纪人,因此所涉及的某某项演艺活动系新画面公司为窦骁进行地安排,一审判决对此认定错误。第二,关于窦骁自2010年10月至2012年10月参加了59项演艺活动未取得报酬这一事实的证明责任的分配错误,应当有窦骁承担举证责任。第三,一审法院依据《合同法》第110条的规定认定解决涉案《合约》,适用法律错误。

针对上诉人的上诉理由,二审法院经过审理后查明:第一,关于涉案的演艺活动,《审核报告》记载了某某项涉及窦骁的工作活动,由于在涉案《合约》中蒲某某作为新画面公司的代表进行了签字确认,并加盖了新画面公司公章,应当认为《审核报告》所涉的某某项活动或为蒲某某名义或为新画面公司名义为窦骁进行地安排,系蒲某某接受新画面公司委托所从事的经纪活动,该效力及于新画面公司,故认定新画面公司履行了《合约》的义务,为窦骁进行了工作安排。第二,关于窦骁是否应当承担擅自参加59项活动而产生的违约责任。窦骁表示其不持有相关合同文本,且未向本院提交,由此应当根据上述司法解释作出不利于窦骁的认定。故应当承担违约责任。第三,涉案《合约》是否应当予以解除,考虑到涉案《合约》的履行需要双方当事人在相互信任的基础上实现合同的根本目的,有利于艺人和经纪公司的共同发展,在窦骁已经明确表示不再履行合同主要义务，而新画面公司对于合同解除亦存在意向的情况下，应当本着有利于合同当事人实现各自利益及发展，本着公平、有价、平等的基本原则，在实现合同当事人真实意思的情况下，确定合同权利义务关系。若涉案《合约》解除后，在窦骁赔偿相应损失的情况下，不仅新画面公司作为经纪公司能够实现培养艺人的经济收益，而且窦骁亦能够正常发展其自身演艺事业。故综合考虑在案情况，依法解除涉案《合约》将有利于双方当事人各自合同利益，认定一审判决中解除《合约》的认定结论。

案例解析

本案争议的法律问题主要集中在以下几个方面。

(1)演艺经纪合同的性质及合同的效力问题

《合同法》对于演艺经纪合同没有专门的规定，通过分析其特性，与《合同法》中规定的委托合同、行纪合同以及居间合同都有其相似之处，但又不完全相同。《合同法》第 396 条规定，委托合同是委托人和受托人约定，由受托人处理委托人事务的合同。《合同法》第 414 条规定，行纪合同是行纪人以自己的名义为委托人从事贸易活动，委托人支付报酬的合同。《合同法》第 424 条规定，居间合同是居间人向委托人报告订立合同的机会或者提供订立合同的媒介服务，委托人支付报酬的合同。从本案的合同中设定的权利义务内容来看，经纪人以艺人的名义或者介绍艺人与合同相对方签订合同，由经纪公司从艺人获得的报酬中抽取一定比例报酬。但是经纪公司往往在艺人成名前的培养及宣传过程中，也会付出相应成本，因此，演艺经纪合同不能单纯地被认为是委托合同、行纪合同或者居间合同。[1] 法院在判决中也将演艺经纪合同认定为一种特殊性质的合同，不能仅按照委托合同、行纪合同或者居间合同中的规定行使解除权。对于合同效力问题，原被告双方签订合同时均具有真实的意思表示，并且没有违反法律强制性规定，不具有《合同法》第 52 条规定的合同无效的情形，应认定为有效。

---

〔1〕 陶钧："'演艺经纪合同'解约风波：窦骁 Vs. 新画面影业"，载《法庭内外》2014 年第 4 期。

(2)合同的解除权

根据民法的诚实信用原则,为保证交易安全,合同双方的单方解除权均受到严格限制,若合同一方因相对方解除合同而产生损失,合同解除方应当赔偿损失。《合同法》第94条规定有下列情形之一的,当事人可以解除合同:①因不可抗力致使不能实现合同目的;②在履行期限届满之前,当事人一方明确表示或者以自己的行为表明不履行主要债务;③当事人一方迟延履行主要债务,经催告后在合理期限内仍未履行;④当事人一方迟延履行债务或者有其他违约行为致使不能实现合同目的;⑤法律规定的其他情形。在本案中,被告提出了几种解除权,首先被告主张原告对合同的根本违约,依据上述法律规定合同一方当事人根本违约时,另一方有权解除合同。但就本案中,由于被告一方未提出有力证据证明原告的根本违约,法院对此不予认定。对于合同的单方解除权,本案中的涉案合同属于演艺经纪合同,是一种综合性合同,不能简单地根据《合同法》对委托合同、行纪合同以及居间合同的规定向对方行使解除权,故法院对此也不予认定。最后,原告主张该合同具有特定的人身属性,故请求法院解除合同。法律赋予具有特定人身属性合同的单方解除权的原因是基于合同的人身属性,合同的履行方是确定的,不能任意更换的。对于这类合同,一旦合同的一方当事人不愿意继续履行,合同存在失去其基本意义。演艺经纪合同实际上对是根据艺人一方的商业发展潜能而与特定的人签订的合同。这类涉及的影响因素较多,在演艺行业中,艺人的知名度、影响力决定了其商业价值,经纪公司在艺人前期的培养、宣传方面都有较大的商业投入,因此如果赋予艺人单方合同解除权,势必对经纪公司是不公平的,违背了诚实信用的基本原则。但是,由于演艺经纪合同本身具有特殊的人身依附性,艺人不愿意履行合同,经纪公司很难强制艺人继续履行,只能在合同中约定解除合同之后的违约金,由此在判决书中法院作出了允许双方当事人解除合同的判决。

本案启示

演艺经纪合同是一种综合性的合同,是现代化社会发展过程中的新兴法律关系,我国现行的法律没有对这种合同进行专门的规定。在我国很多演艺经纪合同中通常会存在对艺人要求苛刻,且合同期限较长,约定天价违约金等的情形。除此之外，演艺经纪合同具有特殊的人身属性，艺人一方不愿意继续履行合同之后，合同就很难继续下去。因此，这种经济地位的不平等以及履行义务的特殊性使演艺经纪合同的解约纠纷日渐增多，法院对于此类案件的判决不仅仅要适用《合同法》的一般规定，还要结合民法基本原则来调整合同双方的经济地位以达到保护双方法律地位的平等的目的。

五、厦门纳佰川贸易有限公司与上海伟佳展览服务有限公司展览合同纠纷上诉案[1]

案例要旨

展览展示合同中的根本违约的认定应当视合同约定的具体情形而定。对于展览服务提供方提供特定展柜或展台的行为是否能够认定为合同的根本违约，应当根据合同中的条款来确定。如果合同中写明展览服务提供方必须提供特定展台展柜，而在实际中没有提供的，应当认定为根本违约。没有约定特定展柜或者展台的，可以在履行合同过程中双方协商更换场地，而不构成根本违约。

案情简介

2013 年 3 月 22 日，纳佰川公司、伟佳公司就 2014 年德国 EUROSHOP 商场用品展的相关事宜签署了参展合同，合同约定申请面积为 400 欧元/平方米（标准展位），12 平方米，展位费 4800 欧元；乙方（即纳佰川公司）应在 2 个工作日内付清展位定金，展位余款于接到通知后付清；乙方同意展会组委会对乙方参展展位及摊位号的调整及展会组委会对展会的最终解释权。2013 年 3 月 25 日纳佰川公司通过中国建设银行向伟佳公司支付展位定金人民币 20,000 元。但之后，纳佰川公司因伟佳公司未能按其要求，在该展会的 EUROSHOP 商场中为其申请到 EuroCIS 馆而拒绝参加该展会。2013 年 12 月 31 日，伟佳公司将定金人民币 20,000 元返还给了纳佰川公司。原审法院认为，当事人对自己提出的

---

〔1〕 上海市第一中级人民法院(2014)沪一中民四(商)终字第 1165 号民事判决书。

主张，有责任提供证据。因当事人一方迟延履行或者其他违约行为，致使合同目的不能实现，可以适用定金罚则。本案纳佰川公司称伟佳公司未按照合同约定，为其提供德国 EUROSHOP 商场的 EuroCIS 馆作为展馆，但其未能向法庭提供充分的证据予以证明。在双方的合同中，未就展会的展位进行特别约定，且合同条款中更有“乙方同意展会组委会对乙方参展展位及摊位号的调整……”从双方在庭审的陈述中也能体现出，伟佳公司并未不愿意向纳佰川公司提供展位，而是无法向纳佰川公司提供 EuroCIS 馆的展位。因此，纳佰川公司称伟佳公司违反合同约定，未向其提供 EuroCIS 馆而要求伟佳公司双倍返还定金的诉讼请求，不予支持。

判决后，纳佰川公司提起上诉称：其一，纳佰川公司认为其与伟佳公司约定和确认的是 EuroCIS 馆的展位，而非其他馆；其二，纳佰川公司认为参展合同约定的“乙方同意展会组委会对乙方参展展位及摊位号的调整及展会组委会对展位的最终解释权”，属于格式条款和霸王条款，应当无效。

二审法院与一审法院认定基本一致，维持一审判决。

案例解析

本案中，对于参展商一方来说，其需求是特定的展馆，展览合同中不能提供特定展馆的行为是否能够构成根本违约是案件的争议焦点。在《合同法》中关于交付特定物的规定仅规定了特定物灭失之后的赔偿问题，因此对于履行问题需要合同双方自行达成协议。合同是规制双方法律行为的根本依据，在本案中，合同中并没有详细约定关于特定展馆的条款。在被告不能按照原告要求提供特定展馆时，与原告积极协商，并在协商不成的情况下退还定金，因此，法院判决展览服务提供方不因未提供特定展馆承担违约责任。

本案中，原告一方还主张了格式合同的效力问题。《合同法》第 39 条规定格式条款是当事人为了重复使用而预先拟定，并在订立合同时未与对方协商的条款。对于格式合同的效力问题，《合同法》第 40 条规定：“格式条款具有本法第五十二条和第五十三条规定情形的，或者提供格式条款一方免除其责任、加重对方责任、排除对方主要权利的，该条款无效。”第 41 条规定：“对格式条款的理解发生争议的，应当按照通常理解予以解释。对格式条款有两种以上解释的，应当作出不利于提供格式条款一方的解释。格式条款和非格式条款不一致的,应当采用非格式条款。”在本案中,原告主张“拥有最终解释权”的条款不能被认定为免除了提供格式条款一方的责任或者加重对方责任的情形,不能将此条款认定为无效。

本案还涉及定金罚则的适用。定金作为一种债的担保方式,是合同当事人为了确保合同的履行,依据法律规定或者当事人双方的约定,由当事人一方在合同订立时,或者订立后、履行前,按合同标的额的一定比例,预先给付对方当事人的金钱或者其他代替物。定金兼有证约定金、违约定金、解约定金的法律性质,除当事人另有约定,定金一般情况下具有证约效力、预先给付和抵销效力、担保效力。《合同法》第115条规定:“当事人可以依照《中华人民共和国担保法》约定一方向对方给付定金作为债权的担保。债务人履行债务后,定金应当抵作价款或者收回。给付定金的一方不履行约定的债务的,无权要求返还定金;收受定金的一方不履行约定的债务的,应当双倍返还定金。”定金合同除应当具备合同有效成立的一般条件外,还须具备有定金的实际支付、主合同有效、定金数额不得超过主合同标的额的20%等充分必要条件。本案中被告在不能提供特定展馆之时,与原告协商更换展馆,并没有不履行合同义务,而是对原告要求履行的义务履行不能,不适用双倍返还定金的规定。因此原告请求被告双倍返还定金的诉讼请求被驳回。

本案启示

现今随着经济全球化的进程,文化创意企业走出国门让别人认识最直接的方法就是参加国外的展会,因此而导致的展览展会合同纠纷也越来越多。展览展会合同一般都是展览举办方与参展方签订的格式合同,在格式合同中要特别注意有关排除展览举办方义务的条款,对于这种条款,要先行与举办方沟通清楚,以免造成不必要的麻烦。展览展会合同涉及的法律文件很多,中间可能会涉及的法律关系也不仅仅是合同关系,在国外参展时,不仅要注重关于合同中双方的权利义务关系,还要注意展览时可能会产生的对第三人侵权问题,包括产品质量侵权问题、知识产权侵权问题。特别是在国外,适用的法律与我国的法律存在很大的差异,一旦发生法律问题,不仅会损害企业的形象,同时也会产生一笔不菲的维权成本。

本章常用法律法规索引

1.《中华人民共和国商标法》
2.《中华人民共和国专利法》
3.《中华人民共和国民法通则》
4.《中华人民共和国著作权法》
5.《中华人民共和国民事诉讼法》
6.《中华人民共和国反不正当竞争法》
7.《中华人民共和国消费者权益保护法》
8.《中华人民共和国拍卖法》
9.《中华人民共和国合同法》
10.《中华人民共和国物权法》
11.《中华人民共和国劳动合同法》
12.《美术品经营管理办法》
13.《经纪人管理办法》
14.《营业性演出管理条例实施细则》

第三章

文化创意企业融资法律实务

第一节 文化创意企业融资法律实务概述

一、企业融资一般规定

资本对于公司的作用犹如血液，是公司赖以生存、发展的基础。公司根据其发展的不同阶段，对资本的需求程度及获取资本的方式均有所不同。一般来说，公司创立之初，需要资本维持，这部分资本主要依靠公司股东以出资的方式注入公司。2013 年 12 月 28 日修订通过，2014 年 3 月 1 日开始施行的《中华人民共和国公司法》中将公司的注册资本制度由原来的实缴制改为认缴制，这意味着股东在公司注册阶段仅需要在工商登记时记载其将要认缴的公司资本，而无须在公司注册阶段缴纳实际的注册资本。这有利于根据公司自身情况和发展阶段，选择合适的资本投入量，有利于提高资本利用效率，提高股东投资积极性。虽然根据该法规定，股东在公司初设阶段可以不投入任何资本或者仅仅象征性地投入一元钱，但实践中，真正将要进行业务运营的公司，其股东无不投入与公司发展阶段相适应的资本作为出资，以便维持公司运营所需的人力、物力等资源消耗。该处应引起公司和股东注意的是：认缴制不等于不需要缴纳注册资本。当股东未按照认缴的额度将资本注入公司时，公司资不抵债，则股东仍将以其认缴额对公司的对外负债承担清偿责任。

公司注册成立后，当需要更多的资本运营和发展时，一般可以通过以下方式进行融资：

（一）股东认缴的但尚未缴纳的资本额

根据现行《公司法》的规定，公司注册成立时股东可以认缴公司注册资本，因此，很多公司成立很长一段时间后股东对公司资本的认缴额并未完全注入。随着公司发展对资本需求的增加，公司可以根据公司章程规定的股东认缴公司资本的时间，要求公司股东履行公司资本注入的义务。同时也可以通过股东会决议修改公司章程中股东认缴资本时间的方式，由股东履行资本缴纳的义务。

（二）公司增资

公司的注册资本均已经缴纳完毕，公司运营过程中需要更多资金，也可以通过增加公司注册资本的方式获取。公司增加注册资本可以向原股东募集也可以向原股东之外的其他人募集。在向原股东募集新增资本情况下,募集完毕后,公司的注册资本增加,公司应该向公司登记机关办理公司注册资本变更登记。在公司股东均认购增资的情况下,公司股东占股比例维持不变。在部分股东认购股份的情况下,公司股东占股比例发生变化,公司需相应修改公司章程,并向公司登记机关办理变更登记。公司若向原股东之外股东发行新的公司资本,则公司股东之间的股份比例将发生相应变化,公司需相应变更公司章程,并向公司登记机关办理变更登记。

(三)从银行等金融机构获得贷款

公司需要资金,可以从银行申请贷款。银行贷款利率低,公司融资成本低。但从银行贷款融资,银行一般对公司本身的资质及规模等方面均有较高要求,且一般均要求公司提供一定的担保。国有企业比较容易从银行获得贷款支持,一些政策性银行对符合政策要求的特定行业、特定企业会给予很大力度的贷款支持,贷款期限长且利率低,有的甚至低于中国银行公布的同期贷款基准利率。

担保贷款包括:保证贷款、抵押贷款、质押贷款。

保证贷款,系指按《中华人民共和国担保法》规定的保证方式以第三人承诺在借款人不能偿还贷款时,按约定承担一般保证责任或者连带责任而发放的贷款。一般保证责任是指在借款人不能偿还借款本息时,由担保人承担偿还责任。连带保证责任是指当借款人没有偿还贷款本息时,由连带保证责任人承担偿还责任。由此可见,一般保证责任和连带保证责任最根本的区别就在于一般保证责任下,只有经过诉讼等法律程序确定借款人确实没有偿还能力时,才由保证人承担担保责任。而连带保证责任只要出现借款人未按期偿还贷款本息的情形,银行就有权要求保证人承担偿还责任。保证人在替借款人偿还完借款本息后,可以再向借款人追偿。

实践中,可以选择一个或者多个保证人,但根据《担保法》的规定,国家机关不得为保证人,但经国务院批准为使用外国政府或者国际经济组织贷款进行转贷的除外。学校、幼儿园、医院等以公益为目的的事业单位、社会团体不得为保证人。企业法人的分支机构、职能部门不得为保证人。企业法人的分支机构有法人书面授权的,可以在授权范围内提供保证。

抵押贷款，系指按《中华人民共和国担保法》规定的抵押方式以借款人或第三人的财产作为抵押物发放的贷款。抵押品可以是借款人自己所有的，也可以为有权处分的第三人所有。抵押品必须是法律允许流通的。通常来说，银行可接受的抵押品为有价证券、各种股票、房地产及提单或者其他各种能够证明物品所有权的单据。根据我国《物权法》相关规定，抵押权人在债务履行期届满前，不得与抵押人约定债务人不履行到期债务时抵押财产归债权人所有。[1] 抵押贷款期间，抵押物并不用转移给银行占有。而对于在一定时期内的多项交易，借款人还可以与银行协商在最高债权限额内，以抵押物对一定期间内连续发生的债权作为担保。最高额抵押的抵押人和债务人可以不是同一人。

质押贷款，系指按《中华人民共和国担保法》规定的质押方式以借款人或第三人的动产或权利作为质物发放的贷款。可作为质押的质物包括：国库券（国家有特殊规定的除外），国家重点建设债券、金融债券、AAA 级企业债券、储蓄存单等有价证券。质押自质押物或者质押的权利凭证交付时生效。同样，我国《物权法》规定，质权人在债务履行期届满前，不得与出质人约定债务人不履行到期债务时质押财产归债权人所有。[2]

由此可见，质押担保和抵押担保的差别主要为两点：一是质押物只能是动产或者权利，而抵押物的范围相对较为广泛；二是抵押不以抵押物转移占有作为生效要件，而质押生效必须转移质押物的占有。

对于贷款来说，比较常见的金融机构还有小额贷款公司，一般情况下，小额贷款公司的利率比银行要高，同时也要求担保，而担保的方式与银行要求的也基本相同。

（四）从非金融机构获得借款

对于公司来说，从银行等金融机构贷款，对公司的硬性要求比较高，一般都要求公司提供相应担保或者提供保证人或者公司有很强的盈利能力。因此，很多中小型缺乏资金又达不到银行贷款要求的公司会向其他一些公司或者有实

---

〔1〕《物权法》第 186 条。

〔2〕《物权法》第 211 条。

力的个人借款。这些都属于民间借贷。根据2015年9月1日起施行的最高人民法院《关于审理民间借贷案件适用法律若干问题的规定》第11条的规定,法人之间、其他组织之间以及它们相互之间为生产、经营需要订立的民间借贷合同,除存在《合同法》第52条、本规定第14条规定的情形外,当事人主张民间借贷合同有效的,人民法院应予支持。由此可见,只要是公司、其他组织之间为生产、经营需要而发生的借贷关系,法律已经予以认可,而不必像过去再通过银行进行委托贷款。

自2014年起,公司从非金融机构获得贷款又多了一个更加便捷的渠道,即通过P2P(peer to peer lending)网贷平台借款。也就是说,企业可以在专门的P2P网站上发布融资信息,由众多对该项融资感兴趣的投资人将款项打入平台为融资公司专门设立的账户中,当融资额达到公司预设的融资额时,由平台或者平台指定的资金托管方将资金汇入公司指定账户,公司按照在网站上公布的融资利息向投资人按期支付利息并按照融资合约约定返还投资人本金。P2P的爆发性发展为公司提供了低成本融资渠道,实现了融资公司与投资人之间点对点的借贷行为,部分解决了小微公司发展中的资金"瓶颈"问题,但公司在运用这一"新型"融资工具时,仍要注意其中的法律风险和商业风险。

P2P业务实际就是P2P平台通过互联网技术将众多投资人和融资人联系到一起,为双方之间的借贷关系提供代理或者居间服务。根据我国相关法律、法规、规章及相关部委指导意见的规定,P2P平台必须是为借贷双方提供信息服务的纯中介机构,其本身不能参与项目的融资和投资,亦不能为平台项目提供担保或者增信服务,平台还不可以自己设立资金池。2013年至2014年,P2P行业野蛮生长的阶段已经过去,2015年开始国家对这一行业开始逐步规范,不合规的平台将要逐步被淘汰出去。目前P2P行业在等待严格"监管靴子"落下的同时显现出明显的萧条。对于准备利用这类平台进行融资的融资者和投资者,在选择平台时要格外慎重。第一要选择合规的平台进行融资,第二要选择行业中的龙头平台进行融资。龙头平台较其他普通平台在合规性方面要强,同时平台自身实力强,发生提现困难、挤兑的可能性相对较低,对风险的处理能力较强,对融资人和投资人审查程序相对规范,遇到政策变更时,应变能力相对较强。在这样的平台上进行融资，成功率相对较高，资金监管和拨付相对及时，其流程的规范性使得在借贷双方发生争议时，借贷合法性易被司法机关所认可。

（五）申请政府专项资金和补贴

对于有好项目的具有成长性公司来说，缺乏资金还可以申请政府专项资金和补贴。目前，国内很多城市设立很多园区为吸引优秀公司和人才入驻，对于满足条件的公司和领军人物提供专项资金与补贴支持。如南京某园区 2013 年对于入驻符合其条件的企业最高按阶段给予百万元扶持基金。

2015 年 9 月 11 日，财政部部长助理许宏才曾指出中央财政将通过整合资金出资 150 亿元，建立总规模 600 亿元的国家中小企业发展基金，并且将不再区分方向，各个行业种子期和初创期的中小型企业都能享受到国家政策的支持。[1]

同时，国家针对不同的行业也设立专项资金和补贴。如科技部有"国家科技计划专项资金"、"中小企业发展专项资金"、"创新方法工作专项资金"、"星火计划重点项目基金"、"火炬计划专项基金"等，符合相关要求的公司可以根据需求提出申请。

（六）融资租赁

融资租赁是指出租方根据承租方对租赁物的选择，向出售方购买租赁物，提供给承租方使用，向承租方分期收取租金的一项交易。《中华人民共和国合同法》第 237 条规定，融资租赁合同是出租人根据承租人对出卖人、租赁物的选择，向出卖人购买租赁物，提供给承租人使用，承租人支付租金的合同。融资租赁实质上具有融资功能。承租企业缺乏生产经营所需设备，但自身资金不足以购买，于是与出租人签署《融资租赁协议》，由出租人按照融资人的要求，向指定厂商采购指定型号的设备及产品，并直接将该设备及产品出租给承租人使用，承租人按照双方协议约定支付租金。《融资租赁协议》一般均会约定，双方完全履行合同约定后，租赁物的归属。如果协议中没有约定，则双方可以对此达成补充协议，若无法达成补充协议，则根据合同有关条款或者交易习惯予以

---

〔1〕 来源于人民网 http://politics.people.com.cn/n/2015/0912/c70731-27574744.html，2015 年 10 月 30 日访问。

确定。

融资租赁具有如下特点:(1)租赁物由承租人决定,承租人向出租人发出购买租赁物的要求,出租人据此出资购买,并在租赁期内仅提供给承租人使用;(2)租赁物的质量与技术条件等内容是否符合承租人需求的责任由承租人承担,出租人对此不承担任何责任;(3)融资租赁期间,出租人保留租赁物的所有权,承租人支付租金并承担租赁物的管理、维修和保养责任;(4)双方可以约定租赁期满后,租赁物的归属。

目前对融资租赁行业的法律规定主要是《中华人民共和国合同法》中相关条款及部门规章。

(七)天使、VC、PE 投资

天使、VC、PE 投资这三个词在国内经常被混用,但在国外却是有着严格的区分。

天使投资:一般指个人出资协助具有专门技术或者独特概念而缺少自有资金的创业者进行创业,并承担创业中的高风险和享受创业成功后的高收益。

VC 投资:英文全称为 venture capital,即风险投资,又称为"创业投资",指由职业金融家投入新兴的、迅速发展且具有竞争力的企业中的一种股权投资。

PE 投资:英文为 private equity,即私募股权投资,指通过私募形式对非上市公司进行的权益性投资。广义上的 PE 投资还包括对处于种子期、初创期、发展期、扩展期、成熟期等各个时期的公司进行投资。

一般来说,天使投资人是自由投资者或者说非正式的风险投资机构对原创项目构思或小型初创公司进行的一次性的前期投资,是风险投资的一种形式。天使投资人一般要参与到公司的经营管理中,或者作为外部顾问给予创业者信息、咨询或者指导及经验的分享。很多初创公司能够发展壮大,离不开初期天使投资者的帮助。

VC 投资一般是以公司或者合伙的组织形式进行投资,投资金额多在一千万元人民币以上,也有些联合投资达上亿元,投资的企业一般需要有比较成熟的盈利模式或者成熟的商业模式。VC 投资一般都不参与公司经营管理。

相对于天使和 VC 投资,PE 投资一般是 Pre - IPO 阶段,公司发展前景较好,已经具备上市基础,达到PE投资对收入或者盈利的要求。PE投资在此阶段的介入,一方面为公司提供资金需求,另一方面也将帮助公司梳理上市架构,选择上市地,完善公司治理结构,最终使公司能够在1年至3年内成功上市。

近几年,由于激烈的市场竞争,再加之真正高成长、高回报的项目比较少,上述三项投资均互有渗透,并且也额外受到融资公司和创业者青睐。其受青睐的原因在于:第一,解决了部分公司融资难的问题;第二,能够提供给公司更多资本之外的资源;第三,获得上述融资也说明公司的商业模式得到市场认可。

(八)场外市场融资

资本市场根据是否有集中统一的交易场所和交易规则,可以分为场内交易市场和场外交易市场。场外交易市场又称为柜台交易或者店头交易市场,指在交易所外由证券买卖双方当面议价成交的市场。其没有固定的场所,交易的证券以不在交易所上市的证券为主。目前,在我国主要的场外市场是"新三板"、E板、Q板。

"新三板"市场原指中关村科技园区非上市股份有限公司进入代办股份系统进行转让试点,因挂牌企业均为高科技企业而不同于原转让系统内的退市企业及原STAQ、NET系统挂牌公司,故形象地称为"新三板"。2012年,国务院决定扩大非上市股份公司股份转让试点,首批扩大试点新增上海张江高新技术产业开发区、武汉东湖新技术产业开发区和天津滨海高新区。2013年年底,新三板扩容至所有符合新三板条件的企业。至此,"新三板"迎来了辉煌时代。截至2015年10月30日,挂牌公司3896家,成交金额95,320.36万元。[1]

相较于主板、中小板和创业板,新三板挂牌条件为:(1)依法设立且存续满两年;(2)业务明确,具有持续经营能力;(3)公司治理机制健全,合法规范经营;(4)股权明晰,股票发行和转让行为合法合规;(5)主办券商推荐并持续督导;(6)全国股份转让系统公司要求的其他条件。[2]

E板和Q板均为上海股权托管交易中心(以下简称上海股交中心)创设的

---

〔1〕 来源于全国中小企业股份转让系统(http://www.neeq.cc/index),2015年10月30日访问。

〔2〕 来源于全国中小企业股份转让系统(http://www.neeq.cc/detail? id=85A0254D06Z3A6DA0&type=156C9E4B32Z1379E00),2015年10月30日访问。

平台。上海股交中心借助上海资本市场龙头地位,为那些不符合场内资本市场要求也不符合新三板挂牌但又有融资需求的企业提供了股份交易平台,目前两个市场的交易活跃度逐步提升。截至 2015 年 10 月 30 日,在上海股交中心 E 板挂牌公司为 468 家,Q 板挂牌公司为 6819 家,股权融资人民币 86.74 亿元。[1] E 板比 Q 板挂牌要求稍高。

E 板挂牌要求:(1)业务基本独立,具有持续经营能力;(2)不存在显著的同业竞争、显失公允的关联交易、额度较大的股东侵占资产等损害投资者利益的行为;(3)在经营和管理上具备风险控制能力;(4)治理结构健全,运作规范;(5)股份的发行、转让合法合规;(6)注册资本中存在非货币出资的,应设立满一个会计年度;(7)上海股交中心要求的其他条件。[2]

Q 板挂牌要求的条件较低,只要不具有如下任何一项的公司均可挂牌:(1)无固定的办公场所;(2)无满足企业正常运作的人员;(3)企业被国家有关部门吊销营业执照或其他合法执业证照;(4)存在重大违法违规行为或被国家相关部门予以严重处罚;(5)企业的董事、监事、经营管理人员存在《公司法》第 146 条所列属的或违反国家其他相关法律法规的情形;(6)本中心认定的其他情形。[3]

申请阶段由两部分组成:一是企业聘请推荐机构;二是推荐机构进行专项调查,向上海股交中心提供基本情况说明书和申报材料。

审核阶段则由上海股交中心就材料完备性、合理性等进行形式审查。

(九)境内外场内资本市场融资

场内交易市场又称证券交易所市场或集中交易市场,是指由证券交易所组织的集中交易市场,有固定的交易场所和交易活动时间。证券交易所接受和办理符合有关法律法规规定的证券上市买卖,投资者则通过证券商在证券交易所

---

[1] 来源于上海股权托管交易中心(http://www.china-see.com/index.do),2015 年 10 月 30 日访问。

[2] E 板挂牌流程:企业改制—尽职调查—推荐机构推荐—上海股交中心审核—审委会审核—股份登记托管—披露信息—挂牌。

[3] Q 板挂牌流程:申请—审核—挂牌。

进行证券买卖。证券交易所是指经国家批准有组织、专门集中进行有价证券交易的有形场所。证券交易所实行"公平、公开、公正"的原则,交易价格由交易双方公开竞价确定,实行"价格优先、时间优先"的竞价成交原则。

场内交易市场有以下特点:(1)集中交易。场内交易市场集中在一个固定的地点(证券交易所),所有的买卖双方必须在证券交易所的管理之下进行证券买卖。(2)公开竞价。场内交易市场证券的买卖是通过公开竞价的方式形成的,即多个买者对多个卖者以拍卖的方式进行讨价还价。(3)经纪制度。在场内交易市场买卖证券活动必须通过专业的经纪人,这是多年形成的规矩。(4)市场监管严密。在场内交易过程中,证券监督部门及证券交易所对从事证券交易各种活动监管严密,以保证场内交易市场高效有序的运行。

境内场内交易市场主要包括主板、中小板和创业板。

目前中国企业选择较多的境外场内市场为:美国纳斯达克、香港主板和创业板、新加坡主板、加拿大风险资本交易所等。美国资本市场流动性好,世界资本聚集性强、市场规范而受到公司的更多青睐,很多比较知名的科技公司多选择美国纳斯达克市场。下面主要介绍美国纳斯达克市场和香港创业板上市规则。

1. 纳斯达克上市条件

想要在纳斯达克上市的公司必须是经营生化、生技、医药、科技(硬件、软件、半导体、网络及通讯设备)、加盟、制造及零售连锁服务等公司,经济活跃期满一年以上,且具有高成长性、高发展潜力。同时需要满足如下标准中的一项。

标准一:

(1)股东权益达 1500 万美元;

(2)一个财政年度或者近 3 年里的两年中拥有 100 万美元的税前收入;

(3)110 万的公众持股量;

(4)公众持股的价值达 800 万美元;

(5)每股买价至少为 5 美元;

(6)至少有 400 个持 100 股以上的股东;

(7)3 个做市商;

(8)须满足公司治理要求。

标准二：

(1)股东权益达3000万美元；

(2)110万股公众持股；

(3)公众持股的市场价值达1800万美元；

(4)每股买价至少为5美元；

(5)至少有400个持100股以上的股东；

(6)3个做市商；

(7)两年的营运历史；

(8)须满足公司治理要求。

标准三：

(1)市场总值为7500万美元；或者，资产总额及收益总额分别达7500万美元；

(2)110万的公众持股量；

(3)公众持股的市场价值至少达到2000万美元；

(4)每股买价至少为5美元；

(5)至少有400个持100股以上的股东；

(6)4个做市商；

(7)须满足公司治理要求。[1]

2. 香港创业板上市条件

(1)接受的拟上市公司注册地为：香港特区、百慕大、开曼群岛、内地；

(2)拟上市公司需要由不少于24个月的经营活跃记录；

(3)拟上市公司于活跃记录期间，其管理层及拥有权须大致相同；

(4)拟上市公司的主营业务要突出；

(5)拟上市公司财务要求为：

①上市前两个财政年度经营活动的净现金流入合计须达2000万港元；

②市值至少达1亿港元；

---

〔1〕 来源于 http://baike.baidu.com/link? url=80ykUhjpo20fB_HAnVvADm30pGEGiDH3BpVgAKFvJsjTfkRHzCIOs5NvhXFyhWUMgeZbqghfhHq3cilvH3rRBK，2015年11月1日访问。

③公众持股量至少达3000万港元及25%（如发行人的市值超过100亿港元，则为达到15%～25%，即与主板一致）；

④最少100名公众股东，持股量最高的三名公众股东持有比率不得超过50%；

⑤最近两个财政年度的管理层成员大致维持不变；

⑥最近一个财政年度的拥有权和控制权维持不变；

⑦必须清除列明涵盖其上市时该财政年度的余下时间及其后两个财政年度的整体业务目标，并解释拟达致该等目标的方法。[1]

此外，公司拟在香港创业板上市，其公司章程须符合香港《上市规则》和国内《关于到境外上市公司章程必备条款》的规定；公司的董事、公司秘书、会计师、监察主任、授权代表、审核委员成员等人员需符合《上市规则》的规定；公司须聘有经核准的股票过户登记处。

二、文化创意企业融资难点及融资渠道

（一）融资难点

相较于其他公司，文化创意企业融资困难，其主要原因如下：

1. 文化创意企业主要依靠创意制胜，多为轻资产公司，缺乏有效担保物。

2. 投资文化产业风险较大，因此，专门投资该领域的基金及投资公司比例较小。文化创意企业的产品主要满足人们的文化需求，多为无形产品，因此最终受环境、大众心理等方面影响大，最终效果难以预估，投资回报率缺乏严格的评估预测体系，可控性差，因此专门投资该领域的基金公司和投资公司较少，很多投资机构不敢或者不愿意尝试纯创意投资。

3. 文化创意企业一般规模不大，难以满足专业基金公司对融资公司规模的要求。文化创意企业是轻资产公司、无形资产公司，前期资本投入不需要太多，有形资产多为租赁形式，注册资本大多低于人民币50万元，难以满足专业基金公司对公司规模的要求。

4. 信用等级低，经营管理不规范。中小文化创意企业基本依托项目发起，

---

〔1〕 来源于 http://baike.baidu.com/link?url=nUnWrKxtIRbADnBPs1C7md0VzHCs-ufutpvwb2vREdgzefKpDCwk_LZBl8MsOGHBB06pXc6ZczK6zarzOo04G_，2015年11月1日访问。

负责人多为文化创意产业内人士，缺乏对公司经营管理和运作的能力和经验，公司内部管理不规范。

(二)融资渠道

文化创意企业主要有以下融资渠道：

1. 文化创意产业孵化器

因为是专门为文化创意企业所设孵化器，一般孵化器均为入孵企业提供“一条龙”服务，除提供办公空间外，一般均会引入文化产业基金公司、文化产业担保公司、文化产业小额贷款公司及某些机构投资者和会计师事务所、律师事务所等中介机构，有些文化创意产业孵化器公司及其关联公司自身即可为优秀的文创公司提供融资服务。

2. 文化创意产业基金

近几年，国家大力发展文化创意产业，许多部委和地方政府随之建立文化创意产业的专项发展基金，符合条件的公司不限所有制形式均可申请。如北京市财政自 2006 年每年拨款 5 亿元人民币，2012 年开始每年拨款 9 亿元人民币，采用面向社会公开征集的方式，以贷款贴息、项目补贴、奖励等方式，重点支持符合北京市文化创意产业发展总体规划和发展方向的优秀文化项目。为推动首都文化大发展大繁荣，发挥首都全国文化中心示范作用，2016 年 1 月 29 日，北京市国有文化资产监督管理办公室发布了《北京市文化创意产业发展专项资金企业项目征集评审管理办法(试行)》、《北京市文化创意产业发展专项资金项目补助实施细则(试行)》、《北京市文化创意产业发展专项资金项目奖励实施细则(试行)》、《北京市文化创意产业发展专项资金项目贷款贴息实施细则(试行)》、《北京市文化创意产业发展专项资金项目贴租实施细则(试行)》、《北京市文化创意产业发展专项资金项目贴保实施细则(试行)》、《北京市文化创意产业发展专项资金文化创意产业孵化器奖励实施细则(试行)》、《北京市文化创意产业发展专项资金文化创意企业上市、挂牌和并购奖励实施细则(试行)》一揽子扶持政策，进一步规范和加强北京市文化创意产业发展专项资金管理，提高专项资金的使用效能。

3. 天使、VC、PE 投资

近两三年，随着房地产等行业相对的衰落，国家对文化产业的重视程度逐步提升，很多天使、VC、PE 投资转而关注文化创意产业，成立了专门针对某个文创领域的基金。根据 CV Research 投中研究院（该院隶属于 China Venture，即投中集团）统计，截至 2015 年 5 月，国内累计成立 92 支文化产业基金。如 IDG 中国媒体基金、亚洲电影基金、一壹影视文化股权投资基金、星空大地文化传媒基金、腾讯影视基金、乐视星云影视文化基金、中关村影视新媒体版权基金等，基金规模几亿元至几十亿元人民币不等。

4. 众筹

众筹主要有四种模式：（1）股权众筹；（2）债权众筹，即我们现在常说的 P2P；（3）产品众筹；（4）捐赠众筹。

（1）股权众筹

股权众筹是指公司出让一定比例的股份，面向普通投资者，投资者通过出资入股公司，获得未来收益。这种基于互联网渠道而进行融资的模式被称作股权众筹。借助于互联网技术的发展，股权众筹自 2009 年开始在国外兴起，2014 年开始在中国获得快速发展。

（2）债权众筹

债权众筹即 P2P，是英文 peer - to - peer 的缩写，指个人与个人之间的借贷，而 P2P 理财是指以公司为中介机构，把借贷双方对接起来实现各自的借贷需求。借款方式可以是无抵押贷款，也可以是有抵押贷款，而中介一般是以收取双方或单方的手续费或者是以赚取一定息差为营利目的的机构。借助于互联网技术及国家鼓励解决小微企业融资难的政策导向，2014 年，P2P 迎来爆发性增长，同时也带来一定问题，目前国家正对这一行业进行规治。治理后的 P2P 行业肯定能为文化创意企业债权融资带来很大机遇。

（3）产品众筹

产品众筹是指投资人将资金投给筹款人用以开发某种产品（或服务），待该产品（或服务）开始对外销售或已经具备对外销售的条件的情况下，筹款人按照约定将开发的产品（或服务）无偿或低于成本的方式提供给投资人的一种众筹方式。产品众筹主要是针对还未面世的产品。

（4）捐助众筹

捐助众筹是指投资者与筹资者之间的法律关系本质上属于赠与合同关系。

文化创意产业主要以创意为主，创意产出结果具有不确定性，但也恰恰因为其具有创意性，对很多人具有很强的吸引力，因此对文化创意公司来说，股权众筹和产品众筹无论单独使用还是结合使用都能起到良好的融资效果，同时也可以帮助公司预先锁定未来的客户人群，并借助这部分筹资人获取更多的潜在客户。众筹的方式还可以帮助企业预估产品的市场潜力。

但在股权众筹时，选择众筹平台很重要，因为这个行业容易牵涉到非法集资和非法发行证券。如果平台违法，则在平台上众筹的公司也容易受到牵连，其众筹可能会被认定为非法，这样就会耽误公司的发展良机。因此，要选择规范、实力强的众筹平台进行众筹。

2015 年，文化创意产业众筹成功的案例比比皆是。2013 年，《十万个冷笑话》众筹到 137 万元的融资，其中包括两笔单人投资超过人民币十万元的捐助。而 2015 年上映仅 10 天，该片票房便过亿元。上映 12 天狂揽 5 亿多元票房收入的《大圣归来》众筹了 89 位投资人合计人民币 780 万元，预计兑付时这些投资人可以获得本息人民币 3000 万元。

文化创意产业之所以适合众筹，其原因在于：

（1）众筹可以让更多的投资人参与其中，而每人投入的金额很小，有利于分散风险，便于短时间聚集到初始资本，但后期若成功，收益十分可观。

（2）文化创意产业比其他行业更需要“粉丝”参与，众筹预先锁定未来客户，投资人提供的不仅仅是资金，更多的是其他资源。如《大圣归来》的 89 位投资人仅包场就有 200 多场，并成功带动其他人群。

（3）可以帮助公司预估产品或者作品的市场效果，据此调整战略和营销策略。众筹的参与度和最终能否完成众筹从某个侧面为公司提供市场接受度信息，公司可以据此调整产品或者作品及其营销策略。

文化创意产业适合的众筹模式：文化创意企业可以采用股权众筹的模式，也可以采用产品众筹的模式，还可以将两者结合使用。

三、文化创意企业融资常见法律问题

（一）外资进入的特殊规定

文化领域属于国家控制比较严格的行业，对于外资的进入有严格的规定，公司若吸引外资进入如下行业，需要特别注意：

1. 如下行业为限制外资进入行业：[1]

(1)广播电视节目、电影的制作业务仅限于中外合作；

(2)电影院的建设、经营必须由中方控股；

(3)大型主题公园的建设、经营；

(4)演出经纪机构必须中方控股。

2. 如下行业不允许外资进入：[2]

(1)新闻机构；

(2)图书、报纸、期刊的出版业务；

(3)音像制品和电子出版物的出版、制作业务；

(4)各级广播电台(站)、电视台(站)、广播电视频道(率)、广播传输覆盖网(发射台、转播台、广播电视卫星、卫星上行站、卫星收转站、微波站、监测台、有线广播电视传输覆盖网)；

(5)广播电视节目制作经营公司；

(6)电影制作公司、发行公司、院线公司；

(7)新闻网站、网络出版服务、网络视听节目服务、互联网上网服务营业所、互联网文化经营(音乐除外)。

(8)经营文物拍卖的拍卖企业；

(9)高尔夫球场、别墅的建设。

上述规定中限制和禁止外资进入的领域要严格执行，否则融资可能被认定为无效。

(二)名为联合摄制，实为融资

影视行业的实践中，经常出现联合摄制，其中一个主体仅提供资金，另一个主体则负责剧本、拍摄、演员等全部制作内容。对于这种合作方式，关键要看双方合同中如何具体约定的，若合同的名称虽然为联合摄制合同，但合同中约定一方无论项目最终收益多少均可以享受固定收益，则该合同基本可以被确定为

---

[1] 外商投资产业指导目录(2015年修订)。

[2] 外商投资产业指导目录(2015年修订)。

借贷协议，将要受到民间借贷相关法律法规及司法解释的约束。最高人民法院《关于审理民间借贷案件适用法律若干问题的规定》第26条规定：借贷双方约定的利率未超过年利率24%，出借人请求借款人按照约定的利率支付利息的，人民法院应予支持。借贷双方约定的利率超过年利率36%，超过部分的利息约定无效。借款人请求出借人返还已支付的超过年利率36%部分的利息的，人民法院应予支持。

因此，若合同中有固定收益，则不能超过最高人民法院上述司法解释中规定的利率，否则超过部分将不被法律支持。而若根据合同条款可以认定为真正的联合摄制合同，则最终收益的获得将不受最高人民法院上述规定限制。

（三）著作权融资中的法律问题

文化创意产业中常用作品著作权去质押贷款。根据《著作权法》规定，著作权可分为人身权和财产权两个方面。根据《著作权法》和《物权法》规定，著作财产权能够质押的权力有复制权、发行权、出租权、表演权、放映权、广播权、信息网络传播权、摄制权、改编权、翻译权、汇编权和应当由著作权人享有的其他权利。

著作权质押贷款时要注意如下法律问题：

（1）上述可以质押的著作财产权每一项都可以单独质押，其可以因分属于不同的著作权人而由不同的著作权人分别质押融资。

（2）根据我国《著作权法》规定，著作财产权及著作人身权中的发表权保护期为作者终生及其死亡后50年。当著作权保护期届满，作品进入公有领域则著作财产权丧失，作品质押担保即失去意义。著作权保护期限不仅会影响到公司融资额，还会影响到质押效力。

（3）著作权质押必须办理质押登记，未办理质押登记的，质押权不生效。

（四）P2P、众筹所涉法律问题

文化创意公司进行P2P、股权众筹融资时容易触犯非法集资罪中的一种或者几种。所谓非法集资，是指公司、企业、个人或者其他组织未经批准，违反法律、法规，通过不正当的渠道，向社会公众或者集体募集资金额的行为。若数额较大，将构成非法集资罪。非法集资罪具有四性：非法性、公开性、利诱性和社会性。

非法集资罪包括四种类型犯罪，分别为：非法吸收公众存款罪；集资诈骗罪；欺诈发行股票、债券罪；擅自发行股票、公司、企业债券罪。以下将对非法吸收公众存款罪、集资诈骗罪和擅自发行股票、公司、企业债券罪作简要说明。

1. 非法吸收公众存款罪

以宣称将给予高额利息或其他回报的方式公开向非特定公众借款，具备一定数额或者情节将构成非法吸收公众存款罪。

符合下列情形之一的即可构成该罪：[1]

（1）个人非法吸收或者变相吸收公众存款数额在人民币20万元以上的，单位非法吸收或者变相吸收公众存款数额在人民币100万元以上的；

（2）个人非法吸收或者变相吸收公众存款30户以上的，单位非法吸收或者变相吸收公众存款150户以上的；

（3）个人非法吸收或者变相吸收公众存款给存款人造成直接经济损失数额在人民币10万元以上的，单位非法吸收或者变相吸收公众存款给存款人造成直接经济损失数额在人民币50万元以上的；

（4）造成恶劣社会影响的；

（5）其他扰乱金融秩序情节严重的情形。

2. 集资诈骗罪

产品众筹或者项目众筹时，注意项目的真实性，募集资金不能随意挪作他用，避免触犯集资诈骗罪。所谓集资诈骗罪指以非法占有为目的，使用诈骗方法非法集资。具有下列情形之一的，可以认定为“以非法占有为目的”：

（1）集资后不用于生产经营活动或者用于生产经营活动与筹集资金规模明显不成比例，致使集资款不能返还的；

（2）肆意挥霍集资款，致使集资款不能返还的；

（3）携带集资款逃匿的；

（4）将集资款用于违法犯罪活动的；

（5）抽逃、转移资金、隐匿财产，逃避返还资金的；

---

〔1〕 参见2010年5月7日最高人民检察院、公安部制定发行的《关于公安机关管辖的刑事案件立案追诉标准的规定（二）》第28条。

(6)隐匿、销毁账目,或者搞假破产、假倒闭,逃避返还资金的;

(7)拒不交代资金去向,逃避返还资金的;

(8)其他可以认定非法占有目的的情形。

3. 擅自发行股票、公司、企业债券罪

文化公司进行股权众筹时要注意根据现行《证券法》规定,向不特定对象或者向特定对象累计超过 200 人发行证券,属于公开发行证券,需要证监会批准。未经批准,容易触犯擅自发行股票、公司、企业债券罪。因此,文化公司在进行股权众筹时要注意股东人数控制,股东人数累计不得超过 200 人,同时不得向不特定对象发行证券。

第二节　文化创意企业融资典型案例与解析

一、湖南贺某梦场影视传媒文化有限公司等非法吸收公众存款案[1]

案例要旨

现代企业发展过程中，企业向公众融资以扩大生产经营已经成为企业获得发展资金的重要途径之一。然而，企业在向公众融资的过程中，需要特别注意其行为与非法吸收公众存款行为的界限。企业未取得证监会的批准而向不特定公众募集资金的行为是法律所禁止的，无论其募集资金的方式如何，企业向不特定公众融资的行为均需要取得相应的许可，否则就构成非法吸收公众存款罪。

案情简介

2007 年 3 月 28 日湖南贺某梦场影视传媒文化有限公司（以下简称贺某公司）注册成立，主要从事动漫产品及动漫衍生产品的设计、生产、销售。法定代表人为林某平，股东为林某平、陈桂春（林某平的妻子）。该公司成立后，法定代表人及股东情况多次变更。在林某平任法定代表人期间，贺某公司制作了《贺某传奇》（365 集）之《贺某游中华》动漫片，并与中央电视台少儿频道等电视媒体签订了《动画片版权赠予合同》、《电视节目播映转让合同书》授权播放《贺某游中华》。因《贺某游中华》尚未播映，公司资金周转困难。为筹集资金，经沈某贵介绍，林某平与刘山协商进行合作。刘山认为该公司发展前景较好，遂于 2011 年 11 月 22 日与林某平签订《合作协议》：贺某公司法定代表人变更为刘山，刘山以人民币 4000 万元从林某平处购买该公司 70% 的股份。2011 年 11 月 15 日该公司股东变更为刘山，刘山、林某平各占 70%（700 万元）、30%（300 万

---

〔1〕 湖南省长沙市芙蓉区人民法院（2013）芙刑初字第 551 号刑事判决书。

元）的股份。2012 年 2 月 20 日双方再次签订《股份转让协议》，刘山以人民币 900 万元从林某平处购买该公司 30% 的股份。此后，刘山将 61% 的股份转让给戴存海（51%）、黄书衡（10%）。2012 年 4 月 28 日公司法定代表人变更为戴存海。

由于当时《贺某游中华》尚未播出，相关衍生产品亦未能推出，公司资金周转困难。唐甲向刘山推介连锁加盟的经营方式，刘山认为这种方式很好，并在贺某公司未取得吸收公众存款许可的情况下，同意采取以发展加盟商，收取加盟费的方式吸收公众存款。

因唐甲熟悉这种模式，贺某公司聘请唐甲具体负责相关工作。贺某公司制作《贺某游中华》动画片项目介绍说明书进行宣传推介称：该动画片系中国原创动画片、首部以旅游景点传说为系列剧情的动画片，即将在中央电视台播映，将通过招商、播映、广告、卡通形象授权、图书音像发行和衍生产品开发方式开拓市场，获得较好的商业回报。龚某明、欧连华、袁浩及贺某公司招聘的工作人员通过对外推介，邀请客户至公司（长沙市八一路信息大厦 6 楼）实地参观，观看宣传片，展示著作权登记证书、动漫企业证书、广播电视节目制作经营许可证、国产电视动画片发行许可证等相关文件和证书，取得客户的信任。向客户介绍《模拟增长比例参考表》，吸引客户投资加盟：投资人民币 3000 元，公司按照营业额按月给予补贴（第 1、2 个月 4%，第 3、4 个月 3%，以后为 3% ~1%），投资期分为 12 个月期、18 个月期，最多可分别获投资额 5 倍、6 倍补贴。2012 年 2 月至 2012 年 5 月，贺某公司与余某林、陈某芝、付某梅、马甲等 159 名不特定人员签订《代理商加盟合同》约定：投资人民币 3 万元、30 万元即可分别成为社区级、市级代理加盟商，加盟商负责对《贺某游中华》进行推介和宣传，贺某公司按月给予加盟商项目扶持资金，共计支付投资额的 5 ~6 倍扶持资金。此外，加盟商介绍客户加盟公司均可获得至少 10% 的奖励。合同签订后，贺某公司未对“加盟商”进行培训。余某林、陈某芝、马甲等 159 名加盟商以现金、转账、POS 机刷卡等方式向贺某公司缴纳加盟费。贺某公司采取此种方式共计吸收人民币 1146.5 万元。

此外，贺某公司在公司网站上推出公司的电子股票。余某林、黄某研、夏某红等人经人介绍了解到贺某公司的动画片《贺某传奇》将在电视台播出，相关附带产业的前景将会很好。余某林等人登录 WWW. JLDONGMANCOM 网站（贺某公司内部网站)发现该公司的电子股票走势很好,遂出资购买电子积分。贺某公司采取此种方式共吸收22人投资款人民币33.98万元。

长沙市芙蓉区人民检察院指控被告人刘山在担任湖南贺某梦场影视传媒文化有限公司法人代表期间,以贺某公司将制作的《贺某游中华》动画片为项目,对外宣传公司前景可观,以代理加盟、电子积分、借款等方式吸引社会不特定人员投资,共计人民币1294.785万元。并据此认为贺某梦场影视传媒文化有限公司、刘山的行为构成非法吸收公众存款罪,数额巨大,提请湖南省长沙市芙蓉区人民法院依照《中华人民共和国刑法》第176条的规定判处。

长沙市芙蓉区人民法院认为:被告单位湖南贺某梦场影视传媒文化有限公司未取得吸收公众存款的资格,通过发展加盟商、电子积分的方式向不特定的个人非法吸收公众存款,扰乱金融秩序,共计非法吸收公众存款人民币1180.48万元,其行为构成非法吸收公众存款罪,且系数额巨大。被告人刘山系湖南贺某梦场影视传媒文化有限公司的法定代表人,系非法吸收公众存款的直接责任人,依法应以非法吸收公众存款罪追究刑事责任。公诉机关指控的罪名成立。经查,该案的部分被害人通过邮寄的方式向公安机关报案的同时,提供了《加盟商代理合同》、贺某公司的收据和相关银行凭证,且被害人陈述中谈到的存款时间、金额,被害人提供的汇款凭证与刘山、黄书衡的银行账户交易情况能相互印证,贺某公司和刘山亦予以认可,辩护人提出通过邮寄方式报案的部分事实证据不足的辩护意见,与查明事实不符,法院不予采纳。被告人刘山如实供述自己的罪行,依法可从轻处罚,辩护人提出的相关辩护意见,法院予以采纳。公诉机关的量刑建议,法院予以采纳。依照《中华人民共和国刑法》第176条、第30条、第31条、第67条第3款的规定,判决如下:

(1)被告单位湖南贺某梦场影视传媒文化有限公司犯非法吸收公众存款罪,判处罚金人民币100万元;

(2)被告人刘山犯非法吸收公众存款罪,判处有期徒刑5年,并处罚金人民币20万元(限于判决生效后20日内缴纳)。

案例解析

本案所涉及的法律问题主要是:融资与非法集资罪之间的法律界定问题。

本案中,湖南贺某梦场影视传媒文化有限公司未取得吸收公众存款的资格,通过发展加盟商、电子积分卡的方式向不特定对象吸收存款,且数额巨大,构成犯罪。这其中最重要的一点是向不特定对象吸收存款。

根据最高人民法院、最高人民检察院、公安部联合出台的《关于办理非法集资形式案件适用法律若干问题的意见》中的规定,下列两种情形应当认定为向社会公众吸收资金:

(1)在向亲友或者单位内部人员吸收资金的过程中,明知亲友或者单位内部人员向不特定对象吸收资金而予以放任的;

(2)以吸收资金为目的,将社会人员吸收为单位内部人员,并向其吸收资金的。

二、苏州工业园区海富投资有限公司与甘肃世恒有色资源再利用有限公司等增资纠纷再审案〔1〕

案例要旨

"对赌协议"是在企业的融资过程中,投资方会为了降低自己的风险以及激励被投资方而订立一种特殊的合同,投资方在设定降低自己风险的条款时,实际上是对被投资一方的利益的减损。目前我国现行的立法中还没有对"对赌协议"的效力问题加以明确规定,因此只能依据《合同法》的规定对该协议进行规制,只要协议不存在合同无效的情形,均按照合同的规定认定双方的权利义务。

案情简介

2009 年 12 月 30 日,海富公司诉至甘肃省兰州市中级人民法院,请求法院判令世恒公司、迪亚公司和陆波向其支付协议补偿款人民币 1998.2095 万元,并承担本案诉讼费及其他费用。

甘肃省兰州市中级人民法院一审查明:2007 年 11 月 1 日前,甘肃众星锌业有限公司(以下简称众星公司)、海富公司、迪亚公司、陆波共同签订一份甘肃众

〔1〕 最高人民法院(2012)民提字第 11 号民事判决书。

星锌业有限公司增资协议书(以下简称增资协议书),约定:众星公司注册资本为384万美元,迪亚公司占投资的100%。各方同意海富公司以现金2000万元人民币对众星公司进行增资,占众星公司增资后注册资本的3.85%,迪亚公司占96.15%。依据协议内容,迪亚公司与海富公司签订合营企业合同及修订公司章程,并于合营企业合同及修订后的章程批准之日起10日内一次性将认缴的增资款汇入众星公司指定的账户。合营企业合同及修订后的章程,在报经政府主管部门批准后生效。海富公司在履行出资义务时,陆波承诺于2007年12月31日之前将四川省峨边县五渡牛岗铅锌矿过户至众星公司名下。募集的资金主要用于以下项目:(1)收购甘肃省境内的一个年产能大于1.5万吨的锌冶炼厂;(2)开发四川省峨边县牛岗矿山;(3)投入500万元人民币用于循环冶炼技术研究。增资协议书第7条特别约定第1项:签订本协议后,众星公司应尽快成立公司改制上市工作小组,着手筹备安排公司改制上市的前期准备工作,工作小组成员由股东代表和主要经营管理人员组成。协议各方应在条件具备时将公司改组成规范的股份有限公司,并争取在境内证券交易所发行上市。第二项业绩目标约定:众星公司2008年净利润不低于3000万元人民币。如果众星公司2008年实际净利润达不到3000万元人民币,海富公司有权要求众星公司予以补偿;如果众星公司未能履行补偿义务,海富公司有权要求迪亚公司履行补偿义务。补偿金额=(1-2008年实际净利润/3000万元人民币)×本次投资金额。第三项股权回购约定:如果至2010年10月20日,由于众星公司的原因造成无法完成上市,则海富公司有权在任一时刻要求迪亚公司回购届时海富公司持有之众星公司的全部股权,迪亚公司应自收到海富公司书面通知之日起180日内按以下约定回购金额向海富公司一次性支付全部价款。若自2008年1月1日起,众星公司的净资产年化收益率超过10%,则迪亚公司回购金额为海富公司所持众星公司股份对应的所有者权益账面价值;若自2008年1月1日起,众星公司的净资产年化收益率低于10%,则迪亚公司回购金额为(海富公司的原始投资金额-补偿金额)×(1+10%×投资天数/360)。此外,还规定了信息披露约定、违约责任等,还约定该协议由各方授权代表签字并加盖公章,于协议文首注明之签署日期生效。协议未作规定或约定不详之事宜,应参照经修改后的众星公司章程及股东间的投资合同(若有)办理。

2007年11月1日,海富公司、迪亚公司签订《中外合资经营甘肃众星锌业有限公司合同》(以下简称合资经营合同),有关约定为:众星公司增资扩股,将注册资本增加至399.38万美元,海富公司决定受让部分股权,将众星公司由外资企业变更为中外合资经营企业。在合资公司的设立部分约定,合资各方以其各自认缴的合资公司注册资本出资额或者提供的合资条件为限对合资公司承担责任。海富公司出资15.38万美元,占注册资本的3.85%;迪亚公司出资384万美元,占注册资本的96.15%。海富公司应于本合同生效后10日内一次性向合资公司缴付人民币2000万元,超过其认缴的合资公司注册资本的部分,计入合资公司资本公积金。在第68条、第69条关于合资公司利润分配部分约定:合资公司依法缴纳所得税和提取各项基金后的利润,按合资方各持股比例进行分配。合资公司上一个会计年度亏损未弥补前不得分配利润。上一个会计年度未分配的利润,可并入本会计年度利润分配。还规定了合资公司合资期限、解散和清算事宜。还特别约定:合资公司完成变更后,应尽快成立公司改制上市工作小组,着手筹备安排公司改制上市的前期准备工作,工作小组成员由股东代表和主要经营管理人员组成。合资公司应在条件具备时改组成立为股份有限公司,并争取在境内证券交易所发行上市。如果至2010年10月20日,由于合资公司自身的原因无法完成上市,则海富公司有权在任一时刻要求迪亚公司回购届时海富公司持有的合资公司的全部股权。合同于审批机关批准之日起生效。《中外合资经营甘肃众星锌业有限公司章程》(以下简称《公司章程》)第62条、第63条与合资经营合同第68条、第69条内容相同。之后,海富公司依约于2007年11月2日缴存众星公司银行账户人民币2000万元,其中新增注册资本人民币114.7717万元,资本公积金人民币1885.2283万元。2008年2月29日,甘肃省商务厅甘商外资字〔2008〕79号文件《关于甘肃众星锌业有限公司增资及股权变更的批复》同意增资及股权变更,并批准投资双方于2007年11月1日签订的增资协议、合资企业合营合同和章程从即日起生效。随后,众星公司依据该批复办理了相应的工商变更登记。2009年6月,众星公司经甘肃省商务厅批准,到工商部门办理了名称及经营范围变更登记手续,名称变更为世恒公司。另据工商年检报告登记记载,众星公司2008年度生产经营利润总额人民币26,858.13元,净利润人民币26,858.13元。

甘肃省兰州市中级人民法院一审认为，增资协议书系双方真实意思表示，但第7条第2项内容即世恒公司2008年实际净利润完不成人民币3000万元，海富公司有权要求世恒公司补偿的约定，不符合《中外合资经营企业法》第8条关于企业利润根据合营各方注册资本的比例进行分配的规定。同时，该条规定与《公司章程》的有关条款不一致，也损害公司利益及公司债权人的利益，不符合《公司法》第20条第1款的规定。因此，根据《合同法》第52条第5项的规定，该条由世恒公司对海富公司承担补偿责任的约定违反了法律、行政法规的强制性规定，该约定无效，故海富公司依据该条款要求世恒公司承担补偿责任的诉请，依法不能支持。由于海富公司要求世恒公司承担补偿责任的约定无效，因此，海富公司要求世恒公司承担补偿责任失去了前提依据。同时，增资协议书第7条第2项内容与合资经营合同中相关约定内容不一致，依据《中外合资经营企业法实施条例》第10条第2款的规定，应以合资经营合同内容为准，故海富公司要求迪亚公司承担补偿责任的依据不足，依法不予支持。陆波虽是世恒公司的法定代表人，但其在世恒公司的行为代表的是公司行为，并且增资协议书第7条第2项内容中，并没有关于由陆波个人承担补偿义务的约定，故海富公司要求陆波个人承担补偿责任的诉请无合同及法律依据，依法应予驳回。至于陆波未按照承诺在2007年12月31日之前将四川省峨边县五渡牛岗铅锌矿过户至世恒公司名下，涉及对世恒公司及其股东的违约问题，不能成为本案陆波承担补偿责任的理由。综上，一审法院认为海富公司的诉请依法不能支持，世恒公司、迪亚公司、陆波不承担补偿责任的抗辩理由成立。

兰州市中级人民法院依照《合同法》第52条第5项；《公司法》第6条第2款、第20条第1款；《中外合资经营企业法》第2条第1款、第2款，第3条；《中外合资经营企业法实施条例》第10条第2款之规定，驳回海富公司的全部诉讼请求。

海富公司不服一审判决，向甘肃省高级人民法院提起上诉。

甘肃省高级人民法院二审认为：当事人争议的焦点为增资协议书第7条第2项是否具有法律效力。本案中，海富公司与世恒公司、迪亚公司、陆波四方签订的协议书虽名为增资协议书，但纵观该协议书全部内容，海富公司支付人民币2000万元的目的并非仅享有世恒公司3.85%的股权（计15.38万美元，折合人民币114.771万元),而是期望世恒公司经股份制改造并成功上市后获取增值的股权价值。基于上述投资目的,海富公司等四方当事人在增资协议书第7条第2项就业绩目标进行了约定,即"世恒公司2008年净利润不低于人民币3000万元,否则海富公司有权要求世恒公司予以补偿。如果世恒公司未能履行补偿义务,海富公司有权要求迪亚公司履行补偿义务。补偿金额=(1-2008年实际净利润/3000万元人民币)×本次投资金额。"四方当事人就世恒公司2008年净利润不低于3000万元人民币的约定,仅是对目标企业盈利能力提出要求,并未涉及具体分配事宜;且约定利润如实现,世恒公司及其股东均能依据《公司法》、合资经营合同、公司章程等相关规定获得各自相应的收益,也有助于债权人利益的实现,故并不违反法律规定。而四方当事人就世恒公司2008年实际净利润完不成3000万元人民币,海富公司有权要求世恒公司及迪亚公司以一定方式予以补偿的约定,则违反了投资领域风险共担的原则,使海富公司作为投资者,不论世恒公司经营业绩如何,均能取得约定收益而不承担任何风险。参照最高人民法院《关于审理联营合同纠纷案件若干问题的解答》第4条第2项关于"企业法人、事业法人作为联营一方向联营体投资,但不参加共同经营,也不承担联营的风险责任,不论盈亏均按期收回本息,或者按期收取固定利润的,是明为联营,实为借贷,违反了有关金融法规,应当确认合同无效"之规定,增资协议书第7条第2项的约定内容,因违反《合同法》第52条第5项之规定应认定无效。海富公司除已计入世恒公司注册资本的114.771万元人民币外,其余1885.2283万元人民币资金性质应属明为投资,实为借贷。虽然世恒公司与迪亚公司的补偿承诺亦归于无效,但海富公司基于对其承诺的合理依赖而缔约,故世恒公司、迪亚公司对无效的法律后果应负主要过错责任。根据《合同法》第58条之规定,世恒公司与迪亚公司应共同返还海富公司1885.2283万元人民币及占用期间的利息,因海富公司对于无效的法律后果亦有一定过错,如按同期银行贷款利率支付利息不能体现其应承担的过错责任,故世恒公司与迪亚公司应按同期银行定期存款利率计付利息。因陆波个人并未就增资协议书第7条第2项所涉补偿问题向海富公司作出过承诺,且其是否于2007年12月31日之前将四川省峨边县五渡牛岗铅锌矿过户至世恒公司名下与本案不属同一法律关系,故海富公司要求陆波承担补偿责任的诉请无事实及法律依据,依法不予支持。

关于世恒公司、迪亚公司、陆波在答辩中称增资协议书已被之后由海富公司与迪亚公司签订的合资经营合同取代,增资协议书第 7 条第 2 项对各方已不具有法律约束力的主张。二审法院认为,因增资协议书与合资经营合同缔约主体不同,各自约定的权利义务也不一致,且在甘肃省商务厅甘商外资字〔2008〕79 号《关于甘肃众星锌业有限公司增资及股权变更的批复》中第 2 条中载明:"投资双方 2007 年 11 月 1 日签订的增资协议、合资企业合营合同和章程从即日起生效。"故对其抗辩主张不予支持。

二审法院认为一审判决认定部分事实不清,导致部分适用法律不当,应予纠正。遂判决:(1)撤销一审判决;(2)世恒公司、迪亚公司于判决生效后 30 日内共同返还海富公司 1885.2283 万元人民币及利息。

之后,世恒公司、迪亚公司向最高人民法院申请再审,最高人民法院提审本案后认为:2009 年 12 月,海富公司向一审法院提起诉讼时的诉讼请求是请求判令世恒公司、迪亚公司、陆波向其支付协议补偿款人民币 19,982,095 元并承担本案诉讼费用及其他费用,没有请求返还投资款,因此二审判决判令世恒公司、迪亚公司共同返还投资款及利息超出了海富公司的诉讼请求,是错误的。海富公司作为企业法人,向世恒公司投资后与迪亚公司合资经营,故世恒公司为合资企业。世恒公司、海富公司、迪亚公司、陆波在增资协议书中约定,如果世恒公司实际净利润低于人民币 3000 万元,则海富公司有权从世恒公司处获得补偿,并约定了计算公式。这一约定使海富公司的投资可以取得相对固定的收益,该收益脱离了世恒公司的经营业绩,损害了公司利益和公司债权人利益,一审和二审法院根据《公司法》第 20 条和《中外合资经营企业法》第 8 条的规定认定增资协议书中的这部分条款无效是正确的。但二审法院认定海富公司人民币 18,852,283 元的投资明为联营实为借贷,并判决世恒公司和迪亚公司向海富公司返还该笔投资款,没有法律依据,予以纠正。增资协议书中并无由陆波对海富公司进行补偿的约定,海富公司请求陆波进行补偿,没有合同依据。此外,海富公司称陆波涉嫌犯罪,没有证据证明,法院对该主张亦不予支持。但是,在增资协议书中,迪亚公司对于海富公司的补偿承诺并不损害公司及公司债权人的利益,不违反法律法规的禁止性规定,是当事人的真实意思表示,是有效的。迪亚公司对海富公司承诺了众星公司(世恒公司)2008 年的净利润目标并约定了补偿金额的计算方法。在众星公司 2008 年的利润未达到约定目标的情况下,迪亚公司应当依约应海富公司的请求对其进行补偿。迪亚公司对海富公司请求的补偿金额及计算方法没有提出异议,法院予以确认。

根据海富公司的诉讼请求及本案增资协议书中部分条款无效的事实,最高人民法院依照《合同法》第 60 条,《民事诉讼法》第 153 条第 1 款第 2 项、第 186 条的规定,判决:(1)撤销甘肃省高级人民法院(2011)甘民二终字第 96 号民事判决书;(2)本判决生效后 30 日内,迪亚公司向海富公司支付协议补偿款人民币 19,982,095 元。如未按本判决指定的期间履行给付义务,则按《民事诉讼法》第 229 条的规定,加倍支付延迟履行期间的债务利息;(3)驳回海富公司的其他诉讼请求。

案例解析

该案曾引起业界高度关注。"对赌协议"是 VC、PE 投资条款中的常用条款。根据我国《公司法》等法律法规规定及公司制度的法理,该条款若设置成当公司无法达到合约中约定的业绩时,由公司根据当初 VC、PE 入资额并加算一定比例的总额回购股份则易被认定为无效。根据公司理论,股东以其投入公司的资产额为限对公司债务承担责任,对公司仅享有股东权益,其资本或者其他资产投入公司后,所有权即发生改变,属于公司所有。上述回购条款的约定,实质上将使公司资产减少,从而损害公司、公司债权人及其他股东的利益,与我国现行法律相违背,这也是三个法院均认定增资协议中这部分约定无效的原因。但股东之间约定若公司未达到一定的业绩,则部分股东将给予另一个或者另一些股东相应补偿则应适用《合同法》的相关规定,只要是各方真实意思表示,未发生《合同法》中规定的无效情形,则法律上是予以认可的。这也是本案中最高人民法院提审该案时最终裁定"迪亚公司向海富公司支付协议补偿款人民币 19,982,095 元"的原因。

三、北京飞度网络科技有限公司诉北京诺米多餐饮管理有限公司居间合同纠纷案[1]

案例要旨

通过网络平台进行股权众筹为许多中小企业提供了大量的融资的渠道，向特定对象融资的方式即私募在我国立法发展过程上仍处于起步阶段，我国《证券投资基金法》、《私募投资基金监督管理暂行办法》中对私募的方式和对象作出了明确的规定。但是对网络平台进行股权众筹时不仅需要满足前述法律中规定的条件，还应当在取得营业执照、电信与信息服务业务经营许可证等手续后开展业务，否则即被视为违法。

案情简介

2015年1月21日，飞度公司与诺米多公司签订《委托融资服务协议》，诺米多公司委托飞度公司在其运营的“人人投”平台上融资人民币88万元（含诺米多公司应当支付的人民币17.6万元），用于设立有限合伙企业开办“排骨诺米多健康快时尚餐厅”合伙店。协议签订后，诺米多公司依约向飞度公司合作单位“易宝支付”充值人民币17.6万元，并进行了项目选址、签署租赁协议等工作。飞度公司也如期完成了融资人民币88万元的合同义务。但在之后的合作过程中，“人人投”平台认为诺米多公司存在提供的房屋系楼房而非协议约定平房、不能提供房屋产权证、房屋租金与周边租金出入较大等问题，之后双方与投资人召开会议进行协商未果。2015年4月14日，飞度公司收到诺米多公司发送的解除合同通知书，通知自即日起解除《委托融资服务协议》，要求其返还诺米多公司已付融资款并赔付损失人民币5万元。同日，飞度公司亦向诺米多公司发送解约通知书，以诺米多公司违约为由解除了《委托融资服务协议》，要求诺米多公司支付违约金并赔付损失。后双方均诉至法院，原告飞度公司诉请：

〔1〕 来源于海淀法院网（http://bjhdfy.chinacourt.org/public/detail.php? id=3765），2015年11月1日访问。

(1)诺米多公司支付飞度公司委托融资费人民币44,000元;(2)诺米多公司支付飞度公司违约金人民币44,000元;(3)诺米多公司支付飞度公司经济损失人民币19,712.5元。反诉原告诺米多公司诉请:(1)飞度公司返还人民币17.6万元并支付相应利息;(2)飞度公司赔偿诺米多公司损失人民币5万元。

结合双方履约情况,法院对本案本诉、反诉诉请进行了相应处理,最终判决:"一、被告北京诺米多餐饮管理有限责任公司于本判决生效之日起十日内给付原告北京飞度网络科技有限公司委托融资费用二万五千二百元、违约金一万五千元;二、反诉被告北京飞度网络科技有限公司于本判决生效之日起十日内返还反诉原告北京诺米多餐饮管理有限责任公司出资款十六万七千二百元;三、驳回原告北京飞度网络科技有限公司其他诉讼请求;四、驳回反诉原告北京诺米多餐饮管理有限责任公司其他反诉请求。"

案例解析

该案被称为"股权众筹"第一案,由北京市海淀法院于2015年9月15日审理终结并宣判。本案庭审中争议的焦点有两个:一是该案所涉股权众筹交易是否合法合规;二是根据合约和平台公示规则双方是否存在违约行为及具体违约责任。

对于众筹交易是否合法合规,主要是要看平台是否取得相应的资质,融资对象是否特定化及资金托管的相关情况。因此,众筹等互联网金融行业的模式还是与传统金融行业的模式不同。针对这种模式的直接监管法规层级还比较低,主要是一些管理办法,该案中双方当事人实际上是结合中国人民银行等部门刚刚发布的《关于促进互联网金融健康发展的指导意见》以及中国证券业协会发布的《私募股权众筹融资管理办法(试行)》(征求意见稿)等文件对各自的诉求进行了论证。

最终,海淀法院首先根据《证券法》及《关于促进互联网金融健康发展的指导意见》以及中国证券业协会发布的《私募股权众筹融资管理办法(试行)》(征求意见稿)的规定,认为"本案中的投资人均为经过'人人投'众筹平台实名认证的会员,且人数未超过200人上限,从鼓励创新的角度来看,本案所涉众筹融资交易不属于'公开发行证券'",同时结合《关于促进互联网金融健康发展的指导意见》及中国证券业协会发布的《场外证券业务备案管理办法》,认为飞度公司取得营业执照、电信与信息服务业务经营许可证等手续后开展业务,目前并无法律障碍。这事实上认可了飞度公司作为众筹平台开展业务的合法性,但同时也指出下一步对众筹交易如何进行监管,则需要根据法律法规和监管文件的进一步出台而加以明确。

在这一决定合同及交易行为有效性得以确定的前提下,法院再根据协议对双方的权利义务及责任进行分析、认定。该案中,海淀法院认可了众筹平台对项目方融资信息真实性实际负有的相应审查义务,认为平台"严格掌握审查标准亦是对投资人利益的保护",因此纵观本案中合同履行的全过程,认为诺米多公司应就合同的不能履行承担更大责任。

该案中,诺米多公司曾提出飞度公司人数超过有限合伙企业人数上限的问题。该问题目前是业界普遍存在的一个问题,虽然本案中,法院认为双方合同关系在有限合伙企业成立前即被解除而在本案中对该问题是否产生相应责任而不做评述,但鉴于平台是否违法、违约是一个重要问题,日后在其他类似案件中必然将对各方的权利、义务及责任产生重大影响,是公司通过众筹平台融资时需要特别关注的重要法律问题。

本章常用法律法规索引

1.《中华人民共和国著作权法》
2.《中华人民共和国公司法》
3.《中华人民共和国合同法》
4.《中华人民共和国证券法》
5.《中华人民共和国物权法》
6.《私募股权众筹融资管理办法(试行)》(征求意见稿)
7.《场外证券业务备案管理办法》
8.《文化部关于鼓励和引导民间资本进入文化领域的实施意见》
9.《关于促进互联网金融健康发展的指导意见》

10.《外商投资产业指导目录》(2015 年修订)

11. 最高人民法院《关于审理非法集资刑事案件具体应用法律若干问题的解释》

第四章

文化创意企业知识产权法律实务

第一节 文化创意企业知识产权法律实务概述

一、与企业相关的知识产权规定

知识产权,英文为 Intellectual Property,是指公民、法人或者其他组织对自己的创造性的智力活动成果或者经营性标记依法产生权利的统称。[1] 根据《世界知识产权组织公约》第 2 条第 8 款之规定,知识产权包括下列权利:

(1)与文学、艺术和科学作品有关的权利,即著作权(英美法系谓之版权);

(2)与表演艺术家的表演以及唱片和广播节目有关的权利,即邻接权;

(3)与人类一切活动领域内的发明有关的权利,包括发明专利权、实用新型专利权;

(4)与科学发现有关的权利;

(5)与工业品外观设计有关的权利,即外观设计专利权;

(6)与商品、服务标记以及商业名称和标志有关的权利,包括商标权、商号权等;

(7)与制止不正当竞争有关的权利;

(8)其他在工业、科学、文学或艺术领域内由于智力活动而产生的一切权利。

根据《与贸易有关的知识产权协议》(以下简称 TRIPs)第一部分第 1 条的规定,知识产权包括:

(1)版权与邻接权;

(2)商标权;

(3)地理标志权;

(4)工业品外观设计权;

(5)专利权;

---

〔1〕 参见吴汉东等著:《知识产权基本问题研究》,中国人民大学出版社 2005 年版,第 5 页。

(6)集成电路布图设计权;

(7)未披露过的信息专有权。

尽管《世界知识产权组织公约》和 TRIPs 对知识产权的列举长达七八项,但概括起来,知识产权主要包括著作权、商标权、专利权。我们日常生产经营活动中常见的知识产权也就是这三类。

我国是知识产权欠发达国家。新中国成立后,我国在长达 30 余年的时间里,并不重视知识产权法律制度建设,知识产权法律严重残缺不全。改革开放以来,党和政府逐渐意识到了知识产权的重要性,相应地加快了知识产权法律的立法步伐。经过多年的努力,我国的知识产权法律体系基本建立起来,主要包括以下法律制度:

(一)著作权法

我国著作权法律制度主要由三部分组成:一是法律,即《著作权法》(2010 年修正);二是行政法规,包括《著作权法实施条例》(2013 年修订)、《计算机软件保护条例》(2013 年修订)、《著作权集体管理条例》(2011 年修订)、《信息网络传播权保护条例》(2013 年修订);三是最高人民法院为贯彻落实《著作权法》、《著作权法实施条例》等法律、法规作出的相关司法解释。

1.《著作权法》

《著作权法》制定于 1990 年 9 月 7 日,2001 年 10 月 27 日进行了第一次修订,2010 年 2 月 26 日进行了第二次修订。现行《著作权法》分为六章,共计 61 条,对著作权的客体及权利归属、著作权的行使、邻接权及著作权侵权制度进行了全面规定。

2.《著作权法实施条例》等行政法规

《著作权法实施条例》是国务院为贯彻落实《著作权法》于 2002 年 8 月 2 日制定的行政法规,2011 年 1 月 8 日进行了第一次修订,2013 年 1 月 30 日进行了第二次修订,主要是对《著作权法》的有关规定作出了进一步的细化,涉及著作权的客体、主体、内容及权利的行使等内容。

《计算机软件保护条例》是国务院于 2001 年 12 月 20 日制定的行政法规,2011 年 1 月 8 日进行了第一次修订,2013 年 1 月 30 日进行了第二次修订,主要是对计算机软件著作权的相关问题进行了规定。

《著作权集体管理条例》是国务院于2004年12月28日制定的行政法规，2011年1月8日进行了修订，主要涉及著作权集体管理组织的设立、机构及著作权集体管理活动等内容。

《信息网络传播权保护条例》是国务院于2006年5月18日制定的行政法规，2013年1月30日进行了修订，主要就网络环境下的著作权保护问题进行了规范。

3. 司法解释

主要包括最高人民法院《关于审理著作权民事纠纷案件适用法律若干问题的解释》（法释〔2002〕31号）、最高人民法院《关于审理侵害信息网络传播权民事纠纷案件适用法律若干问题的规定》（法释〔2012〕20号），分别就著作权和信息网络传播权案件的法律适用作出了解释性规定。

（二）商标法

我国的商标法律制度主要由三部分组成：一是法律，即《商标法》（2013年修订）；二是行政法规，即《商标法实施条例》（2014年修订）；三是最高人民法院作出的司法解释。

1.《商标法》

《商标法》是新中国最早的一部知识产权法律，制定于1982年8月23日，1993年2月22日进行了第一次修正，2001年10月27日进行了第二次修正，2013年8月30日进行了第三次修正。根据《商标法》的有关规定，我国实行商标权注册取得原则，即《商标法》原则上仅对注册商标提供全面的保护，对未注册商标仅提供极为有限的保护。未注册商标的保护主要依赖《反不正当竞争法》。

2.《商标法实施条例》

《商标法实施条例》是国务院为贯彻落实《商标法》于2002年8月3日制定的行政法规，2014年4月29日进行了修订，主要是对《商标法》的有关规定进行了进一步细化，涉及商标申请、评审、管理及保护等事项。

3. 司法解释

商标法司法解释较多，主要包括最高人民法院《关于人民法院对注册商标权进行财产保全的解释》（法释〔2001〕1号）、《关于审理商标案件有关管辖和法律适用范围问题的解释》（法释〔2002〕1号）、《关于诉前停止侵犯注册商标专用权行为和保全证据适用法律问题的解释》(法释〔2002〕2 号)、《关于审理商标民事纠纷案件适用法律若干问题的解释》(法释〔2002〕32 号)、《关于审理注册商标、企业名称与在先权利冲突的民事纠纷案件若干问题的规定》(法释〔2008〕3 号)、《关于审理涉及驰名商标保护的民事纠纷案件应用法律若干问题的解释》(法释〔2009〕3 号)、《关于审理商标授权确权行政案件若干问题的意见》(法发〔2010〕12 号)、《关于商标法修改决定施行后商标案件管辖和法律适用问题的解释》(法释〔2014〕4 号)。

(三)专利法

我国的专利法律制度也是由三部分组成:一是法律,即《专利法》(2008 年修正);二是行政法规,即《专利法实施细则》(2010 年修订);三是最高人民法院为贯彻落实《专利法》和《专利法实施细则》制定的有关司法解释。

1.《专利法》

《专利法》制定于 1984 年 3 月 12 日,1992 年 9 月 4 日进行了第一次修正,2000 年 8 月 25 日进行了第二次修正,2008 年 12 月 27 日进行了第三次修正。《专利法》主要对发明、实用新型及外观设计专利权的申请、批准及权利保护等进行了规定。我国的专利权分为发明专利权、实用新型专利权及外观设计专利权。任何自然人、法人或其他组织作出了发明、实用新型、外观设计,均可以依法向国务院知识产权行政部门申请获得发明专利权、实用新型专利权及外观设计专利权。

2.《专利法实施细则》

《专利法实施细则》是国务院于 2001 年 6 月 15 日制定通过的行政法规,2002 年 12 月 28 日进行了第一次修订,2010 年 1 月 9 日进行了第二次修订,主要是对《专利法》的有关规定进行了进一步细化,涉及专利申请、评审、管理及保护等事项。

3. 司法解释

专利法司法解释主要包括最高人民法院《关于审理专利纠纷案件适用法律问题的若干规定》(法释〔2001〕21 号)、《关于对诉前停止侵犯专利权行为适用法律问题的若干规定》(法释〔2001〕20 号)、《关于审理专利纠纷案件适用法律问题的若干规定》(法释〔2013〕9 号)。

(四)其他知识产权法

除著作权法、商标法及专利法外,涉及知识产权保护的法律还包括反不正当竞争、计算机网络域名保护、特许经营、集成电路布图设计及植物新品种等领域的法律法规、司法解释。

1.《反不正当竞争法》

该法于1993年9月2日制定,自1993年12月1日起施行,主要是对不正当竞争行为进行规制。其中,涉及知识产权保护的主要是该法第5条及第10条。其中第5条规定:“经营者不得采用下列不正当手段从事市场交易,损害竞争对手:(一)假冒他人的注册商标;(二)擅自使用知名商品特有的名称、包装、装潢,或者使用与知名商品近似的名称、包装、装潢,造成和他人的知名商品相混淆,使购买者误认为是该知名商品;(三)擅自使用他人的企业名称或者姓名,引人误认为是他人的商品;(四)在商品上伪造或者冒用认证标志、名优标志等质量标志,伪造产地,对商品质量作引人误解的虚假表示。”该条主要是对商业经营性标记,如注册商标、未注册商标、企业名称等,提供保护。第10条规定:“经营者不得采用下列手段侵犯商业秘密:(一)以盗窃、利诱、胁迫或者其他不正当手段获取权利人的商业秘密;(二)披露、使用或者允许他人使用以前项手段获取的权利人的商业秘密;(三)违反约定或者违反权利人有关保守商业秘密的要求,披露、使用或者允许他人使用其所掌握的商业秘密。第三人明知或者应知前款所列违法行为,获取、使用或者披露他人的商业秘密,视为侵犯商业秘密。本条所称的商业秘密,是指不为公众所知悉、能为权利人带来经济利益、具有实用性并经权利人采取保密措施的技术信息和经营信息。”该条涉及的是商业秘密权益的保护。商业秘密包括经营者的技术信息和经营信息,该两类信息对于经营者在市场竞争中的意义重大,禁止他人非法利用。

一般认为,《反不正当竞争法》是在《著作权法》、《商标法》及《专利法》之外,对知识产权提供有限的兜底保护,《反不正当竞争法》与《著作权法》、《商标法》及《专利法》是一般法与特殊法的关系。[1] 凡是可以适用《著作权法》、《商标法》及《专利法》对有关权利进行保护的,都应当适用特殊法,只有特殊法无法

---

〔1〕 参见李扬:《知识产权法基本原理》,中国社会科学出版社2010年版,第17页。

适用时，才适用《反不正当竞争法》对有关利益进行保护。

另外，最高人民法院于2007年1月12日公布了《关于审理不正当竞争民事案件应用法律若干问题的解释》（法释〔2007〕2号），就《反不正当竞争法》的具体适用作出了详细的规定。

2. 涉及计算机网络域名保护的司法解释

我国并没有就计算机网络域名的保护制定任何法律法规，但是最高人民法院就计算机网络域名的保护发布了司法解释，即最高人民法院《关于审理涉及计算机网络域名民事纠纷案件适用法律若干问题的解释》（法释〔2001〕24号），该司法解释对涉及网络域名的注册、使用及保护等作出了规定。

3.《商业特许经营管理条例》

《商业特许经营管理条例》由国务院于2007年1月31日制定，自2007年5月1日起施行，主要对商业特许经营活动进行规范。

4.《集成电路布图设计保护条例》

该条例由国务院于2001年4月2日制定，就集成电路布图设计（以下简称布图设计）的登记、保护等作出了全面的规定。布图设计是指集成电路中至少有一个是有源元件的两个以上元件和部分或者全部互连线路的三维配置，或者为制造集成电路而准备的上述三维配置。任何自然人、法人或其他组织创作了布图设计，都可以向国务院知识产权行政部门申请登记，国务院知识产权行政部门经审查后未发现驳回理由的，由国务院知识产权行政部门予以登记，发给登记证明文件，并予以公告。布图设计被公告后，布图设计权利人享有下列专有权：第一，对受保护的布图设计的全部或者其中任何具有独创性的部分进行复制；第二，将受保护的布图设计、含有该布图设计的集成电路或者含有该集成电路的物品投入商业利用。

5.《植物新品种保护条例》

该条例由国务院于1997年3月20日公布，2013年1月31日进行了修订，主要就植物新品种权的申请、批准及保护等作出了规定。植物新品种，是指经过人工培育的或者对发现的野生植物加以开发，具备新颖性、特异性、一致性和稳定性并有适当命名的植物品种。任何培育出了植物新品种的单位或者个人，都可以就该植物品种向国家农业、林业行政部门申请植物新品种权，经批准后对该品种享有排他的独占权。任何单位或者个人未经品种权所有人许可,不得为商业目的生产或者销售该授权品种的繁殖材料,不得为商业目的将该授权品种的繁殖材料重复使用于生产另一品种的繁殖材料。

二、与文化创意企业相关的知识产权规定

文化创意企业在生产经营活动中常见的知识产权问题主要是著作权问题。但在实践中有时也会涉及商标权、专利权和集成电路布图设计专有权等问题。因此,本章除了介绍《著作权法》外,还涉及对《商标法》、《专利法》及《集成电路布图设计保护条例》的介绍。

(一)著作权法

1. 著作权的基本概念

著作权是自然人、法人及其他组织对作品及相关客体依法所享有的专有权。著作权有狭义和广义的区分。狭义的著作权,是指自然人、法人及其他组织对作品依法享有的专有权利。广义上的著作权,包括狭义的著作权,此外还包括邻接权,即表演者对其表演、录音录像制品制作者对其制作的录音录像制品、广播组织对其播出的节目信号和出版者对其设计的版式享有的专有权。[1]本书除特别指明外,对著作权采狭义的概念,即专指对作品享有的权利。著作权包括精神权利和财产权利。精神权利又称著作人身权,包括发表权、署名权、修改权、保护作品完整权,共计 4 项。财产权利包括复制权、发行权、出租权、展览权、表演权、放映权、广播权、信息网络传播权、摄制权、改编权、翻译权、汇编权以及应当由著作权人享有的其他权利,共计 13 项。

2. 著作权的客体

《著作权法》第 2 条规定:“中国公民、法人或者其他组织的作品,不论是否发表,依照本法享有著作权。”据此,著作权的客体是作品。又依《著作权法实施条例》第 2 条的规定,我国著作权法意义上的作品是指文学、艺术和科学领域内具有独创性并能以某种有形形式复制的智力成果。对作品的认定,需要注意以下几点:第一,作品必须具有独创性。独创性,有两层含义,一是指作品是作者

---

〔1〕 参见王迁:《知识产权法教程》,中国人民大学出版社 2011 年版,第 19 页。

独立创作的,而不是抄袭他人的;二是指作品应当具有最低限度的创作性高度,常规的不需要付出智力劳动的表达并不构成作品。第二,作品必须能以某种有形形式复制。这意味着作品必须是外在的客观表达,能够进行复制、利用。第三,作品必须是人类创作的智力成果。任何自然风光、奇迹,无论多么绚丽多彩,由于不是人类创造的智力成果,都不构成作品。[1]

根据我国《著作权法》及《著作权法实施条例》的有关规定,作品包括:

(1)文字作品,是指小说、诗词、散文、论文等以文字形式表现的作品;

(2)口述作品,是指即兴的演说、授课、法庭辩论等以口头语言形式表现的作品;

(3)音乐作品,是指歌曲、交响乐等能够演唱或者演奏的带词或者不带词的作品;

(4)戏剧作品,是指话剧、歌剧、地方戏等供舞台演出的作品;

(5)曲艺作品,是指相声、快书、大鼓、评书等以说唱为主要形式表演的作品;

(6)舞蹈作品,是指通过连续的动作、姿势、表情等表现思想情感的作品;

(7)杂技艺术作品,是指杂技、魔术、马戏等通过形体动作和技巧表现的作品;

(8)美术作品,是指绘画、书法、雕塑等以线条、色彩或者其他方式构成的有审美意义的平面或者立体的造型艺术作品;

(9)建筑作品,是指以建筑物或者构筑物形式表现的有审美意义的作品;

(10)摄影作品,是指借助器械在感光材料或者其他介质上记录客观物体形象的艺术作品;

(11)电影作品和以类似摄制电影的方法创作的作品,是指摄制在一定介质上,由一系列有伴音或者无伴音的画面组成,并且借助适当装置放映或者以其他方式传播的作品;

(12)图形作品,是指为施工、生产绘制的工程设计图、产品设计图,以及反映地理现象、说明事物原理或者结构的地图、示意图等作品;

(13)模型作品,是指为展示、试验或者观测等用途,根据物体的形状和结构,按照一定比例制成的立体作品。

---

〔1〕 参见王迁:《知识产权法教程》,中国人民大学出版社2011年版,第24~38页。

我国《著作权法》还从反面规定了著作权的除外客体,即下述客体不属于我国著作权法保护的对象:[1]

(1)法律、法规,国家机关的决议、决定、命令和其他具有立法、行政、司法性质的文件,及其官方正式译文;

(2)时事新闻;

(3)历法、通用数表、通用表格和公式。

上述客体之所以不列为著作权法的保护对象,主要是基于法律政策的考量。例如,第 1 项官方文件可能是具有独创性的智力创作成果,但是,出于国家治理和社会管理的需要,政府希望社会公众对官方文件的传播和利用不受任何限制,以实现更好的社会治理目标;第 2 项时事新闻,任何人都不得垄断,否则就会阻碍新闻的传播,影响公众的知情权;第 3 项历法、通用数表、通用表格和公式,是社会公众应当共享的资源,亦不得由个人垄断。

3. 著作权的内容

根据我国《著作权法》第 10 条的规定,著作权包括下列人身权和财产权:

(1)发表权,即决定作品是否公之于众的权利;

(2)署名权,即表明作者身份,在作品上署名的权利;

(3)修改权,即修改或者授权他人修改作品的权利;

(4)保护作品完整权,即保护作品不受歪曲、篡改的权利;

(5)复制权,即以印刷、复印、拓印、录音、录像、翻录、翻拍等方式将作品制作一份或者多份的权利;

(6)发行权,即以出售或者赠与方式向公众提供作品的原件或者复制件的权利;

(7)出租权,即有偿许可他人临时使用电影作品和以类似摄制电影的方法创作的作品、计算机软件的权利,计算机软件不是出租的主要标的的除外;

(8)展览权,即公开陈列美术作品、摄影作品的原件或者复制件的权利;

(9)表演权,即公开表演作品,以及用各种手段公开播送作品的表演的权利;

---

[1] 参见《著作权法》第 5 条。

(10)放映权,即通过放映机、幻灯机等技术设备公开再现美术、摄影、电影和以类似摄制电影的方法创作的作品等的权利;

(11)广播权,即以无线方式公开广播或者传播作品,以有线传播或者转播的方式向公众传播广播的作品,以及通过扩音器或者其他传送符号、声音、图像的类似工具向公众传播广播的作品的权利;

(12)信息网络传播权,即以有线或者无线方式向公众提供作品,使公众可以在其个人选定的时间和地点获得作品的权利;

(13)摄制权,即以摄制电影或者以类似摄制电影的方法将作品固定在载体上的权利;

(14)改编权,即改变作品,创作出具有独创性的新作品的权利;

(15)翻译权,即将作品从一种语言文字转换成另一种语言文字的权利;

(16)汇编权,即将作品或者作品的片段通过选择或者编排,汇集成新作品的权利;

(17)应当由著作权人享有的其他权利。

其中,前 4 项称为作者精神权利,亦称为著作人身权,后 13 项称为著作财产权。

我国《著作权法》列举了 12 项具体财产权,另外还有第 17 项兜底,为著作权人提供了全面的保护。但是,实务中,要清晰分辨上述权利的界限确实具有相当的难度,这就要求文化创意企业要注意培养内部著作权法人才,必要时可以聘请专业律师提供服务。

4. 邻接权

邻接权是指作品的传播者就其传播作品过程中付出的创造性劳动和投资所享有的权利。[1] 我国《著作权法》共规定了 4 项邻接权,即表演者权、录音录像制品制作者权、广播组织权及图书版式设计权。

(1)表演者权

表演是指对作品的表演,表演者对其表演依法享有下列权利:①表明表演者身份;②保护表演形象不受歪曲;③许可他人从现场直播和公开传送其现场

〔1〕 参见李明德、许超:《著作权法》,法律出版社 2009 年版,第 187 页。

表演,并获得报酬;④许可他人录音录像,并获得报酬;⑤许可他人复制、发行录有其表演的录音录像制品,并获得报酬;⑥许可他人通过信息网络向公众传播其表演,并获得报酬。

(2)录音录像制品制作者权

录音录像制品没有达到著作权法要求的作品的独创性高度,只能作为制品获得邻接权保护。录音录像制作者对其制作的录音录像制品,享有许可他人复制、发行、出租、通过信息网络向公众传播并获得报酬的权利。

(3)广播组织权

广播电台、电视台播出他人的作品,付出了投资和劳动,其载有作品的节目信号应当获得保护。依据我国《著作权法》的规定,广播电台、电视台有权禁止未经其许可的下列行为:第一,将其播放的广播、电视转播;第二,将其播放的广播、电视录制在音像载体上以及复制音像载体。亦即,广播电台、电视台有权禁止他人非法利用其播出的载有作品的节目信号。

(4)图书、期刊版式设计权

图书、期刊出版者出版图书、期刊时,就其设计的图书、期刊版式享有专有权利,有权许可或者禁止他人使用其出版的图书、期刊的版式设计。

(二)商标法

1. 商标的概念

商标是商品或者服务的提供者为了将其提供的商品或服务与他人提供的商品或服务区别开来的商业性标记。商标的含义,可以从以下几个方面来认识:第一,商标是一种商业标志;第二,商标是用在商品或者服务上的标志;第三,商标是用以指示商品或者服务来源的标志;第四,商标所要区分的是商品或者服务的来源。[1] 例如,手机商品上的商标有“三星”、“苹果”、“小米”等。一般认为,商标具有以下功能:一是识别功能。商标的基本功能就是识别商品或者服务的来源,如果不需要区分商品或服务的来源,就不需要商标。二是质量保障功能。标有同一商标的商品或者服务,一般推定为具有相同的品质。三是广告宣传功能。由于商标经常与广告一并投放市场,商标具有天然的推销功

〔1〕 参见吴汉东等:《知识产权法基本问题研究》,中国人民大学出版社2005年版,第505页。

能。例如,“恒源祥”商标的广告词是“恒源祥,羊羊羊”,给消费者留下深刻的印象,消费者一看到“恒源祥”商标,就将其与羊、羊毛以及良好的服装品质联系在一起,促进了消费者购买“恒源祥”服装的欲望。[1]

2. 商标权的取得

商标权是对商标所享有的权利。商标权的取得分为两种模式,一是使用取得模式,二是注册取得模式,当今的主流模式是注册取得模式。所谓使用取得模式,是指商标权的取得是通过对商标的使用取得的,未使用就不能取得商标权。所谓注册取得模式,是指必须通过向商标行政机关申请商标注册才能取得商标权。根据我国《商标法》的规定,我国奉行商标注册取得模式,只有向我国商标局申请商标注册,经商标局批准公告后,才能取得商标专用权。

申请注册商标的基本程序是:申请人向商标局提出注册申请;商标局审查后认为不存在注册障碍的,予以初步审定公告;公告后,他人可以针对该商标向商标局提出异议,商标局审查后认为异议成立的,裁定该商标不予注册,认为异议不成立的,裁定准予商标注册;商标局裁定商标不予注册的,商标注册人可以向国家商标评审委员会提起异议复审,商标评审委员会审理并作出裁定后,相对人不服的,可以提起行政诉讼。

已经注册的商标,还可以宣告无效。根据《商标法》第44条的规定,已经注册的商标,违反《商标法》第10~12条规定的,或者是以欺骗手段或者其他不正当手段取得注册的,由商标局宣告该注册商标无效;其他单位或者个人可以请求商标评审委员会宣告该注册商标无效;根据《商标法》第45条的规定,已经注册的商标,违反《商标法》第13条第2款和第3款、第15条、第16条第1款、第30条、第31条、第32条之规定的,自商标注册之日起5年内,在先权利人或者利害关系人可以请求商标评审委员会宣告该注册商标无效。对恶意注册的,驰名商标所有人不受5年的时间限制。

3. 商标权的保护

根据《商标法》第57条的规定,下列行为均属侵害注册商标专用权的行为:(1)未经商标注册人的许可,在同一种商品上使用与其注册商标相同的商标的;

---

[1] 参见吴汉东等:《知识产权法基本问题研究》,中国人民大学出版社2005年版,第509~511页。

(2)未经商标注册人的许可,在同一种商品上使用与其注册商标近似的商标,或者在类似商品上使用与其注册商标相同或者近似的商标,容易导致混淆的;(3)销售侵犯注册商标专用权的商品的;(4)伪造、擅自制造他人注册商标标识或者销售伪造、擅自制造的注册商标标识的;(5)未经商标注册人同意,更换其注册商标并将该更换商标的商品又投入市场的;(6)故意为侵犯他人商标专用权行为提供便利条件,帮助他人实施侵犯商标专用权行为的;(7)给他人的注册商标专用权造成其他损害的。

我国《商标法》对驰名商标提供了力度更大的保护。根据《商标法》第13条的规定,"就不相同或者不相类似商品申请注册的商标是复制、摹仿或者翻译他人已经在中国注册的驰名商标,误导公众,致使该驰名商标注册人的利益可能受到损害的,不予注册并禁止使用"。据此,驰名的注册商标可以享受跨商品或服务类别保护,亦即驰名商标的禁止权可以适用于与其知名度相符的不相类似的商品范围。

(三)专利法

为了保护专利权人的合法权益,《专利法》对于专利权的授予条件、申请、审查等做出了详细的规定,其中"第七章　专利权的保护"具体规定了什么行为是侵犯专利权的行为,以及侵犯专利权应当承担什么法律责任。

通过了解上述规定,文化创意企业可以更明确专利权的保护范围,令其在法律规定的范围内实施专利;与此同时,专利权受到侵犯的专利权人可以依据本法的规定,明确侵犯专利权的行为并要求侵权人承担侵权责任、作出赔偿。其中与文化创意企业相关的具体法律规定如下:

1. 专利权的保护范围

发明或者实用新型专利权的保护范围以其权利要求的内容为准,说明书及附图可以用于解释权利要求的内容。外观设计专利权的保护范围以表示在图片或者照片中的该产品的外观设计为准,简要说明可以用于解释图片或者照片所表示的该产品的外观设计。

2. 侵犯专利权的行为

未经专利权人许可,实施其专利,即侵犯其专利权。专利侵权纠纷涉及新产品制造方法的发明专利的,制造同样产品的单位或者个人应当提供其产品制造方法不同于专利方法的证明。在专利侵权纠纷中,被控侵权人有证据证明其实施的技术或者设计属于现有技术或者现有设计的,不构成侵犯专利权。

3. 侵犯专利权的法律责任

侵犯专利权的赔偿数额按照权利人因被侵权所受到的实际损失确定;实际损失难以确定的,可以按照侵权人因侵权所获得的利益确定。权利人的损失或者侵权人获得的利益难以确定的,参照该专利许可使用费的倍数合理确定。赔偿数额还应当包括权利人为制止侵权行为所支付的合理开支。

权利人的损失、侵权人获得的利益和专利许可使用费均难以确定的,人民法院可以根据专利权的类型、侵权行为的性质和情节等因素,确定给予人民币1万元以上100万元以下的赔偿。

4. 不视为侵犯专利权的特殊情形

有下列情形之一的,不视为侵犯专利权:(1)专利产品或者依照专利方法直接获得的产品,由专利权人或者经其许可的单位、个人售出后,使用、许诺销售、销售、进口该产品的;(2)在专利申请日前已经制造相同产品、使用相同方法或者已经作好制造、使用的必要准备,并且仅在原有范围内继续制造、使用的;(3)临时通过中国领陆、领水、领空的外国运输工具,依照其所属国同中国签订的协议或者共同参加的国际条约,或者依照互惠原则,为运输工具自身需要而在其装置和设备中使用有关专利的;(4)专为科学研究和实验而使用有关专利的;(5)为提供行政审批所需要的信息,制造、使用、进口专利药品或者专利医疗器械的,以及专门为其制造、进口专利药品或者专利医疗器械的。

(四)集成电路布图设计保护条例

为了保护集成电路布图设计专有权,《集成电路布图设计保护条例》对于布图设计专有权的产生、归属、登记和行使,侵犯布图设计专有权的行为,以及侵权行为的法律责任作出了规定。

集成电路布图设计专有权的行使,对于集成电路技术的创新有着至关重要的作用,对于电子领域的文化创意企业而言,熟悉布图设计专有权的获取、行使、侵权行为以及法律责任,有助于其保护自身的合法权益,保障企业的创新生命力。其中,与文化创意企业相关的具体法律规定如下:

1. 集成电路布图设计专有权的获取

布图设计权利人享有下列专有权:(1)对受保护的布图设计的全部或者其中任何具有独创性的部分进行复制;(2)将受保护的布图设计、含有该布图设计的集成电路或者含有该集成电路的物品投入商业利用。

布图设计专有权经国务院知识产权行政部门登记产生。未经登记的布图设计不受本条例保护。

2. 侵犯集成电路布图设计专有权的行为及法律责任

未经布图设计权利人许可,有下列行为之一的,行为人必须立即停止侵权行为,并承担赔偿责任:(1)复制受保护的布图设计的全部或者其中任何具有独创性的部分的;(2)为商业目的进口、销售或者以其他方式提供受保护的布图设计、含有该布图设计的集成电路或者含有该集成电路的物品的。

侵犯布图设计专有权的赔偿数额,为侵权人所获得的利益或者被侵权人所受到的损失,包括被侵权人为制止侵权行为所支付的合理开支。

未经布图设计权利人许可,使用其布图设计,即侵犯其布图设计专有权。在获得含有受保护的布图设计的集成电路或者含有该集成电路的物品时,不知道也没有合理理由应当知道其中含有非法复制的布图设计,而将其投入商业利用的,不视为侵权。

3. 集成电路布图设计合理使用的情形

下列行为可以不经布图设计权利人许可,不向其支付报酬:为个人目的或者单纯为评价、分析、研究、教学等目的而复制受保护的布图设计的;在依据前项评价、分析受保护的布图设计的基础上,创作出具有独创性的布图设计的;对自己独立创作的与他人相同的布图设计进行复制或者将其投入商业利用的。

受保护的布图设计、含有该布图设计的集成电路或者含有该集成电路的物品,由布图设计权利人或者经其许可投放市场后,他人再次商业利用的,可以不经布图设计权利人许可,并不向其支付报酬。

三、文化创意企业知识产权常见法律问题

文化创意企业涉及的知识产权问题,主要是著作权问题,其次是商标权问

题。下面简要列举一些常见的典型问题：

一是作品创作领域中的侵权问题。很多创作的素材来自公有领域，对于公有领域的素材，任何人都可以进行加工、创作，但是要注意与他人在先的作品相区别，可以借鉴但不得抄袭他人在先作品。如下一节所述的周传康、章金元等诉浙江省戏剧家协会等侵害著作权纠纷案所示，在后作品与在先作品都来源于同一素材《西游记》，而且高度相似，法院认定后者构成侵权。作品创作中的另一个典型问题是改编他人的作品。改编权是《著作权法》明确规定的著作权人享有的权利，改编他人作品虽然是创作行为，但应当征得他人的同意。如下一节所述的薛华克诉燕娅娅、北京翰海拍卖有限公司侵害著作权纠纷案所示，薛华克在先创作了摄影作品《次仁卓玛》，燕娅娅将该摄影作品改编为油画作品，未征得薛华克的同意，侵害了薛华克对摄影作品《次仁卓玛》所享有的改编权。

二是图书出版领域中出版社出版他人作品的合理注意义务问题。依照最高人民法院《关于审理著作权民事纠纷案件适用法律若干问题的解释》第 20 条规定，出版社出版他人作品，应当对其出版稿件来源和署名、所编辑出版物的内容等尽到合理注意义务，未尽到合理注意义务的，应当承担赔偿责任。出版社应当审核把关，也应当与作者就作品的权利瑕疵进行约定，发生了侵权问题，可以最终追究作者的权利。如周传康、章金元等诉浙江省戏剧家协会等侵害著作权纠纷案例所示，出版社未尽到合理的注意义务，法院判决其承担相应责任。

三是艺术品拍卖领域的著作权侵权问题。近年来，名人字画、书信的拍卖越来越火爆，由此引发的一个热点问题是拍卖活动中的著作权保护问题。如下一节所述的杨季康诉中贸圣佳国际拍卖有限公司及李国强侵害著作权纠纷案所示，书信是高度个性化的思想表达，构成作品，受著作权保护，中贸圣佳国际拍卖有限公司欲拍卖杨季康一家的书信书稿，但未事先征得杨季康的同意，涉嫌侵权，被杨季康诉至法院。

四是网络服务领域中的著作权合理使用问题。我国《著作权法》第 22 条规定了著作权限制即合理使用的十二种情形，司法解释中也有一些规定。文化创意企业在使用他人作品片段时要格外注意这一问题，避免引发侵权问题。如下一节所述的谷歌公司与王莘侵害著作权纠纷上诉案,就涉及这一领域的问题。

五是影视领域中知名影视作品的电影(电视)名称、人物形象及角色的保护问题。由于影视作品知名度高,其电影(电视)名称、人物形象及角色也往往具有较高知名度,为社会公众熟知,具有潜在的巨大商业利益,往往成为他人的猎物,影视作品所有人应当重视商业开发,发现他人非法利用的,应当及时制止。如下一节所述的景德镇法蓝瓷实业有限公司与潮州市加兰德陶瓷有限公司侵犯著作权纠纷上诉案,就涉及著名的动画电影“功夫熊猫”(KUNG FU PANDA)中电影名称及角色的保护问题。

六是专利权的侵权问题。在专利权侵权案件中,需要事先认定涉案权利的保护范围,然后在其基础上判断他人行为是否构成侵权。这类案件的技术含量较高、技术方案分析较为复杂。在下一节所述的新疆玉今生诉上海橡果信息科技外观设计专利侵权案中,法院根据涉案外观设计专利,结合外观设计专利产品的一般消费者知识水平和认知能力,最终认定侵权行为不成立。根据最高人民法院《关于审理侵犯专利权纠纷案件应用法律若干问题的解释》第 11 条规定,人民法院认定外观设计是否相同或者近似时,应当根据授权外观设计、被诉侵权设计的设计特征,以外观设计的整体视觉效果进行综合判断;对于主要由技术功能决定的设计特征以及对整体视觉效果不产生影响的产品的材料、内部结构等特征,应当不予考虑。在下一节所述的诺基亚诉华勤通讯发明专利侵权案中,法院根据权利要求书和说明书的撰写,认定原告的权利要求保护范围不清楚,不能认定侵权行为成立。依据最高人民法院《关于审理侵犯专利权纠纷案件应用法律若干问题的解释》第 4 条规定,对于权利要求中以功能或者效果表述的技术特征,人民法院应当结合说明书和附图描述的该功能或者效果的具体实施方式及其等同的实施方式,确定该技术特征的内容。

第二节　文化创意企业知识产权典型案例与解析

一、周传康、章金元等诉浙江省戏剧家协会等侵害著作权纠纷案[1]

案例要旨

两人以上合作创作的作品，著作权由合作作者共同享有。不可分割使用的合作作品的著作权被侵害，作者之一提起诉讼，由法院通知其他作者的继承人参加诉讼。出版物侵犯他人著作权的，出版者应当根据其过错、侵权程度及损害后果等承担民事赔偿责任。出版者对其出版行为的授权、稿件来源和署名、所编辑出版物的内容等未尽到合理注意义务的，依据《著作权法》第48条的规定，承担赔偿责任。

案情简介

七龄童，本名章宗信，是著名的绍剧表演艺术家。七龄童于1958年之前曾改编过《孙悟空三打白骨精》、《大破平顶山》两出戏，但因历史原因，原作内容目前无从查找。东海文艺出版社于1958年出版了绍剧《孙悟空三打白骨精》的剧本，该剧本作者的署名为"顾锡东七龄童整理"。此剧本记载了《孙悟空三打白骨精》的六场戏，内容完整。1993年6月，中国戏剧出版社出版了由浙江省戏剧家协会、浙江省艺术研究所共同汇编的《陈静贝庚金松剧作选》，将贝庚改编的绍剧剧本《孙悟空三打白骨精》作为贝庚的个人作品编入该书。该剧作选由顾锡东作序，顾锡东介绍贝庚版《孙悟空三打白骨精》时称："……《孙悟空三打白骨精》离不开绍剧表演艺术家六龄童、七龄童的高超艺术精彩表演，也离不开七龄童提供两个绍剧脚本的基础……"1958年版《孙悟空三打白骨精》及1993年贝庚版《孙悟空三打白骨精》，其故事均来源于吴承恩所著之《西游记》，以其

[1] 浙江省杭州市中级人民法院(2011)浙杭知初字第967号民事判决书。

第二十七回为主要情节，加上第三十一回的某些内容，糅合而成。

另根据绍兴市公安局蕺山派出所出具的户籍查档等证明，章宗信于1967年10月20日死亡。其妻名周传康，两人共育有四子：章金元、章金云、章金鉴、章金国。

原告周传康、章金元、章金云、章金鉴、章金国等起诉至杭州市中级人民法院称：五原告均系七龄童（本名章宗信）的合法继承人。1957年，由七龄童改编、执行导演和由顾锡东协助执笔的绍剧《孙悟空三打白骨精》参加浙江省第二届戏曲观摩会演，七龄童获编剧奖、导演一等奖、演员一等奖。七龄童于1967年9月因病去世。而涉案的贝庚执笔的《孙悟空三打白骨精》，是从七龄童改编的绍剧《孙悟空三打白骨精》和《大破平顶山》两剧改编而来的作品。由被告浙江省戏剧家协会、浙江省文化艺术研究院合编的、被告中国戏剧出版社出版的《陈静贝庚金松剧作选》，将《孙悟空三打白骨精》作为贝庚个人作品编入该书，且未注明任何出处或改编自何处。三被告的行为损害了原告合法权益。请求判令：(1)三被告以任何方式再使用贝庚执笔的《孙悟空三打白骨精》时，须在该剧本前注明"根据七龄童戏剧作品《孙悟空三打白骨精》、《大破平顶山》改编"，并销毁库存的《陈静贝庚金松剧作选》；(2)三被告在相关新闻媒体上公开发表启事，说明《陈静贝庚金松剧作选》中的错误及贝庚执笔的《孙悟空三打白骨精》系根据七龄童戏剧作品《孙悟空三打白骨精》、《大破平顶山》改编，并赔礼道歉；(3)请求判令三被告连带赔偿原告损失5万元；(4)请求判令被告承担本案诉讼费。被告省戏剧家协会、省文艺研究院辩称：(1)五原告的起诉超过诉讼时效，应予驳回。(2)两被告是《陈静贝庚金松剧作选》的汇编人，并非该剧本的著作权人，五原告主张汇编者应承担改编作品侵权的法律责任，缺乏事实及法律依据。(3)五原告请求赔偿的数额，没有事实依据。关于赔礼道歉的诉讼请求，没有法律依据。被告中国戏剧出版社未到庭，亦未提供书面答辩状。

此外，在1958年版绍剧剧本《孙悟空三打白骨精》上署名的顾锡东，因其本人已去世，法院征询其继承人顾维铁等人的意见，均表示：由于在之前的诉讼中已确认了其父亲顾锡东执笔人的身份，故不参加本次诉讼。

杭州市中级人民法院认为：目前已知的有七龄童署名、且时间最早的完整的绍剧剧本为东海文艺出版社1958年出版的《孙悟空三打白骨精》绍剧剧本。

七龄童对该剧本享有《著作权法》规定的作者权利。因该剧本系七龄童、顾锡东共同改编,属合作作品,故该作品的著作权由两人共同享有。七龄童、顾锡东均已去世,七龄童的继承人周传康、章金元等人,顾锡东的继承人顾维铁等人共同享有该作品的著作财产权,并享有保护原作者著作人身权的权利。现顾锡东的继承人顾维铁等人已明确表示不参加本次诉讼,故七龄童的继承人周传康、章金元等人有权就本案单独提起诉讼。

将吴承恩所著之《西游记》第二十七回、第三十一回,与七龄童署名的1958年版《孙悟空三打白骨精》,以及贝庚署名的1993年版《孙悟空三打白骨精》绍剧剧本,三者相比较:首先,在人物上,《西游记》人物较少,而1958年版和1993年版的人物众多且基本一致,最主要的妖怪为"白骨(白骨精)"。其次,在剧情上,《西游记》的第二十七回与第三十一回为互相独立的章回,尸魔在第二十七回已被打死,情节较为简单。1958年版中的白骨虽在孙悟空第三打的时候已被打死,但白骨纠集的黄袍怪等仍将唐僧捉住,并向唐僧提到了白骨之事。1993年版则更深层次、更完整地演绎了该故事。再次,在言词上,小说和绍剧在语言上基本不同。而1958年版和1993年版虽同为剧本,但在语言、唱词上也有很大不同,不过有些语言仍沿袭过来。1958年版和1993年版在语言、唱词上,有较大相似度处体现在八戒一角上。1958年版将八戒一角定位于"讲绍兴土话",1993年版未作改动,因此,有诸多八戒的唱词一致或基本一致。最后,在场次上,1958年版为六场戏,而1993年版为八场戏。三打白骨精的主要场次未变,增加了呈现高山巍峨、八戒巡山偷懒被悟空捉弄两场戏,丰富了故事内容、增加了剧情的可观赏性。

通过以上比对,1993年贝庚版的《孙悟空三打白骨精》绍剧剧本,以1958年七龄童、顾锡东版的《孙悟空三打白骨精》为母本,在此基础上对人物、情节、语言、场次等作了较大的改动,形成了带有贝庚鲜明特色和主题思想的《孙悟空三打白骨精》绍剧剧本。但不可否认的是,贝庚的创作离不开1958年七龄童等人创作的剧本。该事实,除以上证据证明外,在涉案的《陈静贝庚金松剧作选》顾锡东所作的序言中有所体现,在被告省戏剧家协会提交的1962年版剧本的序言中也有体现。因此,贝庚版的《孙悟空三打白骨精》绍剧剧本是根据1958年七龄童、顾锡东创作的《孙悟空三打白骨精》绍剧剧本改编而来。

综上所述，法院判决：（1）省戏剧家协会、省文艺研究院、戏剧出版社在《钱江晚报》上发表声明，说明 1993 年 6 月出版的《陈静贝庚金松剧作选》中收录的贝庚所作的《孙悟空三打白骨精》绍剧剧本，系改编自七龄童（章宗信）的同名剧本，于本判决生效之日起 30 日内履行完毕；（2）省戏剧家协会、省文艺研究院、戏剧出版社销毁库存的涉案《陈静贝庚金松剧作选》于本判决生效之日起 10 日内履行完毕；（3）省戏剧家协会、省文艺研究院、戏剧出版社若再次使用贝庚所著的《孙悟空三打白骨精》绍剧剧本时，须为原改编者七龄童（章宗信）署名；（4）省戏剧家协会、省文艺研究院、戏剧出版社共同赔偿周传康、章金元、章金云、章金鉴、章金国经济损失及为本案支出的合理费用，共计人民币 15,000 元，于本判决生效之日起 10 日内履行完毕；（5）驳回原告周传康、章金元、章金云、章金鉴、章金国的其他诉讼请求。

一审宣判后，双方当事人均未提起上诉，一审判决已生效。

案例评析

本案涉及的法律问题包括：合作作品的著作权如何行使，戏剧作品的独创性比对，汇编者、出版者的合理注意义务。

一是合作作品的著作权如何行使。根据《著作权法》第 13 条的规定，两人以上合作创作的作品，著作权由合作作者共同享有。《著作权法实施条例》第 9 条还规定了合作作品的著作权行使问题。但对于侵犯合作作品著作权的行为，部分作者能否行使请求权提起诉讼，实体法并没有作出规定。不可分割使用的合作作品的著作权被侵害，作者之一提起诉讼，其他作者的诉权如何保障，程序法也没有作出规定。本案中，法院依据最高人民法院《关于适用〈中华人民共和国民事诉讼法〉若干问题的意见》第 58 条的规定，由法院通知其他作者的继承人参加诉讼，被通知的继承人明确表示放弃实体权利，因此，七龄童的继承人可以单独提起诉讼。

二是戏剧作品的独创性比对。依据《著作权法实施条例》第 4 条第 4 项的规定，“戏剧作品，是指话剧、歌剧、地方戏等供舞台演出的作品”。戏剧作品是供舞台演出的文字依据，与文字作品相比，它是由人物的对话和舞台指示构成。很多戏剧作品是在文学作品的基础上再创作而来。对于进入公有领域的文学作品，任何人均可以进行再创作，改编为戏剧作品。因此，如何判断在后改编的戏剧作品与在先改编的戏剧作品是否构成实质性相同，即如何判断戏剧作品的独创性，成为实践中的一个问题。戏剧作品主要包括剧本的主题、情节、人物、结构等元素。如果两个戏剧作品的主题、情节、人物、结构等元素高度近似的，应当认定为实质性相似。本案中，法院通过主题、情节、人物、结构等元素的比较，认为二者在八戒一角的语言、唱词上，有较大的相似度，而且两者都将该角色定位于"讲绍兴土话"，诸多唱词一致或基本一致。因此，贝庚版的剧本虽然进行了较大的改动，但不可否认其是基于七龄童版的剧本进行再创作的事实。

三是汇编者、出版者的合理注意义务。最高人民法院《关于审理著作权民事纠纷案件适用法律若干问题的解释》第 20 条规定，"出版物侵犯他人著作权的，出版者应当根据其过错、侵权程度及损害后果等承担民事赔偿责任。出版者对其出版行为的授权、稿件来源和署名、所编辑出版物的内容等未尽到合理注意义务的，依据著作权法第四十八条的规定，承担赔偿责任。出版者尽了合理注意义务，著作权人也无证据证明出版者应当知道其出版涉及侵权的，依据民法通则第一百一十七条第一款的规定，出版者承担停止侵权、返还其侵权所得利润的民事责任。出版者所尽合理注意义务情况，由出版者承担举证责任"。如何界定汇编者合理注意义务的范围，应当根据个案进行分析，本案中，法院考虑到该剧本在署名上非常混乱，不同时期有不同的署名，故减轻了出版者、汇编者的注意义务，减轻了其赔偿数额。

本案启示

创作者根据公有领域的素材创作作品时，应注意避免与他人根据同一素材在先创作的作品雷同，否则将可能构成侵权。另外，出版社在出版他人作品时，负有合理注意义务，如果没有尽到合理注意义务，出版发行了侵权作品，应当承担责任。出版社在出版图书、音像等资料过程中，应当把好审核关，杜绝侵权问题发生，另外还要注意与作者就作品的权利瑕疵问题进行约定，万一发生侵权诉讼，可以追究作者的责任。

二、薛华克与燕娅娅、北京翰海拍卖有限公司侵害著作权纠纷上诉案[1]

案例要旨

摄影作品中所表现的人物仅为创作的题材，作品所呈现的画面形象才是该作品具有独创性的表达，也是其受到法律保护的部分。参照他人的摄影作品绘制油画的行为，属于合理借鉴还是构成侵权，关键在于是否使用了摄影作品的独创性表达。摄影作品呈现的构图、光线对比、人物形态、服饰等，都属于作品的独创性表达，应当受到保护。如果绘画作品表现的人、物、场景的画面形象与摄影作品基本相同，构成实质性相似，那么就是侵权。

案情简介

薛华克为摄影家，系中国摄影家协会会员；燕娅娅系油画专业创作者，所创作的油画曾多次入选全国性美术展览。1997 年 5 月，薛华克个人摄影集《藏人》一书由中国摄影出版社出版，该书收录了其摄影作品《次仁卓玛》。2006 年 12 月，《中国油画》杂志 2006 年第 6 期上刊登了燕娅娅的油画《阿妈与达娃》（注明：130cm × 160cm）。2007 年 5 月，燕娅娅油画作品集《娅娅山上的故事》一书亦收录了油画《阿妈与达娃》（注明：160cm × 130cm）。燕娅娅称该作品集是为配合其个人画展制作的画册，收录的作品系在画展上展出的作品。

将《次仁卓玛》与《阿妈与达娃》进行比对，两幅作品表现的画面主体均为一名坐在房间内哺乳孩子的藏族妇女，两者在整体构图、场景布局、人物细微的姿势、神态、服饰特征以及物品摆放、光线明暗的处理等方面均相同，只是油画的画面较为模糊。

燕娅娅称上述油画是其前往西藏写生时创作，在其写生的同时，薛华克在相同角度进行了拍照。就此，燕娅娅提交了一幅日期标注为“1992”的草图，但该草图的内容仅为怀抱孩子的妇女形象，并未显示房间内的布局、物品摆放以

[1] 参见北京市朝阳区人民法院（2011）朝民初字第 20681 号民事判决书和北京市第二中级人民法院（2012）二中民终字第 11682 号民事判决书。

及人物服装、配饰等特征。薛华克对此不予认可，表示涉案摄影作品系其先行拍摄完成，燕娅娅曾以欣赏为由向其索要照片。

2006 年 12 月 17 日，翰海拍卖公司受燕娅娅丈夫的委托对外拍卖了油画《阿妈与达娃》，成交价为人民币 28.6 万元；后者在委托拍卖合同中保证拍卖标的不侵害任何第三方的合法权益。

薛华克起诉至北京市朝阳区人民法院称：其创作了“藏人”、“塔吉克人”等系列摄影作品并多次结集出版、展览。2005 年，其与燕娅娅相识，燕娅娅以欣赏为由向其索要作品，其遂将一些作品的洗印件、书籍赠给燕娅娅。但发现燕娅娅擅自将其创作的摄影作品《次仁卓玛》演绎为油画作品《阿妈与达娃》并进行展览、出版，并委托翰海拍卖公司拍卖了上述作品。燕娅娅的上述行为侵犯了其对作品享有的改编权，翰海拍卖公司拍卖侵权作品亦构成侵权。故诉至法院，请求判令燕娅娅停止侵权，在《中国摄影报》及一家全国性美术报刊上公开赔礼道歉，赔偿经济损失人民币 1.5 万元，与翰海拍卖公司共同收回已拍卖成交的侵权作品并予以销毁。

燕娅娅辩称：涉案被控侵权的油画作品是其独立创作完成，不存在侵犯薛华克著作权的行为；薛华克主张摄影作品的改编权缺乏法律依据，著作权规定的改编权主要限于文字作品；薛华克的起诉已经超过诉讼时效。综上，不同意薛华克的诉讼请求。

翰海拍卖公司辩称：该公司严格按照《中华人民共和国拍卖法》对涉案油画进行了拍卖，拍卖涉案油画不存在过错，不应承担侵权责任。此外，涉案油画的所有权已经转移，无法收回，薛华克的诉讼请求缺乏可执行性。故不同意薛华克的诉讼请求。

北京市朝阳区人民法院认为：薛华克为涉案摄影作品的拍摄者，依法享有著作权。薛华克的摄影作品和燕娅娅的油画系以相同人物为创作对象的两种类型不同的作品。通过对比，燕娅娅的油画与薛华克的摄影作品存在高度相似。燕娅娅为证明涉案油画系其独立创作仅提交了一幅草图，但该草图与涉案油画存在明显差异，标注的时间与其作品集中标注的涉案油画年份亦不相符，故对此不予采信。与摄影依靠照相器材瞬间固定物体形象不同，油画的创作需要绘画者通过其眼睛观察创作对象后，再依靠其记忆和绘画技能将之在平面上表现，其创作不可能短时间完成。尽管两者在表现同一对象时，存在作品主题、表现内容相似的可能性，但在各自独立创作的情况下，由于创作过程、手段完全不同，两者很难达到涉案油画与摄影作品如此高度的相似。并且，薛华克的摄影作品在先发表，燕娅娅有机会接触到该作品。综上，可以认定燕娅娅在绘制涉案油画时参照了薛华克的摄影作品。

在认定燕娅娅参照薛华克的摄影作品绘制涉案油画的前提下，判断燕娅娅是否构成侵权的关键就在于确定其是否使用了涉案摄影作品中具有独创性的表达。作为写实类作品，涉案摄影作品中所表现的人物仅为创作的题材，作品所呈现的画面形象才是该作品具有独创性的表达，也是其受到法律保护的部分。通过对比燕娅娅的涉案油画与薛华克的摄影作品，除作品类型不同外，两者所表现的人、物、场景的画面形象基本相同，表明燕娅娅在绘制涉案油画时不仅参照了薛华克作品的主题，还使用了薛华克作品中具有独创性的表达。

由于创作方法不同，涉案油画的绘制需要燕娅娅观察表现对象、理解并借助绘画颜料和自身的绘画技能才能完成，绘画过程体现了其个人的构思和判断，且涉案油画与薛华克的摄影作品相比，两者在视觉上仍存在差异。因此，燕娅娅的涉案行为属于在不改变作品基本内容的前提下，将作品由摄影作品改编成油画的行为，构成了对薛华克摄影作品的改编。但燕娅娅改编薛华克的摄影作品，并未取得薛华克的许可，且燕娅娅还将改编后的油画作品用于展览、出版并对外拍卖，亦未向薛华克支付报酬，故侵犯了薛华克对涉案摄影作品享有的改编权，应当承担停止侵权、赔偿损失的法律责任。

北京市朝阳区人民法院依据《中华人民共和国著作权法》第 10 条第 1 款第 14 项、第 12 条、第 47 条第 6 项、第 49 条之规定，判决：燕娅娅停止侵权并赔偿薛华克经济损失人民币 1.5 万元。

一审判决后，薛华克和燕娅娅均不服一审判决，提起上诉。二审过程中，经北京市第二中级人民法院主持调解，薛华克和燕娅娅最终达成和解。

案例解析

本案是法院系统对参照他人摄影作品绘制油画的行为作出侵权认定的首例案件，具有典型意义。本案的焦点在于参照他人的摄影作品绘制油画的行为,属于合理借鉴还是构成侵权,如果构成侵权,侵害的是摄影作品著作权人的什么权利。

对于参照他人摄影作品绘制油画的行为是否构成侵权行为,实践中有两种意见:一种意见认为属于合理借鉴,不构成侵权;另一种意见认为被告的行为构成侵权。法院采纳了第二种意见。判断被告的行为属于合理借鉴还是侵权行为,关键在于被告是否使用了原告摄影作品的独创性表达。所谓独创性表达,是指体现了作者选择、编排、取舍等个性因素的思想表达。本案摄影作品呈现的构图、光线对比、人物形态、服饰等,都属于该作品的独创性表达,应当受到保护。被告的油画与之相比,二者表现的人、物、场景的画面形象基本相同,构成实质性相似。因此,法院认定被告的绘制油画的行为侵害了原告对摄影作品的著作权是正确的。

我国《著作权法》规定,著作权人享有 17 项权利,包括四项精神权利和 13 项财产权利。本案中,原告不主张署名权,仅主张改编权。参照他人摄影作品绘制油画的行为侵害了摄影作品著作权人的什么财产权利,存在两种意见,一种意见认为侵害了改编权,另一种意见认为侵害了复制权。《著作权法》第 10 条第 5 项规定,"复制权,即以印刷、复印、拓印、录音、录像、翻录、翻拍等方式将作品制作一份或者多份的权利";第 14 项规定,"改编权,即改变作品,创作出具有独创性的新作品的权利"。本案的关键在于根据摄影作品绘制油画的行为是完全没有任何独创性的复制行为,还是在摄影作品的基础上进行再创作的行为。根据本案案情,被告的行为显然不是复制行为,而是在摄影作品的基础上,进行再创作、绘制油画作品的行为,绘制油画作品的过程体现了被告的智力劳动。因此,本案被告的行为是改编行为,构成对原告改编权的侵害。法院的认定是正确的。

本案启示

在他人作品的基础上进行再创作,应当征得原作品权利人的同意,否则构成对原作品权利人改编权的侵害。很多文化创意企业是创作性企业,需要利用他人作品进行再创作,需要格外注意这方面的问题。

三、杨季康诉中贸圣佳国际拍卖有限公司及李国强侵害著作权纠纷案〔1〕

案例要旨

书信通常是写信人用来表达个人情感及观点或叙述个人生活及其事务的方式，是以文字、符号等形式表达出来的文学、艺术和科学领域内的智力成果，是写信人独立构思并创作而成的文字作品，符合作品独创性要求，构成我国著作权法保护的作品，其著作权应当由作者即发信人享有。艺术品拍卖商未取得他人同意而拍卖他人书信，是一种将书信作品公之于众的行为，将会侵害书信作者的发表权，应依法予以禁止。

案情简介

钱钟书（已故）与杨季康系夫妻，二人育有一女钱瑗（已故）。钱钟书、杨季康及钱瑗与被告李国强系朋友关系，三人曾先后致李国强私人书信百余封，该信件本由李国强收存。2013 年 5 月，被告中贸圣佳国际拍卖有限公司（以下简称中贸圣佳公司）发布公告表示其将于 2013 年 6 月 21 日 13：00 举行"《也是集》——钱钟书书信手稿"公开拍卖活动，公开拍卖上述私人信件，并将于 2013 年 6 月 18 日至 20 日举行预展活动。中贸圣佳公司上述预计拍卖的拍品中包括钱钟书、杨季康、钱媛写给李国强的若干封信札、手稿作品百余封。即将拍卖的信件涉及发信人关于图书出版细节、私人交流、家庭琐事、个人情感以及文学历史时事评论等内容。上述信件均未曾公开发表。杨季康反对公开拍卖钱钟书一家的私人书信手稿，向北京市第二中级人民法院提出诉前停止侵害著作权行为的申请。杨季康认为，钱钟书、杨季康、钱瑗分别对各自创作的书信作品享有著作权。钱瑗、钱钟书先后于 1997 年 3 月 4 日、1998 年 12 月 19 日病故，钱钟书去世后，其著作权中的财产权由杨季康继承，其著作权中的署名权、修改权和保护作品完整权由杨季康保护，发表权由杨季康行使；钱瑗去世后，其著作权中的财产权由杨季康与其配偶杨伟成共同继承，其著作权中的署名权、修改权和

〔1〕 北京市第二中级人民法院（2013）二中保字第 9727 号民事裁定书。

保护作品完整权由杨季康与杨伟成保护，发表权由杨季康与杨伟成共同行使；鉴于杨伟成明确表示在本案中不主张权利，故杨季康依法有权主张相关权利。杨季康主张，被告中贸圣佳公司及李国强即将实施的私人信件公开拍卖活动，以及其正在实施的公开展览、宣传等活动，将侵害杨季康所享有和继承的著作权，如不及时制止上述行为，将会使杨季康的合法权益受到难以弥补的损害，故向北京市第二中级人民法院提出申请，请求法院责令中贸圣佳公司及李国强立即停止公开拍卖、公开展览、公开宣传杨季康享有著作权的私人信件。

北京市第二中级人民法院审理认为：书信作为人类沟通感情、交流思想、洽谈事项的工具，通常是写信人独立构思并创作而成的文字作品，其内容或表现形式通常不是或不完全是对他人已发表作品的引用和抄录，因此，书信通常具有独创性和可复制性，符合著作权法关于作品的构成要件，可以成为著作权法保护的作品，其著作权应当由作者即发信人享有。钱钟书、杨季康、钱瑗分别对各自创作的书信作品享有著作权。钱瑗去世后，杨季康、杨伟成作为钱瑗的继承人，有权依法继承钱瑗著作权中的财产权，依法保护其著作权中的署名权、修改权和保护作品完整权，依法行使其著作权中的发表权。鉴于杨伟成书面表示同意杨季康单独在本案中主张相关权利，故杨季康依法有权主张涉案钱瑗的相关权利。任何人包括收信人及其他合法取得书信手稿的人，对于合法取得的书信手稿进行处分时均不得侵害著作权人的合法权益。

中贸圣佳公司是涉案拍卖、预展等活动的实施主体，杨季康提出的责令禁止中贸圣佳公司实施侵害著作权行为的申请，于法有据，应予支持。

北京市第二中级人民法院遂依据《民事诉讼法》关于行为保全的规定作出了禁令裁决：中贸圣佳国际拍卖有限公司在拍卖、预展及宣传等活动中不得以公开发表、展览、复制、发行、信息网络传播等方式实施侵害钱钟书、杨季康、钱瑗写给李国强的涉案书信手稿著作权的行为。

案例解析

本案涉及的法律问题是书信是否构成作品，应当如何保护，这是我国首例涉及名人书信作品拍卖的案件，非常具有典型意义。

我国著作权法所称的作品，是指文学、艺术和科学领域内具有独创性并能以某种有形形式复制的智力创造成果。书信作为人类沟通感情、交流思想、洽谈事项的工具，通常是写信人独立构思并创作而成的文字作品，其内容或表现形式通常不是或不完全是对他人已发表作品的引用和抄录，因此，书信通常具有独创性和可复制性，符合著作权法关于作品的构成要件，可以成为著作权法保护的作品。本案钱钟书、杨季康及钱瑗写给李国强的部分书信内容及相关信息，均为写信人独立创作的表达个人感情及观点或叙述个人生活及工作事务方面的内容，是以文字、符号等形式表达出来的文学、艺术和科学领域内的智力成果，符合作品独创性要求，构成我国著作权法保护的作品。钱钟书、杨季康、钱瑗分别对各自创作的书信作品享有著作权，应受我国著作权法保护。

根据我国《著作权法》及《继承法》相关规定，著作权属于公民的，公民死亡后，其著作财产权在著作权法规定的保护期内，依照继承法的规定转移。作者死亡后，其著作权中的署名权、修改权和保护作品完整权由作者的继承人或者受遗赠人保护。作者生前未发表的作品，如果作者未明确表示不发表，作者死亡后 50 年内，其发表权可由继承人或者受遗赠人行使。钱瑗去世后，杨季康、杨伟成作为钱瑗的继承人，有权依法继承钱瑗著作权中的财产权，依法保护其著作权中的署名权、修改权和保护作品完整权，依法行使其著作权中的发表权。鉴于杨伟成书面表示同意杨季康单独在本案中主张相关权利，故杨季康依法有权主张涉案钱瑗的相关权利。钱钟书去世后，杨季康有权依法继承钱钟书著作权中的财产权，依法保护其著作权中的署名权、修改权和保护作品完整权，依法行使其著作权中的发表权。

本案书信的拍卖活动涉及书信作品发表权的保护问题。根据我国《著作权法》的规定，发表权属于著作人身权之一，是指决定作品是否公之于众以及何时、何地公之于众的权利。判断作品是否已经发表的标准在于作品是否公之于众，即是否将作品置于为不特定多数人所知的状态。本案中钱钟书、杨季康及钱瑗写给李国强的书信均为私人之间沟通感情、交流信息的私人信件，未曾公开发表，不为公众知悉，其发表权属于书信作品创作人或由创作人的继承人保护。中圣公司公开拍卖上述书信，是将上述书信作品公之于众的行为，会侵害涉案书信作品权利人的发表权，依法应当禁止。故法院依据我国《民事诉讼法》的规定，作出行为保全的裁定，禁止中圣公司拍卖涉案书信作品，是正确的。

本案启示

涉案私人书信作为著作权法保护的文字作品，其著作权应当由作者即发信人享有。任何人包括收信人及其他合法取得书信手稿的人在对书信手稿进行处分时均不得侵害著作权人的合法权益。艺术品拍卖商如要拍卖他人书信，应当事先征得书信作品著作权人的同意。

四、王莘与谷歌公司侵害著作权纠纷上诉案〔1〕

案例要旨

在《著作权法》第22条规定的具体情形外认定合理使用，应当从严掌握认定标准。除非使用人充分证明其使用行为构成合理使用，否则应当推定使用行为构成侵权。判断是否构成合理使用，一般应当考虑使用作品的目的和性质、受著作权保护的作品的性质、所使用部分的质量及其在整个作品中的比例和使用行为对作品现实与潜在市场及价值的影响等因素。以上因素中涉及的事实问题，应当由使用者承担举证责任。

案情简介

笔名为棉棉的王莘是《盐酸情人》一书（以下简称涉案作品）的作者。2009年10月，王莘的委托代理人登录北京谷翔信息技术有限公司（以下简称谷翔公司）经营的域名为http://www.google.cn网站（以下简称谷歌中国网站），进入其中图书搜索栏目页面，在搜索框中键入“棉棉”进行搜索，发现第一个搜索结果即为涉案作品。点击该搜索结果进入下一页面，显示有涉案作品的概述、作品片段、常用术语和短语、作品版权信息等内容。在该页面中，使用关键词搜索，可以看到涉案作品包含有该关键词的相关作品片段。王莘以谷歌公司电子化扫描涉案作品、谷翔公司在谷歌中国网站上显示涉案作品片段的行为构成侵权为由，向北京市第一中级人民法院提起诉讼。

〔1〕 北京市高级人民法院(2013)高民终字第1221号民事判决书。

北京市第一中级人民法院审理认为,谷翔公司提供涉案作品片段的行为构成信息网络传播行为,但该行为构成合理使用;谷歌公司的全文扫描行为不构成合理使用,应当承担侵权责任。一审法院判决谷歌公司停止侵权行为,赔偿经济损失人民币5000元和诉讼合理支出人民币1000元。王莘不服一审判决,上诉主张谷歌公司的复制行为不构成合理使用。

北京市高级人民法院认为:在《著作权法》第22条规定的具体情形外认定合理使用,应当从严掌握认定标准。除非使用人充分证明其使用行为构成合理使用,否则应当推定使用行为构成侵权。判断是否构成合理使用,一般应当考虑使用作品的目的和性质、受著作权保护的作品的性质、所使用部分的质量及其在整个作品中的比例和使用行为对作品现实与潜在市场及价值的影响等因素。上述考虑因素中涉及的事实问题,应当由使用者承担举证责任。在本案中,谷歌公司仅提交证据证明中国法院对本案无管辖权,并未就复制行为是否构成合理使用提交证据,因此其主张复制行为构成合理使用,证据不足。虽然未经许可的复制行为原则上构成侵权,但专门为了合理使用行为而进行的复制,应当与后续使用行为结合起来看待,同样有可能构成合理使用。北京市高级人民法院判决:驳回上诉,维持原判。

案例解析

本案的焦点在于网络环境下作品合理使用应当考虑哪些因素,涉案行为是否构成合理使用。我国《著作权法》第22条是著作权限制条款,通常也被认为是合理使用条款,即下列情形构成合理使用:(1)为个人学习、研究或者欣赏,使用他人已经发表的作品;(2)为介绍、评论某一作品或者说明某一问题,在作品中适当引用他人已经发表的作品;(3)为报道时事新闻,在报纸、期刊、广播电台、电视台等媒体中不可避免地再现或者引用已经发表的作品;(4)报纸、期刊、广播电台、电视台等媒体刊登或者播放其他报纸、期刊、广播电台、电视台等媒体已经发表的关于政治、经济、宗教问题的时事性文章,但作者声明不许刊登、播放的除外;(5)报纸、期刊、广播电台、电视台等媒体刊登或者播放在公众集会上发表的讲话,但作者声明不许刊登、播放的除外;(6)为学校课堂教学或者科学研究,翻译或者少量复制已经发表的作品,供教学或者科研人员使用,但不得出版发行;(7)国家机关为执行公务在合理范围内使用已经发表的作品;(8)图书馆、档案馆、纪念馆、博物馆、美术馆等为陈列或者保存版本的需要,复制本馆收藏的作品;(9)免费表演已经发表的作品,该表演未向公众收取费用,也未向表演者支付报酬;(10)对设置或者陈列在室外公共场所的艺术作品进行临摹、绘画、摄影、录像;(11)将中国公民、法人或者其他组织已经发表的以汉语言文字创作的作品翻译成少数民族语言文字作品在国内出版发行;(12)将已经发表的作品改成盲文出版。除了上述12种情形外,根据我国相关司法解释规定的精神,司法实践中,某些特定的行为也可能被认定为构成合理使用。但是,合理使用是对权利人著作权的限制,除了法律和司法解释明确规定的情形外,应当严格掌握合理使用的情形。结合TRIPs第13条和我国《著作权法实施条例》第21条规定的“三步检验法”,并参考美国《著作权法》第107条规定的合理使用的四个要素,考虑我国的实际情况,对合理使用的认定应当考虑以下因素:(1)使用作品的目的和性质,是否为商业目的或非营利教育目的;(2)受著作权保护的作品的性质;(3)所使用部分的质量及其在整个作品中的比例;(4)使用行为对作品现实和潜在市场及价值的影响。

本案中,谷歌公司提供作品的行为,不满足《著作权法》第22条规定的合理使用的情形,故应当初步认定其行为不构成合理使用。谷歌公司主张其行为构成合理使用,应当承担举证责任,证明其行为满足以上四个要素,能通过“三步检验法”,但是谷歌公司并没有举证,故其主张不应当予以支持。综上,二审判决是正确的。

本案启示

我国《著作权法》规定了合理使用的12种情形,未经许可实施《著作权法》规定的侵害著作权的行为,而且不属于合理使用情形的,原则上应当认定构成侵权,除非使用者提交证据证明该行为符合合理使用的构成要件,其行为也符合相关司法解释的规定。网络服务提供者在提供网络服务过程中应当特别注意这一问题。

五、梦工厂动画影片公司与国家工商行政管理总局商标评审委员会行政上诉案〔1〕

案例要旨

当电影名称或电影人物形象及其名称因具有一定知名度而不再单纯局限于电影作品本身,与特定商品或服务的商业主体或商业行为相结合,电影相关公众将其对于电影作品的认知与情感投射于电影名称或电影人物名称之上,并对与其结合的商品或服务产生移情作用,使权利人据此获得电影发行以外的商业价值与交易机会时,则该电影名称或电影人物形象及其名称属于《商标法》第31条规定的"在先权利",应予以保护。

案情简介

动画电影"功夫熊猫"(KUNG FU PANDA)拍摄于2005年9月,出品公司为梦工厂动画影片公司(以下简称梦工场公司),2008年6月20日在中国大陆上映,在中国大陆上映前,《北京晨报》、网易娱乐频道、腾讯网等数十家媒体对该片进行了宣传报道。目前,该片已获得"安妮奖"最佳动画片、中国"美猴奖"外国动画长篇金奖等十个奖项,同时获得"奥斯卡"、"金球奖"最佳动画片提名。

被异议商标系第6806482号"KUNG FU PANDA"商标,由胡晓中于2008年12月22日向商标局提出注册申请,指定使用商品为第12类的"方向盘罩;车辆座套;车辆内装饰品;车座头靠;汽车两侧脚踏板;儿童安全座(车辆用);车辆倒退报警器;车辆防盗警铃;车辆喇叭;车辆防盗设备"等。

针对被异议商标的注册,梦工厂公司提出异议。商标局裁定被异议商标予以注册。梦工厂公司不服,依法向国家商标评审委员会提出异议复审申请,复审理由之一为被异议商标的注册侵害了梦工厂公司对"功夫熊猫"(KUNG FU

〔1〕参见北京市第一中级人民法院(2014)一中行(知)初字第4257号行政判决书及北京市高级人民法院行政判决书(2015)高行(知)终字第1969号行政判决书。

PANDA）名称所享有的商品化权，违反了2001年修正的《商标法》第31条的规定。2013年11月11日，商标评审委员会作出商评字〔2013〕第105133号裁定，认为“商品化权”并非我国法定权利，被异议商标的注册未违反《商标法》第31条的规定，遂裁定被异议商标予以核准注册。梦工场公司不服第105133号裁定，向北京市第一中级人民法院提起诉讼，请求撤销被诉裁定，并判令商标评审委员会重新作出复审裁定。北京市第一中级人民法院认为：我国现有法律中并未将所谓“商品化权”设定为一种法定权利，故其并不属于《商标法》第31条中所规定的在先权利中的法定权利；“商品化权”亦非法律所保护的民事权益，其权益内容和权益边界均不明确，亦难以认定梦工场公司对“KUNG FU PANDA”名称在商标领域享有绝对、排他的权利空间。因此，被异议商标的申请注册并未违反《商标法》第31条的规定。北京市第一中级人民法院遂判决维持商标评审委员会作出的被诉裁定。梦工场公司不服原审判决，向北京市高级人民法院提起上诉，请求撤销原审判决和被诉裁定，判令商标评审委员会重新作出裁定。

北京市高级人民法院认为：梦工场公司主张的其对“功夫熊猫”（KUNG FU PANDA）影片名称享有的“商品化权”确非我国现行法律所明确规定的民事权利或法定民事权益类型，但是，梦工场公司对“功夫熊猫”（KUNG FU PANDA）影片名称享有合法利益，该合法利益构成《商标法》第31条所称的“在先权利”，故被异议商标的注册违反了《商标法》第31条的规定。北京市高级人民法院遂判决撤销原审判决和被诉裁定，判令商标评审委员会重新作出裁定。

案例解析

本案涉及影视作品中知名角色的保护问题，即“商品化权”问题，具有典型意义。

《商标法》第31条规定的“在先权利”不仅包括现行法律已有明确规定的在先法定权利，也包括根据《中华人民共和国民法通则》和其他法律的规定应予保护的合法权益。梦工场公司主张的其对“功夫熊猫”（KUNG FU PANDA）影片名称享有的“商品化权”确非我国现行法律所明确规定的民事权利或法定民事权益类型，但当电影名称或电影人物形象及其名称因具有一定知名度而不再单纯局限于电影作品本身，与特定商品或服务的商业主体或商业行为相结合，电影相关公众将其对于电影作品的认知与情感投射于电影名称或电影人物名称之上，并对与其结合的商品或服务产生移情作用，使权利人据此获得电影发行以外的商业价值与交易机会时，则该电影名称或电影人物形象及其名称可构成适用《商标法》第31条“在先权利”予以保护的在先“商品化权”。如将上述知名电影名称或知名电影人物形象及其名称排斥在受法律保护的民事权益之外，允许其他经营者随意将他人知名电影名称作品、知名电影人物形象及其名称等作为自己商品或服务的标识注册为商标，借此快速占领市场，获取消费者认同，不仅助长其他经营者搭车抢注商标的行为，而且会损害正常的市场竞争秩序。这显然与商标法的立法目的相违背。因此，将知名电影作品名称、知名电影人物形象及其名称作为民事权益予以保护，将鼓励智慧成果的创作激情与财产投入，促进文化和科学事业的发展与繁荣，亦符合相关法律规定及知识产权司法保护的本意。根据梦工场公司提交的证据，可以认定其是动画电影“功夫熊猫”（KUNG FU PANDA）的出品单位，且在被异议商标申请日前该影片已经在大陆进行了广泛的宣传，并已公映，“功夫熊猫”（KUNG FU PANDA）作为梦工场公司知名影片及其中人物形象的名称已为相关公众所了解，具有较高知名度。而且，该知名度的取得是梦工场公司创造性劳动的结晶，其所带来的商业价值和商业机会也是梦工场公司投入大量劳动与资本所获得。因此，“功夫熊猫”（KUNG FU PANDA）作为在先知名的电影名称及其中的人物形象名称，应当作为在先“商品化权”得到保护。

本案启示

知名影视作品中的电影（电视）名称、人物形象及角色等，因为影视作品知名度高，为社会公众熟知，具有潜在的巨大商业利益，影视作品所有人应当重视商业开发，发现他人非法利用的，应当及时制止。

六、新疆玉今生广告营销有限公司与上海橡果信息科技公司等外观设计专利侵权上诉案[1]

案例要旨

确定外观设计专利权的保护范围时，简要说明可以用于解释图片或者照片所表示的该产品的外观设计，因此在本案中“后视图与主视图对称，右视图与左视图对称”的特点既是该设计的设计要点，也是其与其他外观设计的重要区别点。

案情简介

原告新疆玉今生广告营销有限公司诉称：原告发现被告上海今益坊文化传播有限公司生产、销售的“玉青蝉吊坠”侵犯了其对名称为吊坠（和田玉青蝉）、专利号为ZL200930127214.5的外观设计专利的独占许可实施权，且新疆国玉和田玉股份有限公司作为上海今益坊文化传播有限公司的关联公司也生产、销售上述侵权产品。此外，被告橡果信息科技（上海）有限公司在其网站上销售、许诺销售上述侵权产品。据此，原告认为三名被告的行为侵害了其享有的该专利的独占实施权。

被告橡果信息科技（上海）有限公司辩称：被控侵权产品与涉案专利的外观设计不相近似，不构成侵权；且该公司系被控侵权产品的销售者，产品有合法来源，不应承担赔偿责任。

被告上海今益坊文化传播有限公司辩称：其依据与被告新疆某股份公司在2009年4月签订的《关于转让宝玉石设计生产技术协议》生产、销售被控侵权产品，该协议签订时间早于原告获得外观设计专利权的时间，且其在该协议约定范围内生产、销售被控侵权产品，没有侵害原告享有的外观设计专利权。

被告新疆国玉和田玉股份有限公司辩称：(1)其于2008年7月即开始设计、生产、销售被控侵权产品，在时间上早于原告获得的外观设计专利权；(2)被

[1] 上海市高级人民法院(2011)沪高民三(知)终字第81号民事判决书。

控侵权产品与涉案专利在外观上存在明显区别;(3)其将合法拥有的现有设计用于生产、销售,并转让该技术于上海某文化公司生产、销售,不违反法律的规定。

一审法院经审理查明:名称为“吊坠(和田玉青蝉)”、专利号为ZL200930127214.5的外观设计申请专利目前仍在保护期内。该专利证书“简要说明”一栏记载:“该外观设计的后视图与主视图对称,右视图与左视图对称,故省略后视图、右视图”。

一审法院比对了被控侵权产品与涉案专利相关视图后,认为被控侵权产品玉青蝉吊坠与涉案专利外观设计在整体视觉效果上存在明显差异,两者外观设计不相同也不近似,判决如下:驳回原告玉今生公司的全部诉讼请求。本案一审案件受理费人民币13,977元,由原告玉今生公司负担。

判决后,玉今生公司不服判决提起上诉。

二审法院认为:上诉人玉今生公司的上诉请求与理由缺乏事实和法律依据,应予驳回。判决驳回上诉,维持原判。本案二审案件受理费人民币13,977元,由上诉人新疆玉今生广告营销有限公司负担。

案例解析

本案是一起典型外观设计专利侵权纠纷案件,对于外观设计专利权领域的侵权行为认定有着普遍的借鉴意义。本案的法律问题在于,涉案产品的哪些特征影响是否构成近似,以及如何判断涉案产品是否构成近似。

(1)涉案产品的哪些特征影响是否构成近似

最高人民法院《关于审理侵犯专利权纠纷案件应用法律若干问题的解释》第11条规定,人民法院认定外观设计是否相同或者近似时,应当根据授权外观设计、被诉侵权设计的设计特征,以外观设计的整体视觉效果进行综合判断;对于主要由技术功能决定的设计特征以及对整体视觉效果不产生影响的产品的材料、内部结构等特征,应当不予考虑。该条司法解释规定,产品正常使用时容易被直接观察到的部位相对于其他部位,通常对外观设计的整体视觉效果更具有影响。

具体到本案中,争议焦点在于被诉产品正、背面的区别是否足以影响是否构成近似的认定。首先,本案中,被控侵权产品与涉案专利产品均为和田玉吊坠,其消费群体对玉石产品的外观、质地、工艺等有一定的要求,故而对和田玉吊坠反映整体视觉效果的外观特点会施以高度的注意。其次,由于本案被控侵权产品和涉案专利产品均系佩戴在颈部的吊坠产品,在佩戴时必然要区分正面与背面。因此,一般消费者是可以注意到其正、背面的区别的,即上述区别属于产品正常使用时容易被直接观察到的部位,应该认为该区别足以影响是否构成近似的认定。

(2)如何判断涉案产品是否构成近似

首先,《专利法》第59条规定,外观设计专利权的保护范围以表示在图片或者照片中的该产品的外观设计为准,简要说明可以用于解释图片或者照片所表示的该产品的外观设计。因此,外观设计专利权的保护范围应以图片或照片中的设计结合简要说明进行理解。

其次,最高人民法院《关于审理侵犯专利权纠纷案件应用法律若干问题的解释》第10条规定,人民法院应当以外观设计专利产品的一般消费者的知识水平和认知能力,判断外观设计是否相同或者近似。因此,外观设计专利权侵权的判断应该基于一般消费者的知识水平和认知能力。

最后,该司法解释的第11条规定,人民法院认定外观设计是否相同或者近似时,应当根据授权外观设计、被诉侵权设计的设计特征,以外观设计的整体视觉效果进行综合判断;对于主要由技术功能决定的设计特征以及对整体视觉效果不产生影响的产品的材料、内部结构等特征,应当不予考虑。因此,外观设计专利侵权的判断客体应该是外观设计的整体视觉效果。

具体到本案中,争议焦点在于被控侵权产品与涉案专利相关视图的比对。

从主视图来看,被控侵权产品整体呈上宽下略窄的狭长状,底部收线较尖;而涉案专利外观设计整体上下等宽,底部收线弧度圆润。从立体图来看,被控侵权产品正面是沿中间突出的棱线左右对称的立体表面,背面为平整光滑表面;而涉案专利外观设计正、背面对称,均为沿中间突出的棱线左右对称的立体表面。从左视图来看,被控侵权产品正面和背面是不对称的,涉案专利外观设计则是对称的。从俯视图、仰视图来看,被控侵权产品近似于三角形造型,显示其正、背面并不对称;涉案专利外观设计近似于橄榄形造型,显示其正、背面对称的特点。涉案专利外观设计"后视图与主视图对称,右视图与左视图对称"的特点既是该设计的设计要点,也是其与其他外观设计的重要区别点;被控侵权产品正、背面不对称,正面为以中棱线左右对称的立体表面,背面为平整光滑表面,故其与涉案专利之间的区别是显而易见的。

综上可以判断,被控侵权产品与涉案专利之间并不构成近似。

本案启示

确定外观设计专利权的保护范围时,简要说明可以用于解释图片或者照片所表示的该产品的外观设计。因此,在本案中"后视图与主视图对称,右视图与左视图对称"的特点既是该设计的设计要点,也是其与其他外观设计的重要区别点。与此同时,判断外观设计是否相同或相似时,应当基于一般消费者的知识水平和认知能力,因此在本案中基于和田玉作为贵重消费品的特殊消费群体以及涉案产品作为颈部饰品的佩戴习惯,一般消费者不会混淆两者的区别。

七、诺基亚与华勤通讯发明专利侵权纠纷上诉案〔1〕

案例要旨

专利申请人为了获得尽可能大的专利权保护范围而采用了功能性限定的技术特征撰写权利要求,然而法院在进行侵权判定时会将专利权的功能性技术特征限制为说明书中公布的实施方式及其等同方式。这就要求专利权人通过优化撰写权利要求和说明书,以及科学设计专利保护框架,在上述两种判断标准之间找到平衡,以更好地满足专利权人的实际需求,切实保护专利权人的核心利益。

案情简介

原告诺基亚公司诉称:诺基亚公司是 ZL×××××××××××××.4 号专利的合法权利人。诺基亚公司向华勤公司购买的手机实施了涉案专利权利

〔1〕 上海市高级人民法院(2013)沪高民三(知)终字第96号民事判决书。

要求6~10要求保护的技术方案。华勤公司未经诺基亚公司许可，擅自制造、许诺销售、销售被控侵权产品的行为已经构成对诺基亚公司上述专利的侵犯。

被告华勤公司辩称：华勤公司从未制造、销售诺基亚公司指控的五个型号的手机，诺基亚公司指控的许诺销售行为也不存在；被控侵权手机的技术特征与诺基亚公司专利完全不相同，未落入诺基亚公司专利权利保护范围，且使用的是现有技术；诺基亚公司专利权利要求1、3、5、6、8、10都已被宣告无效，权利要求1和6是本案独立权利要求，是其他权利要求的基础，而涉案专利和现有技术的区别只是文字表述的不同，故涉案专利权并不稳定。

法院经审理查明：诺基亚公司系名称为“选择数据传送方法”发明专利的专利权人，该涉案专利于2008年7月9日获得授权。2012年5月31日，中华人民共和国国家知识产权局专利复审委员会（以下简称专利复审委）针对华勤公司就涉案专利提出的无效宣告请求作出第18676号无效宣告请求审查决定书，宣告涉案专利权利要求1、3、5、6、8、10无效，权利要求4通过权利要求3引用权利要求1的技术方案、权利要求9通过权利要求8引用权利要求6的技术方案无效；维持权利要求2、7有效，权利要求4通过权利要求3引用权利要求2的技术方案、权利要求9通过权利要求8引用权利要求7的技术方案有效。

涉案专利说明书对背景技术和发明目的作了如下说明：“现有无线终端设备（如移动台）备有几种向电信网络或另一个终端设备传送消息的不同方式。许多终端设备支持。例如，文本形式的短消息（短消息服务SMS）、多媒体消息（多媒体消息服务MMS）和电子邮件消息的传送。例如，SMS和MMS消息允许传送不同类型的信息，所以为每种不同的消息类型配备了其自己的独特编辑器。当用户要传送消息时，他或她首先必须选择数据传送应用以用于传送该消息。在用户选择了数据传送应用之后，消息编辑器在用户界面打开，以允许用户利用例如该终端设备的小键盘输入消息（说明书上标第1页第5行至13行）。”“但是，对于不熟练的用户，并不总是明白要选择哪种编辑器来传送期望消息。例如，如果用户要传送修改的文本，他或她要选择MMS应用（和编辑器）而非SMS应用，因为修改的文本无法作为SMS消息传送。用户通常不清楚数据传送方法及其中所用的编辑器的这种特别特征和限制，这在传送消息时造成一些问题,使用户不满意(说明书上标第 1 页第 16 行至 20 行)”。“因此,本发明目的在于提供一种方法和实现该方法的装置,以避免或至少缓解上述问题(说明书上标第 2 页第 1 行至 2 行)。”

一审法院据此判决如下:驳回诺基亚公司全部诉讼请求。一审案件受理费人民币 141,800 元,由诺基亚公司负担。

判决后,诺基亚公司不服判决提起上诉。

二审法院据此判决如下:上诉人诺基亚公司的上诉请求与理由缺乏事实和法律依据,应予驳回。判决驳回上诉,维持原判。本案二审案件受理费人民币 141,800 元,由上诉人诺基亚公司负担。

案例解析

本案是典型的发明专利权侵权纠纷案例,在此类案例中判断是否侵权的基础在于正确认定权利要求保护的范围。在本案中,要正确认定涉案权利要求保护的范围就必须首先确定涉案权利要求中的功能性权利要求。因此,本案争议的焦点法律问题在于对功能性技术特征的解读。

(1)部门规章和司法解释对于功能性技术特征的不同解读

《专利审查指南》是国家知识产权局的部门规章,也是专利法及其实施细则的具体化,因此是专利局和专利复审委员会依法行政的依据和标准,也是有关当事人在上述各个阶段应当遵守的规章。根据《专利审查指南》的要求,当权利要求某一技术特征无法用结构特征来限定,或者技术特征用结构特征限定不如用功能或效果特征来限定更为恰当,而且该功能或者效果能通过说明书中规定的实验或者操作或者所属技术领域的惯用手段直接和肯定地验证的情况下,才能使用功能性限定特征。在这种情况下,该特征应该理解为在申请日时覆盖了所有能实现所述功能的实施方式。

与《专利审查指南》相比,最高人民法院《关于审理侵犯专利权纠纷案件应用法律若干问题的解释》对于功能性限定的规定更加谨慎和保守。其中第 4 条规定,对于权利要求中以功能或者效果表述的技术特征,人民法院应当结合说明书和附图描述的该功能或者效果的具体实施方式及其等同的实施方式,确定该技术特征的内容。相比之下,与说明书公布的实施方式不构成等同但又包含在功能性限定特征中的实施方式，就不再受到司法保护。换言之，公众可以在这一范围内自由实施而不构成侵权。出现这种结果的原因，在于法院认为说明书及附图对权利要求书的解释应该理解为一种限制性解释。在这种理解之下，功能性限定特征的内涵被缩小为说明书中公布的实施方式及其等同方式。

结合司法解释的规定和有关理论，等同实施方式的判定标准是：第一，非实质相同的变换，即以基本相同的手段，实现基本相同的功能，达到基本相同的效果；第二，变换的容易联想性，即本领域的普通技术人员无须经过创造性劳动就能够联想到；第三，排除应属于公有领域的技术，即实施方式全部特征属于公知技术或者专利权人放弃的实施方式应该不纳入保护范围。

比较上述两种对功能性限定的解释可以看出，司法解释中对于功能性限定的认定实际上缩小了权利要求的保护范围，不利于权利人的专属权利获得有效的保护，值得引起专利权人的注意。

(2)本案中法院对该技术特征的认定

其一，针对涉案专利权利要求 7 是否包含功能性技术特征，法院认为：第一，涉案专利权利要求 7 的技术特征均属于使用功能性词语限定的技术特征。第二，对于权利要求中使用功能性词语限定的技术特征，如果通过阅读权利要求书和说明书及附图，对该技术特征的理解，与本领域普通技术人员的通常理解一致，能够明了该技术特征所体现的功能或者效果是如何实现的，在这种情况下，按照通常理解确定该技术特征的内容即可，该技术特征不属于功能性技术特征，反之，则属于功能性技术特征。第三，虽然诺基亚公司认为，权利要求 7 的文字描述并未超出本领域普通技术人员的通常理解范围，但是诺基亚公司同时主张涉案专利权利要求 7 中限定的“消息编辑器”是其与现有技术的主要区别所在，其对于“消息编辑器”的理解与本领域普通技术人员的通常理解并不一致，也不存在能够实现该技术特征所体现的功能或者效果的惯常技术手段。综上，涉案专利权利要求 7 的技术特征 5 仅表述了该特征所要实现的功能，且本领域普通技术人员通过阅读权利要求书、说明书和附图亦不能直接、明确地确定该技术特征的技术内容。因此，涉案专利权利要求 7 中包含功能性技术特征。

其二,针对是否能够确定权利要求 7 的保护范围,法院认为:涉案专利说明书仅简单陈述了上述方法步骤可以应用于移动台 MS 或者应用于消息编辑器 ED,并说明可以通过软件、硬件或软硬件结合的解决方案来实施所述创新手段,但是说明书及附图中并没有关于如何将上述方法步骤应用至终端设备或消息编辑器的具体技术手段的描述。也就是说,说明书及附图中没有记载终端设备、消息编辑器“被配置为”实现相应功能的具体实施方式,因此不能确定涉案专利权利要求 7 中以“被配置为”所限定的技术特征 5 的内容,进而也无法确定涉案专利权利要求 7 的保护范围。

综上所述,本案审理法院认为,涉案专利权利要求 7 的技术特征 5 仅表述了该特征所要实现的功能,且本领域普通技术人员通过阅读权利要求书、说明书和附图亦不能直接、明确地确定该技术特征的技术内容。依据最高人民法院法释〔2009〕21 号第 4 条的规定,应将技术内容不明确的功能限定性技术特征排除于专利法的保护范围,故认定诺基亚公司的侵权指控不能成立。

本案启示

本案是一起典型的涉及计算机程序发明专利的侵权判定案例,上海高院对于其中“功能性限定”的判断和分析,是司法系统对于此类案件的典型看法。从本案中可以看出,专利审查机构和司法裁判机构对于权利要求的功能性限定技术特征有着截然不同的解释,应该引起专利权人的重视。

专利申请人为了获得尽可能大的专利权保护范围而采用了功能性限定的技术特征撰写权利要求,然而法院在进行侵权判定时会将专利权的功能性技术特征限制为说明书中公布的实施方式及其等同方式。这就要求专利权人优化撰写权利要求书和说明书,科学设计专利保护框架,在上述两种判断标准之间找到平衡,以更好地满足专利权人的实际需求,切实保护专利权人的核心利益。

八、钜泉光电科技(上海)股份有限公司与深圳市锐能微科技有限公司集成电路布图设计专有权侵权纠纷上诉案[1]

案例要旨

判断集成电路布图设计专有权侵权行为是否成立的基础在于判断涉案布图设计是否相同或实质性相似,比对是在双方集成电路布图设计的相似部分之间进行,而不是去比较两个完整的布图设计,任何具有独创性的布图设计的相同或者实质性相似与整个芯片的布图设计相同或者实质性相似是两个概念,不能因原、被告芯片整体布图设计的不相同或者不实质性相似而否定涉案两个具体布图设计相同或者实质性相似的事实。

案情简介

原告钜泉光电科技(上海)股份有限公司诉称:该公司完成了集成电路布图设计 ATT7021AU 的设计(以下简称钜泉布图设计),并获得布图设计登记证书。钜泉公司发现,深圳市锐能微科技有限公司(以下简称锐能微公司)未经其许可复制其布图设计并制造含有该布图设计的集成电路芯片 RN8209、RN8209G(以下简称被诉侵权芯片),且与上海雅创电子零件有限公司(以下简称雅创公司)销售被诉侵权芯片。钜泉公司诉至法院,请求判令两被告承担侵权责任。

被告锐能微公司和雅创公司共同辩称:被诉侵权芯片的布图设计系锐能微公司自主开发,并获得了登记证书;被诉侵权芯片的布图设计与钜泉布图设计不同;钜泉布图设计不具有独创性,属于常规设计,请求驳回钜泉公司诉讼请求。

法院经审理查明:2008 年 3 月 1 日,原告钜泉公司完成了名称为 ATT7021AU 的布图设计创作,同年 5 月 9 日向国家知识产权局提出布图设计登记申请,同年 7 月 2 日获得《集成电路布图设计登记证书》。

2010 年 4 月 16 日,国家知识产权局专利复审委员会(以下简称专利复审委)根据被告锐能微公司对原告涉案布图设计专有权提出的撤销意见,启动撤

[1] 上海市高级人民法院(2014)沪高民三(知)终字第 12 号民事判决书。

销程序。专利复审委经审查,未发现原告涉案布图设计专有权存在不符合《集成电路布图设计保护条例》(以下简称《条例》)规定可以被撤销的缺陷,故于2011年6月27日终止了撤销程序。

2011年11月28日,一审法院委托北京紫图知识产权司法鉴定中心(以下简称紫图鉴定中心)对两被告制造、销售的RN8209G集成电路产品中的布图设计与原告ATT7021AU集成电路布图设计是否相同或者实质性相似,以及如存在相同或者实质性相似则该部分的布图设计是否具有独创性进行鉴定。2012年3月26日,一审法院补充委托紫图鉴定中心对两被告制造、销售的RN8209集成电路产品的布图设计就上述相同鉴定内容进行鉴定。紫图鉴定中心委托北京芯愿景软件技术有限公司对RN8209G芯片和RN8209芯片分别进行剖析,经比对,两个芯片的剖析报告相同。

2012年11月2日,紫图鉴定中心向一审法院出具《鉴定意见书》,其鉴定结论为:(1)RN8209、RN8209G与原告主张的独创点5(数字地轨与模拟地轨衔接的布图)相同;(2)RN8209、RN8209G与原告主张的独创点7(模拟数字转换电路的布图)中第二区段独立升压器电路的布图相同;(3)依据现有证据应认定上述第1点、第2点具有独创性。原告已支付鉴定费用人民币209,174元。

2013年1月5日,因前述鉴定结论中关于相同部分布图设计独创性的认定没有充分阐述依据和理由,故一审法院再次致函紫图鉴定中心对原告ATT7021AU集成电路布图设计中的"数字地轨与模拟地轨衔接的布图"和"模拟数字转换电路的布图中第二区段独立升压器电路的布图"是否具有独创性进行补充鉴定。同年2月25日,紫图鉴定中心向一审法院发函,鉴定专家对被告锐能微公司作为常规设计抗辩的证据逐一进行分析,最终意见是原告ATT7021AU集成电路布图设计中的"数字地轨与模拟地轨衔接的布图"和"模拟数字转换电路的布图中第二区段独立升压器电路的布图"不是常规设计。

因此,一审法院认为:被告锐能微公司的行为侵犯了原告的布图设计专有权,并综合考虑"涉案芯片销售数量"、"销售价格及销售利润"、原告支出的合理费用,以及涉案布图设计在芯片所占布图面积比例和作用,确定被告锐能微公司应赔偿原告经济损失人民币320万元。

一审法院据此判决:(1)被告锐能微公司立即停止侵害原告钜泉公司享有

的ATT7021AU集成电路布图设计专有权;(2)被告锐能微公司于判决生效之日起十日内赔偿原告钜泉公司经济损失以及为制止侵权行为所支付的合理开支共计人民币3,200,000元;(3)驳回原告钜泉公司的其余诉讼请求。一审案件受理费人民币111,800元,保全费人民币5000元,鉴定费人民币209,174元,合计人民币325,974元,由原告钜泉公司负担人民币43,975元,被告锐能微公司负担人民币281,999元。

二审法院判决如下:上诉人钜泉公司、上诉人锐能微公司的上诉请求与理由均缺乏事实和法律依据,应予驳回。判决驳回上诉,维持原判。本案二审案件受理费人民币92,600元,鉴定人员出庭费用人民币20,775元,共计人民币113,375元,由上诉人钜泉光电科技(上海)股份有限公司负担人民币78,987.50元,上诉人深圳市锐能微科技有限公司负担人民币34,387.50元。

案例解析

本案是一个典型的集成电路布图设计专有权侵权纠纷,作为上海首例集成电路布图设计纠纷案,本案从专业的角度完整、细致地诠释了集成电路布图设计专有权侵权判断的具体标准,具有集成电路布图设计保护的典型意义,对于电子行业的其他类似案件具有高度指导意义。

此类案件判断侵权行为是否成立的基础在于判断涉案布图设计是否相同或实质性相似。因此,本案涉及的焦点法律问题在于,如何判断涉案布图设计是否相同或实质性相似,以及判断是否构成侵权行为及其赔偿数额。

(1)如何判断涉案布图设计是否构成相同或实质性相似

针对布图设计进行鉴定时,在明确鉴定机构和鉴定人员资质合法、鉴定程序合法的基础上,应当依据《集成电路布图设计保护条例》所确定的保护标准去进行比对。即比对是在双方集成电路布图设计的相似部分之间进行,而不是去比较两个完整的布图设计。在集成电路布图设计中,任何具有独创性的布图设计的相同或者实质性相似与整个芯片的布图设计相同或者实质性相似是两个概念,不能因原、被告芯片整体布图设计的不相同或者不实质性相似而否定涉案两个具体布图设计相同或者实质性相似的事实。

具体针对本案的案情而言:第一,由于集成电路布图设计的创新空间有限,在布图设计侵权判定中对于两个布图设计构成相同或者实质性相似的认定应采用较为严格的标准，然而被诉侵权芯片的相应布图设计仍与钜泉布图设计中的“数字地轨与模拟地轨衔接的布图”和“独立升压器电路布图”构成实质性相似。第二，锐能微公司在本案中提交的证据材料不足以证明钜泉布图设计中的“数字地轨与模拟地轨衔接的布图”和“独立升压器电路布图”是常规设计。因此，可以判断涉案布图设计确实构成实质性相似。

(2)如何判断被告是否构成侵权行为及其赔偿数额

《集成电路布图设计保护条例》第30条对于侵犯集成电路布图设计专有权的侵权行为及赔偿责任作出如下规定：“除本条例另有规定的外，未经布图设计权利人许可，有下列行为之一的，行为人必须立即停止侵权行为，并承担赔偿责任：(一)复制受保护的布图设计的全部或者其中任何具有独创性的部分的；(二)为商业目的进口、销售或者以其他方式提供受保护的布图设计、含有该布图设计的集成电路或者含有该集成电路的物品的。侵犯布图设计专有权的赔偿数额，为侵权人所获得的利益或者被侵权人所受到的损失，包括被侵权人为制止侵权行为所支付的合理开支。”

《集成电路布图设计保护条例》也对于可以不经布图设计权利人许可也不向其支付报酬使用布图设计的几种特殊情形进行了规定。其中，第23条规定，下列行为可以不经布图设计权利人许可，不向其支付报酬：为个人目的或者单纯为评价、分析、研究、教学等目的而复制受保护的布图设计的；在依据前项评价、分析受保护的布图设计的基础上，创作出具有独创性的布图设计的；对自己独立创作的与他人相同的布图设计进行复制或者将其投入商业利用的。以及该《条例》第24条规定，受保护的布图设计、含有该布图设计的集成电路或者含有该集成电路的物品，由布图设计权利人或者经其许可投放市场后，他人再次商业利用的，可以不经布图设计权利人许可，并不向其支付报酬。

具体针对本案的案情而言，在确定涉案布图设计构成实质性相似的前提下：其一，受保护的布图设计中任何具有独创性的部分均受法律保护，而不论其在整个布图设计中的大小或者所起的作用；锐能微公司对钜泉布图设计进行部分复制，既不是为个人目的，亦不是单纯为评价、分析、研究、教学等目的，而是为了研制新的集成电路以进行商业利用；锐能微公司认可其接触了钜泉布图设计，而非通过反向工程获得，故无论被诉侵权芯片的布图设计是否具有独创性，锐能微公司的行为均不适用《集成电路布图设计保护条例》第23条第2项的规定，已经侵犯了钜泉布图设计专有权。其二，考虑被确认侵权的两部分布图设计在被诉侵权芯片中所起的作用确非核心和主要作用且所占的布图面积确实较小，以及锐能微公司通过直接复制钜泉公司相应布图设计所节约的研发投入和缩短的研发时间，酌情判决锐能微公司赔偿钜泉公司包括合理支出在内的经济损失人民币3,200,000万元。

本案启示

本案是一起十分典型的集成电路布图设计侵权纠纷。本案被告主张，集成电路布图设计侵权判断标准应有相似度的概念，一项集成电路布图设计在没有自身独创设计的前提下，完全抄袭他人布图设计或与他人布图设计构成实质性相似的，才构成对他人集成电路布图设计专有权的侵害。二审法院认为，根据《集成电路布图设计保护条例》的规定，未经权利人许可，复制权利人受保护的布图设计的任何具有独创性的部分，均构成侵权。

该侵权判断标准强化了对于集成电路布图设计创新的激励。同时，本案对于侵权判断中"实质性相似"采用严格的认定标准。本案判决意在平衡权利人与竞争者之间的利益，促进集成电路布图设计行业健康发展。

本章常用法律法规索引

1.《中华人民共和国商标法》
2.《中华人民共和国著作权法》
3.《中华人民共和国反不正当竞争法》
4.《中华人民共和国专利法》
5.《中华人民共和国著作权法实施条例》
6.《中华人民共和国商标法实施条例》
7.《中华人民共和国专利法实施细则》

第五章

文化创意企业劳动用工法律实务

第一节　文化创意企业劳动用工法律实务概述

一、企业劳动用工一般规定

文化创意产业用工虽然有其独特性(下文会详细述及),仍受《劳动法》与《劳动合同法》相关法律法规的调整。现根据法律法规常识与实践经验,将文化创意企业劳动用工所需的一般性规定作如下概述。

(一)招聘与入职

公司的所有问题都是人的问题。要解决公司的问题,就必须根据公司需要为公司招聘录用新员工,并把合适的新员工放到公司最需要的地方去。这是所有公司及公司人力资源部门优先考虑的关键战略,也是落实公司人才战略的第一步。

1. 招聘

实践中,人事管理人员往往通过招聘网站、社交软件、熟人介绍等方式招聘新的员工。在发布招聘信息时,需要人事管理人员注意明确公司录用条件,避免言辞歧视。

(1)避免使用歧视性语言

根据《就业服务与就业管理规定》第 20 条的规定,用人单位发布的招用人员简章或招聘广告,不得包含歧视性内容。根据实践中的情况,用人单位发布的招聘信息里包括“仅录用男性员工、乙肝病毒携带者不予录用、身高需超过 170cm”等限制性条件,违反了我国的法律规定。如当事人向有关机构举报,行政机关应当予以处罚,该类用人单位亦有赔偿当事人因此而受到的损失的义务。

(2)制定完善的录用条件与岗位说明书

录用条件与岗位职责是证明劳动者能否胜任工作的书面条件,针对岗位的不同,用人单位一般均会设定不同的岗位职责。根据法律的规定,在试用期内,如果劳动者不胜任本职工作,用人单位可以解除并不支付经济补偿金。如果劳动者转正之后被证明不胜任工作的，用人单位可以培训或调整该劳动者的工作岗位，培训或调岗后，仍然不能胜任工作的，用人单位提前30日以书面形式通知劳动者本人或者额外支付劳动者一个月工资后，可以解除劳动合同。[1]

(3)谨慎发放入职通知书

入职通知书作为企业告知应聘者被录用的一种方式，虽不是劳动合同，但仍具有法律效力，不可以随便撤销。因为在应聘者对入职通知书给予正面回应的情况下，用人单位与应聘者就形成了民事合同关系，用人单位此时反悔，将要承担民法上的违约责任。

当被录用者提出信赖利益损害赔偿请求时，可以主张损失的赔偿范围包括但不限于以下几种：(1)主要的经济损失。一般为被录用者自原单位离职后应得的工资收入损失、经济补偿金等。(2)其他损失。一般为劳动合同磋商过程中发生的邮寄费、交通费、体检费等费用。(3)机会损失。一般为被录用者因此而放弃其他就业机会所带来的损失。

2. 背景调查

用人单位应完善招聘录用环节的资料审核和背景审查工作。实践中，确有少数人心存不良目的，伪造虚假的身份、虚假的学历、虚假的经历等入职的情况，情节严重的甚至会造成公司重大损失，而单位往往因举证不能而无法追究他们的责任。因此，对于重要岗位和一定级别的员工，应严格审查其入职资料，并作好必要的背景调查工作，以避免用人风险。

用人单位应完善招聘录用环节入职表格等材料的填写工作。在招聘录用环节，用人单位应完善入职表格，详尽列明与入职者相关的各项信息，主要包括工作经历及证明人、联系方式等信息，避免少数人蒙混过关。此外，建议在入职材料中明确写明“以上信息如有虚假，用人单位可立即解除与劳动者的劳动合同并不予支付经济补偿金”等内容，以震慑抱有不良目的的劳动者。

(1)背景调查的内容

实践中，用人单位在招聘新员工时均会核实调查应聘人员的个人基本信息、学历、工作经历、声誉及信用等相关信息，以全面、客观了解应聘人员的专业

---

〔1〕《劳动合同法》第39~40条。

技能及个人品质。一般来说，该等调查针对以下方面进行：①个人基本信息，其中包括年龄、性别、身高、健康状况、住址等；②家庭信息，包括家庭成员资料等；③学历及受教育经历；④工作经历、职业资质相关信息；⑤犯罪记录；⑥信用记录；⑦与原用人单位劳动关系相关的信息，包括但不限于在前一用人单位的工作表现、是否已解除或终止劳动关系及是否存在竞业限制协议等。

（2）特殊行业的聘用前背景调查

除了某些特殊职位（一般指的是高管）对于应聘者有法律规定的特殊限制外，某些特定行业对于从业人员也有法律所规定的限制。

例如，我国《证券法》第 109 条规定，因违法行为或者违纪行为被开除的证券交易所、证券登记结算机构、证券服务机构、证券公司的从业人员和被开除的国家机关工作人员，不得招聘为证券公司的从业人员。

因此，这类行业的用人单位在录用人员时有必要对应聘人员进行这一层面上的背景调查。

（3）发现劳动者存在在先合同的处理

文化创意企业大多依靠着劳动者的创意经营，因此商业秘密成了文化创意企业较为关心的问题，出现了在先合同的劳动者，对于文化创意企业来说也是极为头疼的事情。现行法律规定对双重劳动关系规定并不明确。依据《劳动合同法》第 39 条第 4 项规定可知，法律在一定范围内允许员工建立双重劳动关系。依据《劳动合同法》相关规定，用人单位在处理员工的双重劳动关系时应当注意如下事项：

①员工同时与其他用人单位建立劳动关系，对完成本单位的工作任务没有影响，或者虽有一定影响，但用人单位未要求改正的，员工与其他用人单位建立的劳动关系可以合法存在。

②员工与其他用人单位建立劳动关系，后订立的劳动合同不得影响先订立的劳动合同的履行。

③员工同时与其他用人单位建立劳动关系，对完成本单位的工作任务造成严重影响，或者经用人单位提出，拒不改正的，用人单位可以解除劳动合同。

④员工同时与其他单位建立劳动关系，对用人单位造成损害的，其他单位应当承担连带赔偿责任。同理，用人单位招用其他单位的在职员工的，对于其

他单位因此遭受的损失,用人单位承担连带赔偿责任;用人单位招用与其他用人单位尚未解除或者终止劳动合同的员工,给其他用人单位造成损失的,应当承担连带赔偿责任。实务中,此类损失通常包括:第一,其他用人单位为招收录用员工而支付的费用;第二,其他用人单位为员工支付的培训费用;第三,对其他用人单位生产、经营和工作造成的直接经济损失。

3. 入职

(1)入职审查

一般情况下,应聘者按照入职通知书约定日期带齐入职材料到公司报到,在签订劳动合同之前,人事管理人员都会对其入职材料进行审核。入职材料包括身份证明、港澳居民须提供《港澳居民来往内地通行证》,台湾居民须提供《台湾居民来往大陆通行证》,外籍人员提供工作签证、解除劳动关系证明、体检报告、学历学位证明、资格认证证明、入职登记表等材料。

身份证、户口簿、来往大陆通行证、工作签证等可以有效证明应聘者年龄及合法身份,公司需要据此确定合法用工,避免劳动风险。解除劳动关系证明,可以避免因重复用工带来的法律风险和经济损失,在审核解除劳动关系的证明文件时,还应特别注意应聘者是否与原公司存在未执行完毕的保密协议或竞业限制协议。

(2)及时签订劳动合同及其他相关附件

在应聘者入职材料审核通过后,人事管理人员需要预期签署劳动合同、岗位合同、保密协议等材料,应聘者与公司以此建立劳动关系、明确双方权利义务。所签署的合同、协议等一律一式两份,一份企业留存,另一份员工本人留存,并需要员工本人在劳动合同签收表上签字。

根据《劳动合同法》第 10 条、第 14 条与第 82 条规定,未订立书面合同的用人单位将承担相应法律责任。用人单位与员工建立劳动关系(或自实际用工)后未及时与员工签订书面劳动合同的,将面临的法律风险如下:

①自用工之日起满 1 个月的次日至满 1 年的前 1 日,向相关员工每月支付两倍的工资。

②自用工之日起满 1 年未与相关员工订立书面劳动合同的,视为自用工之日起满 1 年的当日已经与相关员工订立了无固定期限劳动合同。

当劳动者因某些原因不予公司签订劳动合同时，依据《劳动合同法实施条例》第5条，员工不签订劳动合同的，用人单位应当按照如下方式处理：

①书面通知员工签订劳动合同。

②经用人单位书面通知，员工依然不与用人单位订立书面劳动合同的，用人单位应当书面通知劳动者终止劳动关系。此种情形下，无须支付经济补偿金。

(3)入职培训

入职培训可以使员工尽快地适应工作岗位。研究发现，新员工在刚到企业的一个过渡期内（通常是三个月到半年）将会依自己对企业的感受和评价来选择自己如何表现，决定自己是要在公司里谋发展还是将其作为跳板。对于员工的培训，可以适时地打破新员工对于企业的顾虑和猜疑，在提升员工工作技能的同时也加深其对于企业文化和工作环境的了解，使员工更好更快地适应工作岗位。

(二)劳动合同管理

1. 劳动合同条款

(1)必备条款

必备条款包括：①用人单位的名称、住所和法定代表人或者主要负责人；②劳动者的姓名、住址和居民身份证或者其他有效身份证件号码；③劳动合同期限；④工作内容和工作地点；⑤工作时间和休息休假；⑥劳动报酬；⑦社会保险；⑧劳动保护、劳动条件和职业危害防护；⑨法律、法规规定应当纳入劳动合同的其他事项。

需要人事管理人员了解的是，缺少了劳动合同的必备条款，并不会导致劳动合同的无效。依据《劳动合同法》第81条的规定，应当由劳动行政部门责令改正；给员工造成损害的，应当承担赔偿责任。

(2)约定条款

①试用期

目前，社会用工过程中，滥用试用期侵犯劳动者的现象极其普遍。比如，试用期合同、多次约定试用期、超过上限等。实质上，试用期的期限应根据劳动合同期限而确定，试用期包含在劳动合同期限内。劳动合同仅约定试用期的，试用期不成立，该期限为劳动合同期限。另外，用人单位对劳动者不能反复约定试用期。

《劳动合同法》第 19 条第 1 款规定："劳动合同期限三个月以上不满一年的，试用期不得超过一个月；劳动合同期限一年以上不满三年的，试用期不得超过二个月；三年以上固定期限和无固定期限的劳动合同，试用期不得超过六个月。"因此，用人单位在与劳动者约定试用期时应当符合法律规定，如果超过法律规定的上限，则视为正式转正。

同时，根据该条第 3 款的规定："以完成一定工作任务为期限的劳动合同或者劳动合同期限不满三个月的，不得约定试用期。"

②违约金

根据《劳动合同法》第 25 条的规定，员工承担的违约金情形仅限于员工违反竞业限制义务的违约金以及违反培训协议的违约金，而用人单位承担的违约金情形不受法律限制。

2. 劳动合同的变更

劳动合同的变更是指在劳动合同开始履行但尚未完全履行之前，因订立劳动合同的主客观条件发生了变化，当事人依照法律规定的条件和程序，协商一致或者依照法律规定对原合同中的某些条款修改、补充的法律行为。

(1)劳动合同变更应采用书面形式

《劳动合同法》第 35 条规定，变更劳动合同，应当采用书面形式。变更后的劳动合同文本由用人单位和劳动者各执一份。

但是，最高人民法院《关于审理劳动争议案件适用法律若干问题的解释(四)》第 11 条规定："变更劳动合同未采用书面形式，但已经实际履行了口头变更的劳动合同超过一个月，且变更后的劳动合同内容不违反法律、行政法规、国家政策以及公序良俗，当事人以未采用书面形式为由主张劳动合同变更无效的，人民法院不予支持。"也就是说，劳动合同也可以采用事实行为的变更方式。

(2)以协商一致为原则

按照《劳动合同法》第 35 条的规定，用人单位与劳动者协商一致，可以变更劳动合同约定的内容。变更劳动合同，应当采用书面形式。从该条规定可以看出，劳动合同变更的前提条件是劳动合同双方经过协商达成一致意见，如果双方没有经过协商或者经过协商没有达成一致意见，都不得随意变更劳动合同内容。

在某些特定情形下,用人单位依据法定的理由可以单方变更劳动合同。依据《劳动合同法》第 40 条规定,用人单位可以单方变更劳动合同相应条款,并无须承担违约责任:①劳动者患病或者非因工负伤,在规定的医疗期满后,不能从事原工作,用人单位可以调整其工作岗位,并可以按照内部规章制度确定的“岗变薪变”原则,调整其工资;②劳动者被证明不能胜任工作,用人单位可以对其进行培训或调整其工作岗位,并可以按照内部规章制度确定的“岗变薪变”原则,调整其工资;③劳动合同订立时所依据的客观情况发生重大变化,致使原劳动合同无法履行,用人单位可以向劳动者提出变更劳动合同。

3. 劳动合同变更的例外

在劳动合同的履行过程中,如果劳动合同主体以及劳动合同的具体内容发生了变更,则应当及时签订变更协议。而《劳动合同法》第 33 条与第 34 条规定:“用人单位变更名称、法定代表人、主要负责人或者投资人等事项,不影响劳动合同的履行。用人单位发生合并或者分立等情况,原劳动合同继续有效,劳动合同由承继其权利和义务的用人单位继续履行。”因此,在用人单位发生变更名称、法定代表人、主要负责人或者投资人、合并或者分立的情形下,劳动合同不视为发生变更。

4. 劳动合同的续签

劳动合同的续订是指劳动合同期满后,当事人双方经协商达成协议,继续签订与原劳动合同内容相同或者不同的劳动合同的法律行为。双方经协商一致后可以续签有固定期限劳动合同、无固定期限劳动合同和以完成一定的工作为期限的劳动合同。用人单位应当建立劳动合同档案,设定劳动合同到期提醒制度。

5. 劳动合同的解除与终止

(1)劳动合同的解除情形

①协商一致解除

只要用人单位与劳动者解除劳动合同的意思表示一致(协商一致),双方就可以解除劳动合同。值得注意的是,用人单位提出解除劳动合同的,用人单位应向劳动者支付解除劳动合同的经济补偿金。

②劳动者的单方解除

当具备法律规定的条件时，劳动者享有单方解除权，无须双方协商达成一致意见，也无须征得用人单位的同意。

一般情况下，处在试用期的劳动者可以提前3日向用人单位书面提出解除劳动合同，转正之后，劳动者可以提前30日向用人单位书面提出解除劳动合同。若用人单位有下列情形之一的，劳动者可以解除劳动合同：未按照劳动合同约定提供劳动保护或者劳动条件的；未及时足额支付劳动报酬的；未依法为劳动者缴纳社会保险费的；用人单位的规章制度违反法律、法规的规定，损害劳动者权益的；因以欺诈、胁迫的手段或者乘人之危，使对方在违背真实意思的情况下订立或者变更劳动合同而致使劳动合同无效的；法律、行政法规规定劳动者可以解除劳动合同的其他情形。

但用人单位以暴力、威胁或者非法限制人身自由的手段强迫劳动者劳动的，或者用人单位违章指挥、强令冒险作业危及劳动者人身安全的，劳动者可以立即解除劳动合同，不需事先告知用人单位。

③用人单位的单方解除

第一，非过错性辞退。非过错性辞退是指存在非因用人单位与劳动者的主观原因，致使劳动合同无法继续履行的，解除劳动合同的情形。根据《劳动合同法》第40条的规定，有下列情形之一的，用人单位提前30日以书面形式通知劳动者本人或者额外支付劳动者1个月工资后，可以解除劳动合同：劳动者患病或者非因工负伤，在规定的医疗期满后不能从事原工作，也不能从事由用人单位另行安排的工作的；劳动者不能胜任工作，经过培训或者调整工作岗位，仍不能胜任工作的；劳动合同订立时所依据的客观情况发生重大变化，致使劳动合同无法履行，经用人单位与劳动者协商，未能就变更劳动合同内容达成协议的。

第二，过错性辞退。过错性辞退是指在劳动者存在严重违反用人单位规章制度，或存在其他严重损害用人单位合同利益的情形下，用人单位有权单方随时通知劳动者解除劳动合同。根据《劳动合同法》第39条的规定，过错性辞退的情形包括：在试用期间被证明不符合录用条件的；严重违反用人单位的规章制度的；严重失职，营私舞弊，给用人单位造成重大损害的；劳动者同时与其他用人单位建立劳动关系，对完成本单位的工作任务造成严重影响，或者经用人单位提出,拒不改正的;以欺诈、胁迫的手段或者乘人之危,使对方在违背真实意思的情况下订立或者变更劳动合同,致使劳动合同无效的;被依法追究刑事责任的。

(2)劳动合同终止的情形

根据《劳动合同法》第44条的规定,劳动合同终止的情形包括:①劳动合同期满的;②劳动者已开始依法享受基本养老保险待遇的;③劳动者死亡,或者被人民法院宣告死亡或者宣告失踪的;④用人单位被依法宣告破产的;⑤用人单位被吊销营业执照、责令关闭、撤销或者用人单位决定提前解散的;⑥有法律、行政法规规定的其他情形的。

(3)劳动合同终止或者解除之后用人单位的义务

根据《劳动合同法》第46条和第50条的规定,劳动合同终止或者解除之后用人单位的义务包括:①依法开具离职证明,证明双方劳动关系不再存续;②15日内为劳动者办理人事档案和社会保险关系转移手续;③保存相关文件至少两年备查,包括劳动合同、工资支付记录等;④依照法律规定需要支付经济补偿金的情形时,应当依法支付经济补偿金。

(三)规章制度的制定与操作

实践中,部分企业由于规章制度不健全、内容不合法、制定程序瑕疵,往往经仲裁机构或法院认定为无效,使用人单位在劳动争议案件中处于非常被动和尴尬的地位。如规章制度有效,则需内容合法、经过民主程序与公示告知。

1. 用人单位制定的规章制度内容应当合法

内容合法就是指用人单位的规章制度其内容应符合《劳动法》、《劳动合同法》及相关的法律法规,不能与法律法规相抵触,相抵触的部分是无效的。

2. 用人单位制定的规章制度应当经过民主程序

凡是涉及劳动者自身利益或劳动者权利义务的规章制度都要进行民主程序。例如:劳动报酬(薪酬制度)、工作时间(考勤制度)、休息休假(休假制度)、劳动安全卫生(劳动安全制度)、保险福利(福利制度)、职工培训(培训制度)、劳动纪律(奖惩制度)、绩效考核(绩效制度)。

3. 用人单位制定的规章制度应当提前公示告知

根据《劳动合同法》以及相关规定,用人单位制定的规章制度应当提前告知劳动者，如劳动者不知悉，则对劳动者本人不生效。以下几个公示方法可供参考：

(1)员工手册发放（“公司管理制度/员工手册共×页，本人已阅并知悉。员工签名、日期”）。

(2)内部培训法。注意一定要包含以下内容：培训时间、地点、参会人员、培训内容、与会人员签到情况。

(3)考试法（建议开卷）。例如：将员工对于企业规章制度的了解情况作为考核项目，定期或者不定期考核员工对规章制度的了解情况，记录规章制度考核结果并让员工签字确认，保留规章制度的试卷，以此证明员工对相关制度已知。

(4)传阅法。例如：将规章制度以手册形式发给员工，交由员工阅读，并且在阅读后签字确认。“公司管理制度共×页，本人已阅并知悉。员工签名、日期”，用人单位应保留规章制度的发放证据。

(5)入职登记表声明条款。员工入职时，公司会为员工准备一些工作需要的资料或者劳动工具，与这些资料和劳动工具同时交付给员工的，就有企业规章制度手册（需要单独列明），同时，要求员工签字确认收到。“公司管理制度共×页，本人已阅并知悉。员工签名、日期”这一种做法，既有充分的证据证明公司已向员工进行了公示，同时也便于员工在入职之时就了解企业的规章制度，迅速地了解企业的文化以及工作流程。

(四)社会保险

社会保险，是法律明确规定用工企业必须依法缴纳，由政府主管部门提供的社会性保险，这种保险简称“社保”。我国2011年7月1日的《社会保险法》明确规定，国家建立基本养老保险、基本医疗保险、工伤保险、失业保险、生育保险等社会保险制度，用人单位应依法为劳动者办理社会保险。

用人单位为员工办理社会保险，并按时足额缴纳社会保险是用人单位的法定义务，不能通过与员工的约定予以免除。在实践中，存在很多单位采取由员工书写书面材料免除单位缴纳社保的做法并不合法。如果用人单位没有依法为劳动者缴纳社保，用人单位可能承担支付离职劳动者经济补偿金的风险与支付本应由劳动者享受的保险待遇的风险。

然而,2014年的5月,北京市高级人民法院、北京市劳动争议仲裁委员会《关于劳动争议案件法律适用问题研讨会会议纪要(二)》,提出了如果是属于停工留薪人员、未达到法定退休年龄的人员、下岗待岗人员、企业经济性停产人员,现用人单位因客观原因无法缴纳社保,劳动者不得要求用工单位解除劳动合同并支付经济补偿金。

1. 养老保险

养老保险是国家和社会根据一定的法律和法规,为解决劳动者在达到国家规定的解除劳动义务的劳动年龄界限,或因年老丧失劳动能力退出劳动岗位后的基本生活而建立的一种社会保险制度。

基本养老保险费由企业和职工个人共同负担:企业按本企业职工上年度月平均工资总额的20%缴纳(部分省市略有调整),职工个人按本人上年度月平均工资收入的8%缴纳;城镇个体工商户、灵活就业人员和国有企业下岗职工以个人身份参加基本养老保险的,以所在省上年度社会平均工资为缴费基数,按20%的比例缴纳基本养老保险费,全部由自己负担。

2. 医疗保险

医疗保险指通过国家立法,按照强制性社会保险原则,基本医疗保险费应由用人单位和职工个人按时足额缴纳。不按时足额缴纳的,不计入个人账户,基本医疗保险统筹基金不予支付其医疗费用。

3. 失业保险

失业保险,是指国家通过立法强制实行的,由社会集中建立基金,对因失业而暂时中断收入来源的劳动者提供物质帮助的制度。

4. 工伤保险

工伤保险,是指劳动者在工作中或在法定的特殊情况下(视为工伤的情形),遭受意外伤害或患职业病导致暂时或永久丧失劳动能力以及死亡时,劳动者或其近亲属从国家和社会获得物质帮助的一种社会保险制度。

5. 生育保险

生育保险是通过国家立法规定,在劳动者因生育子女而导致劳动力暂时中断时,由国家和社会及时给予物质帮助的一项社会保险制度。我国生育保险待遇主要包括两项。一是生育津贴,二是生育医疗待遇。其宗旨在于通过向职业妇女提供生育津贴、医疗服务和产假，帮助他们恢复劳动能力，重返工作岗位。[1]

二、与文化创意企业相关的法律规定及政策性规定

进入21世纪以来，文化创意产业的兴起与发展成为世界经济中最引人注目的焦点之一。文化创意产业是一个朝阳产业，它的发展对于提升区域竞争乃至提高国民经济发挥着重要的作用。任何一个产业的发展都需要高素质的人才，文化创意产业也不例外。文化创意产业的发展离不开人力资源支撑，如何进行文化创意产业人力资源的开发管理，为我国文化创意产业发展提供合格的高级专门人才，是摆在我国文化创意产业界面前的重大课题。

文化创意产业人力资源，是指文化创意产业这一特殊领域的拥有知识、技能和创新能力的综合劳动主体，能够运用自己的创作技能和手段把特有的表达内容和信息转换、复制、浓缩到新的文化产品中去的人才集合。[2]

（一）服务期

所谓服务期，是指劳动者因接受用人单位提供的特殊待遇而承诺必须为用人单位服务的期限。规定服务期主要是出于保护用人单位权益的目的，避免劳动者在享受了用人单位提供的特殊待遇之后任意离职。

《劳动合同法》第22条明确规定了服务期。用人单位为劳动者提供专项培训费用，对其进行专业技术培训的，可以与该劳动者订立协议，约定服务期。劳动者违反服务期约定的，应当按照约定向用人单位支付违约金。违约金的数额不得超过用人单位提供的培训费用。用人单位要求劳动者支付的违约金不得超过服务期尚未履行部分所应分摊的培训费用。可见，违约金的上限主要分以下两种情况：

(1)服务期尚未开始的，违约金的上限应当是用人单位提供培训的费用。

(2)服务期已经开始的，违约金的上限应当是服务期尚未履行部分所承担

---

〔1〕 来源于 http://baike.baidu.com/link? url = n_Uz6Kvcy_iQYtehnXZQt84F8wcu_QcLwvLEJY-pOWDybD - XdrJtPQ0YxviHlyvTudQGyqX3qXBYT8ZrWot6ZCK，2015年11月4日访问。

〔2〕 庄军、左敏："试论文化产业人力资源的开发管理"，载《山东经济》2006年第11期。

比例的培训费用。

很多文化创意企业需要核心的技术人员与艺术创作人员，为了符合最新潮流的技术与时尚趋势，大多数文化创意企业会用较多的资金培养一批公司核心人员。然而，如果这些人员在培养之后离职，企业会遭受经济损失，包括为了培养人员而支付的资金以及人员离开之后企业需要招聘其他人员的招聘成本。因此，这类企业应当谨慎与劳动者签署服务期协议。

（二）商业秘密与竞业限制

文化创意企业中涉及艺术创意、技术秘密等核心商业秘密，对于一些离职人员应当签署商业秘密与竞业限制。用人单位应当制定要求员工保守单位商业秘密的内部规章制度。这是用人单位保护自身商业秘密的重要措施。这里所说的规章制度应当主要包括用人单位拟保护的商业秘密范围、种类、密级、保密期限、保密方式以及泄密后的法律责任等。比如，登记制度、文件和档案保密管理制度、隔离制度等。另外，用人单位也应该建立商业秘密侵权索赔机制。

《劳动合同法》第 23 条与第 24 条明确规定，对负有保守用人单位商业秘密义务的劳动者，用人单位可以在劳动合同或者保密协议中与劳动者约定竞业限制条款，并约定在解除或者终止劳动合同后，在竞业限制期限内按月给予劳动者经济补偿。劳动者违反竞业限制约定的，应当按照约定向用人单位支付违约金。

竞业限制的人员限于用人单位的高级管理人员、高级技术人员和其他负有保密义务的人员。竞业限制的范围、地域、期限由用人单位与劳动者约定，竞业限制的约定不得违反法律、法规的规定。在解除或者终止劳动合同后，此类人员到与本单位生产或者经营同类产品、从事同类业务的有竞争关系的其他用人单位，或者自己开业生产或者经营同类产品、从事同类业务的竞业限制期限，不得超过 2 年。

（三）政策性规定

厉无畏教授将文化创意产业人才定义为掌握有较高水平的知识，具有很强的创新能力，能够运用自己的创作技能和手段把特有的表达内容和信息转换、复制、浓缩到新的文化创意产品（服务）中去，并且能够推动该产品（服务）的生产、流通和经营的人才集合体。[1]

创造性、开放性和集中性是文化创意产业的重要特征。其中创造性是文化创意产业的首要特征，其主要表现为通过源源不断的创意实现自我价值。他们很难满足于一成不变的常规性的事务性工作，渴望接受富有挑战、创造的工作和任务。对于创意工作者来讲，创意成果带来的精神激励远远大于物质激励；开放性特征主要表现在相关文化产业领域知识及眼界的融合、消化以及创造。他们善于接受适用新鲜事物，能够捕捉工作以及生活中的创意灵感，他们在诸如科技、文化、宗教、环境、休闲等问题上的态度通常也比较开放，善于接纳新鲜事物；集中性主要表现在文化创意工作的城市或区域的集中性。

由于文化创意工作者具有不可替代性使文化创意工作者的工作不同于其他机械的可替代的工作，更有独特性。另外，文化创意工作者的工作比其他工作的自由度也高很多，创意工作者通过他们的思维创新来创造价值。

1. 文化创意企业人力资源管理现状

2000 年 10 月，在党的十五届五中全会通过的《中共中央关于制定国民经济和社会发展第十个五年计划的建议》中，“文化产业”概念第一次在中央正式文件中提出。随后，党的十六大报告又明确指出：“发展文化产业是市场经济条件下繁荣社会主义文化、满足人民群众精神文化需求的重要途径。”“十二五”以来特别是党的十八大以来，党中央国务院高度重视文化建设，作出了一系列重大决策部署。十八大从实现“两个一百年”奋斗目标的高度，提出建设社会主义文化强国的战略任务。党的十八届三中全会将深化文化体制改革作为全面深化改革的一个重要方面作出部署。党的十八届四中全会将文化法治建设作为全面依法治国的重要方面作出部署。特别是习近平总书记多次就文化建设作出重要讲话，为社会主义文化建设指明了方向，大大提高了全党全社会对社会主义文化建设的认识。根据国家统计局公布的数据显示，2015 年全国文化及相关产业增加值为人民币 27,235 亿元，比上年增长 11%，占 GDP 比重 3.97%。

北京作为全国的政治、文化中心和国际化大都市，发挥自身优势大力发展文化创意产业具有重要的意义。2015 年北京出台了《北京市关于推进文化创意

[1] 厉无畏：“关于我国文化创意产业发展的思考”，载《光明日报》2009 年 11 月 23 日。

和设计服务与相关产业融合发展行动计划(2015～2020年)》,该行动计划以“市场主导,政府推动;文化传承,科技支撑;创意引领,创新驱动”为基本原则,旨在培育一批文化创意和设计服务领军人才、形成一批富于特色和影响力的文化创意和设计服务品牌、建成一批要素齐全、彼此渗透、相互支撑的产业融合示范区,使文化创意和设计服务成为首都经济持续健康发展的新引擎。该行动计划在推进文化创意企业和培育文化创意方面的人才具有非常重要的意义。北京市委书记郭金龙提出:“北京是一个充满生机和活力的现代化的国际城市,服务业也是北京的主导产业,服务贸易呈现出快速发展的态势。北京将进一步深化改革开放,全力实施创新驱动的发展战略,大力发展高新技术产业、生产性服务性和文化创意产业,努力打造北京服务的品牌,提升服务贸易的质量和发展水平”。按照新发布实施的《北京市文化创意及相关产业分类》核算,2015年全市规模以上文创法人单位实现收入13,451.3亿元,同比增长14%;实现增加值3179.3亿元,占GDP比重达13.8%;从业人员122.3万人,同比增长6.2%。可以说,在整体经济发展进入新常态,“增速换挡”的形势下,北京市的文化创意产业逆势上扬,表现出较强的抗衰性。

人力资源将在文化创意产业的发展过程中起着决定性的作用。影响产业发展的因素有很多,文化创意产业的发展在获得更多国家政策支持的同时,尤其要注意产业人力资源的作用,人力资源作为推动产业发展最重要的因素,将在文化创意产业发展过程中起着决定性的作用。重视和发展文化创意产业人力资源,促进文化创意产业人力资源的开发和提升,已经成为社会和业界关注的热点,现阶段文化创意产业的人力资源是否能够切实支撑产业下一步的快速发展,如何优化产业人力资源的配置、促进产业人力资源提升就成为发展的关键。

随着我国社会、文化的繁荣发展,文化创意企业的数量不断膨胀,而由此带来的文化创意人力资源的管理问题也日趋严重,主要反映在以下几个方面:

(1)数量不足、结构不合理

在文化创意产业从业人员中,由于对创新、专业等要求甚高,但国家又缺少与其相适应的培养人才的机制,因此文化创意产业人才供给严重不足。文化创意产业不仅在数量上严重缺少,而且结构上也体现为严重的不平衡。

文化创意产业人才结构性短缺问题主要体现在以下几个方面:

①缺少高端原创型人才

在文化创意产业中虽然对创新性、新颖性、独特性的要求很高，但是在中国的文化创意产业中大部分工作人员仍停留在复制或模仿阶段，缺少创新与原创，这就导致中国社会缺少原创产品及相关品牌与企业，企业核心竞争力不足。

②缺少管理人才

由于文化创意产业工作具有较强的独立性与自由性，导致工作过程难以监督，这就给文化创意产业人才管理方式造成了巨大的困难，这也导致了社会上从事文化创意人力资源方面的人才紧缺。

③缺少经营人才

若想发展文化创意产业，需要将创意内容与市场化的经营人才结合起来，但是，在实践中懂得创意的往往不懂经营，懂得经营的往往不懂创意，导致两者不能很好地结合起来。

(2)人才开发途径不完善

目前，我国创意人才的开发途径主要是学历教育和在职培训。从学历教育来看，大专院校虽然设有美术、广告、影视、艺术等相关专业，但由于创意产业刚刚起步，创意理念刚刚被人重视，传统的人才培养方式很难激发人们的创新理念与创意意识，这就导致培养出的学生普遍缺少创意，仍停留在简单的复制或模仿的阶段。

对于某些新兴的创意产业，如游戏、动漫等，设有该类专业的高校还不多。创意能力的培养需要有创意的教育模式，如果以应试教育为目标的教育模式不改变，纵有各种创意专业和院校，也无力解决创意人才的短缺。

(3)薪酬体系不健全

由于传统产业的绩效考核体系一般只看重结果，导致企业没有长远眼光，只注重眼前的短期行为，使企业无法产出代表企业核心竞争力的创意产品。文化创意产业工作人员一般通过自己的创意、设计、分析等给产品带来附加值，所以他们的工作业绩较难衡量、工作时间无法评估，这也就造成了文化创意工作者的绩效考核不可能完全沿袭传统的考核体系和薪酬体系。

2. 文化创意产业人力资源现有政策

就我国现有的法律、法规、政策而言，没有一部完完全全的梳理文化创意产业人力资源的专门的法律、法规或者政策,基本上是一点点的渗透在其他的政策里面。因此,如果出现文化创意产业工作者的劳动纠纷,我们必须参照《劳动法》以及《劳动合同法》等相关法律。此外,近年来关于文化创意产业相关的政策也很多,但是专门详细描述文化创意产业人力资源的相关政策却仍然没有出现,所以我们想要了解文化创意产业的人力资源的相关政策,只能在文化创意产业的政策里面提取。仅2014年北京市就有很多关于文化创意产业的政策,如《北京市文化创意产业功能区建设发展规划》、《北京市文化创意产业提升规划》、《北京市人民政府文化部关于加快国家对外文化贸易基地建设发展的意见》(京政发〔2014〕25号)、《北京技术创新行动计划(2014~2017年)》、《北京市关于推进文化创意和设计服务与相关产业融合发展行动计划(2015~2020年)》等政策。虽然上述政策都体现了国家在政策、财务、税收、科技、环境等各个方面对文化创意产业的支持与扶持,但是对于文化创意产业人力资源的描述仍寥寥无几。

此外,2014年12月15日,国家文化产业创新实验区在京揭牌,据悉,实验区将重点发展创意设计业、动漫游戏业、演艺娱乐业、艺术品交易业、数字文化产业、文化贸易业六大产业,并将建设文化产业协同创新中心、文化产业金融服务中心、文化产业人才培训中心、文化创意及设计产品会展中心、云计算及数字文化产业发展中心、文化创意企业总部基地等一批功能性、平台性项目。下一步,北京将研究制定《深化首都文化体制改革的实施意见》、《首都全国文化中心建设规划》和文化中心建设年度项目计划。

2014年文化部关于贯彻落实《国务院关于推进文化创意和设计服务与相关产业融合发展的若干意见》的实施意见第20条规定,加大人才培养力度。发挥高校院所、文化创意企业、园区基地、创业创意孵化器等各自优势,推进产学研用合作培养人才。实施重点文化设施经营管理人才培养计划,有效提升剧院、图书馆、博物馆、文化产业园区基地等各类文化设施经营管理水平。办好国家数字文化产业高级研修班、国家原创动漫高级研修班、西部文化产业经营管理人才培训班、文化产业投融资实务系列研修班,组织全国演艺企业经营管理人才进行分批次系统化轮训。鼓励依托工作室、文化名人、艺术大师,培养具有较强创意创新能力和国际视野的文化创意与设计服务人才。推动将非物质文化遗产传承人培养纳入职业教育体系,推动将学艺者纳入免费中等职业教育范畴,并提供资金补助、免费培训等扶持。规范和鼓励举办国际化、专业化的创意和设计竞赛活动,促进创意和设计人才创新成果展示交易。

2015 年 1 月 28 日上午,北京双高人才发展中心与北京市文资办签订战略合作协议,成立北京文创双高人才发展中心。北京文创双高人才发展中心是创新服务模式、扩大服务领域、深化服务内涵的重要探索和尝试。北京文创双高人才发展中心自成立以来联合文创企业多次召开联合招聘会、创业指导交流会等,这些举措一方面满足了文创企业对人才的需求,另一方面也为文创产业的人才提供了一个很好的平台,让他们可以寻找更适合自己的岗位,更好的实现自己的价值。

3. 外国关于文化创意产业人力资源开发管理经验

由于我国文化创意产业发展正在起步阶段,所以文化创意产业方面的人力资源仍不健全,需要向发达国家吸取经验,下面主要谈谈英国和美国的文化创意产业人力资源的开发管理经验:

(1)英国文化创意产业人力资源的开发管理

英国的教育产业世界闻名,他是全球知识和学习中心,也是主要的教学中心,英国的科学、技术、商业、人文、艺术等创意产业领域都拥有国际声誉。英国不仅重视人才的培养,还注重人力资源的管理。

①终身雇佣制

所谓终身雇佣制,是指"公司从大学毕业生或其他年轻人中雇佣基本核心员工,规划员工的持续培训和发展计划,在公司集团内部任用员工直到 55 岁或 60 岁。除非发生极其特殊的情况,一般不解雇员工"。[1] 终身雇佣制最大的优点是有助于工作稳定,促进员工长期发展,稳定就业政策,提高员工对企业的忠诚,提高劳动生产率。

②注重在职培训

企业在培训方面的投入是非常大的。职工在培训中不仅要学习技术方面的硬技能,尤其重视学习很多软知识和软技能。工人在漫长的岁月中积累了与

---

〔1〕 曹惠飘、周伟文:"美日人力资源管理模式比较分析",载《合作经济与科技》2009 年 4 月号(总第 366 期)。

具体工作十分密切的技术知识，促进了对企业的忠诚，对增加企业效率和提高产品质量起到了积极的作用。

③鼓励创新与知识共享

英国政府积极鼓励创新，有很好的奖励措施，并且组织富有开发新产品、新工艺、新服务指导经验的个人构建“知识天使”网络。他们将用创新产品、创新工艺和创新服务的理念，对个人和企业有指导与借鉴作用。在大多数情况下，“知识天使”将把他们的服务对象介绍到创新者那里，以便开展合作并获得更详细、更具针对性的咨询和支持。[1]

(2)美国文化产业人力资源的开发管理

①广泛的人力资源培训

随着科学技术的发展，一些美国企业已经深刻认识到，企业不仅需要具有高等教育背景的技术、管理人才而且还需要大量的具有创新意识和创新能力的员工。因此，开展广泛的人力资源培训，提高员工的创新能力与创新意识，是提高企业竞争力的重要举措。从竞争战略角度来看，对各级各类人力资源的培训和再培训给予了更多的重视，除常规的教学和辅导外，还通过研讨会、案例研究、角色扮演、文件筛选、管理游戏、工作转换等各种途径和方式，开展十分广泛的人力资源培训。

②注重人力资源中“企业文化”建设

具有前瞻性战略眼光的企业正积极致力于建设一种管理层更加开放、员工更具参与性的“企业文化”。人力资源管理专家指出，建设更具开放、参与性的企业文化，不仅有助于提高员工的士气和满意度，而且有助于员工更好地理解管理者的想法；增进管理层与员工的合作；降低流动(离职)率；减少缺勤；减少不满和抱怨；提高对变革的认同程度；改善对工作和组织的态度。

③详细的职业分工

美国的职业分工极为细腻，这种职业分工的基础是详细的职务分析。明确和详细的职业分工对企业招聘新的员工，客观的评定员工的工作成绩，有依据的制定公司员工的工资水平，有目标的发放奖金，合理的从事职务提升，评价提

---

[1] 钟婷:“伦敦——英国屏幕产业的聚集地”,2006年9月7日。

级等打下了坚实的基础。而且在这种制度化的管理下，企业内部实行垂直领导，等级关系明确，上级对重大问题进行决策，下级对上级的指示必须执行。

④注重人才激励与人才提升

美国公司的奖励制度名目繁多，包括奖金、利润分成、收益分成、高层经理短期及长期奖金、股票期权、账目价值计划、股票增值计划、工作完成奖励、有限股票计划等。其他的奖励计划包括表现奖、员工持股计划等。

美国企业中人才提升的跳跃性也是激励的一个重要方式。美国企业重能力，不重资历，对外具有亲和性和非歧视性。新员工如果有能力，有良好的工作绩效，就很快能得到提升和重用，公平竞争。这样就强化了企业的竞争机制，给很多优秀人才创造了脱颖而出的机会。

(3)对我国文化创意产业人力资源的启示

自文化创意产业发展以来，我国一直把它作为文化事业来对待，没有什么产业经营的概念。虽然出现了一些做文化的企业，但是远远没有形成规范的市场，致使我国的文化创意产业在市场运作能力、创新能力、市场竞争能力等方面与国外的文化创意产业相比存在较大的差距，而形成这些差距的主要原因是我国文化创意产业人力资源的匮乏。[1]

通过借鉴外国文化创意产业人力资源开发管理的优秀经验，下面提出如下几点建议来发展我国人力资源开发管理：

①积极创新培养人才模式

文化创意产业的生命在于创意、创新，落实在人才培养上，就是要注重发觉和培养人的创新意识与创新观念。我国现有的教育体制是典型的应试教育，只注重知识的灌输，缺乏对学生创造力的开发培养，不利于学生创新意识的形成，这就导致知识与实践脱离，无法真正应用到实践中去，导致缺少“中国创造”。应该把更多的“中国制造”发展成“中国创造”，这就要大力改革我们的教育理念及教育方式，尤其是高学历创意人才的培养，以实践为主而以理论介绍为辅

---

〔1〕 毕小青、王代丽：“英美文化产业人力资源开发管理经验及对我国的启示”，载《未来与发展》2008年第12期。

才能更多地发挥创意科学的作用。[1]

以高校和各类培训机构为依托，整合教学资源、建设教育培训、实施创意人才培养计划。鼓励企业之间、企业与教育研究机构之间的合作与发展，充分利用丰富的教育机构和研究机构的资源和力量，建立教育培训与实践相结合的文化创意产业人才培养机制，为文化创意产业的发展提供强大的人才保障与智力支持。

另外，创意人才的开发也不能仅仅着眼于后继人才的培养，毕竟远水解不了近渴，在兼顾高校与教育机构培训的同时，应当注重文化创意产业从业人员的培训，增强他们的专业化水平，挖掘他们的创新能力与创新意识，提高他们创造的积极性。因此在企业培训过程中，培训内容设计与培训实施应建立在认真正确分析培训需求与培训对象的基础上。培训过程应该充分调动受训者互动参与、交流研讨，而且培训应聚焦于企业实际与解决问题，并在培训过程中通过对受训者的指引，与受训者一道提炼出问题解决方案与思路，充分贯彻与培训、辅导紧密结合。此外培训的结束不能意味着培训师工作的结束，培训师还应该对培训效果进行跟踪与反馈，并给受训者进行有效地指导与建议。

大力开展各类专业培训，实施文化创意产业人才能力开发计划，针对文化创意产业人才的核心素质要求，针对性的开发课程，并组织产业中最优秀的讲师开展培训，不断提升文化创意人才的能力和素质，促进文化创意产业的发展。

②用人机制的创新

A. 建立灵活的用人机制

传统产业简单的用人机制满足不了文化创意产业的人力资源配置，不能够调动文化创意工作者的积极性，所以文化创意产业若想发展，必须建立灵活完善的用人机制。

第一，建立绩效管理体系。发挥绩效管理在薪酬、晋升、培训中的积极作用。绩效考核应当综合评价各类人员的能力、态度、创新、对企业的贡献等方面，作为奖金发放和员工升职、降职、岗位调动、培训的依据。[2]

---

〔1〕 李微：《中美文化产业比较研究》，重庆大学 2006 年硕士学位论文。

〔2〕 毕小青、王代丽："英美文化产业人力资源开发管理经验及对我国的启示"，载《未来与发展》2008 年第 12 期。

第二,建立岗位竞争机制。通过建立优胜劣汰的竞争机制与合理的人员流动,加大考核力度,做到可以最大限度地发挥文化创意工作者的潜质,做到人尽其才。

第三,为文化创意工作者中的优秀人才提供上外国进修学习的机会。根据每个人的个人特点及其职业发展规划,具体实施培养计划,使每位员工都可以看到自己在单位的未来发展方向及前途。

B. 完善人才激励机制

政府和企业可以通过奖励文化创意产业突出贡献者,在各个方面对文化创意产业中创业的优秀人才予以补助(如在租房补贴、购房、购车、社会保险等方面的待遇),以鼓励在文化创意产业具有特殊才能的人。另外,可以利用适当的期权、或者通过以知识产权、无形资产、技术要素等作为股份参与企业利润分配,这些方式都可以激发文化创意产业工作者的工作潜能,调动他们的积极性、主动性。

③加强国际交流

实施"走出去"战略,加强文化创意人才的国际交流。以教育机构的互动联合为主,加强高校之间的学生交流互换。实施文化创意人才海外培训计划,持续培育文化创意产业优秀人才。

④重点区域集中发展

文化创意产业的发展不可能是一个人就可以推动的,它的发展需要成千上万的文化创意工作者的努力和合作。政府应当鼓励或者倡导建立像中关村一样可以集中相关行业的佼佼者的创意与创新的区域,集中所有文化创意工作者的优秀创意,集中发展。

三、文化创意企业劳动用工常见法律问题

文化创意企业劳动用工常见法律问题如下:

(1)在有些企业中,为了不让员工随意跳槽,通过为其办理北京户口签订服务期和违约金的方式想要"拴住"劳动者,但是这样的服务期条款和违约金条款是否符合法律规定?(参见第二节第一个案例)

(2)在文化创意企业当中职务作品是不可避免的问题,员工制作的作品在

什么情况下会认定为单位作品？在什么情况下会认定为职务作品？在什么情况下会认定为个人作品？在认定为职务作品的情况下，单位拥有什么权利，员工又拥有什么权利？（参见第二节第二个案例）

（3）企业在用工过程中，需要区分提供劳务的性质。针对劳动关系的相对方，应当适用《劳动法》、《劳动合同法》进行调整，发生纠纷时应当先适用劳动仲裁程序。而针对劳务雇佣关系的相对方，应当如何适用法律？（参见第二节第三个案例）

（4）在文化创意企业中存在着很多资质挂靠的现象，对于这类纠纷，应当如何处理？是依照劳动争议案件处理，还是一般民事案件处理？（参见第二节第四个案例）

第二节 文化创意企业劳动用工典型案例与解析

一、陈某与北京某科技公司劳动争议仲裁案〔1〕

案例要旨

用人单位为其招用的劳动者办理了北京市户口，双方据此约定了服务期和违约金，由于该约定违反了《劳动合同法》第25条的规定，因此用人单位以双方约定为依据要求劳动者支付违约金的，人民法院与劳动仲裁委员会不应予以支持。如确因劳动者违反了诚实信用原则，给用人单位造成损失的，劳动者应当予以赔偿。

案情简介

陈某于2013年入职北京某科技公司，入职时双方签订的劳动合同里面约定了服务期协议，但是该服务期协议中并没有约定陈某技术培训事宜，仅约定了解决户口事宜，约定由单位为员工办理北京户口，双方据此约定了服务期和违约金。但是2015年，陈某想要离职，单位却以此条款不同意陈某离职，于是双方对簿公堂。

案例解析

根据《劳动合同法》第22条第1款规定，用人单位为劳动者提供专项培训费用，对其进行专业技术培训的，可以与该劳动者订立协议，约定服务期。而在本服务期协议中，所约定的事宜不存在北京某科技公司提供陈某技术培训的情况，仅约定了解决户口事宜。从法律意义上来讲，此服务期协议无效。

《劳动合同法》第25条规定："除本法第二十二条和第二十三条规定的情形

〔1〕 北京市房山区劳动人事争议仲裁委员会京房劳人仲字(2015)第1568号调解书。

外，用人单位不得与劳动者约定由劳动者承担违约金。”根据该规定，用人单位和劳动者能约定违约金的情形只有两种，即因培训或者竞业限制而约定的违约金，其他任何情况都不可以约定违约金的。

同时，《北京市高级人民法院、北京市劳动争议仲裁委员会关于劳动争议案件法律适用问题研讨会会议纪要》规定：“用人单位为其招用的劳动者办理了本市户口，双方据此约定了服务期和违约金，由于该约定违反了《劳动合同法》第二十五条的规定，因此用人单位以双方约定为依据要求劳动者支付违约金的，不应予以支持。如确因劳动者违反了诚实信用原则，给用人单位造成损失的，劳动者应当予以赔偿。”由此可见，除了《劳动合同法》规定的两种情形外，用人单位和劳动者不得约定违约金，即使约定也是无效的。因此，用人单位以给劳动者办理户口为由，约定服务期和违约金的，该约定是无效的，劳动者离职后，用人单位不得要求劳动者支付违约金。本案中，北京某科技公司无权要求陈某支付违约金。

因为用人单位为劳动者办理户口也付出了很多，基于诚实信用原则，如果劳动者的离职给用人单位造成损失的，劳动者应当予以赔偿。然而，目前对于赔偿标准却没有具体规定。笔者认为，可以参照劳动者违法解除劳动合同时的赔偿责任，即劳动者应该向用人单位赔偿以下损失：(1)用人单位招收录用其所支付的费用；(2)用人单位为其支付的培训费用，双方另有约定的按约定办理；(3)对生产、经营和工作造成的直接经济损失；(4)劳动合同约定的其他赔偿费用。

二、黄子友与南京金三力橡塑有限公司著作权权属及侵权纠纷上诉案[1]

案例要旨

职务作品是指公民为完成法人或者其他组织工作任务所创作的作品。如果公民主要利用了法人或者其他组织的物质条件完成作品，该作品属于职务作品，作者享有署名权，著作权的其他权利由法人或者其他组织享有。如果仅是公民在职期间依照自己的意志完成的工作总结则不属于单位作品。

---

〔1〕 江苏省高级人民法院(2013)苏知民终字第0212号民事判决书。

案情简介

原告黄子友于1987年5月在《水利水电技术》杂志上发表了一篇题为“现场施工中橡胶水封的热粘合法”的文章。二十多年来，南京橡胶厂销售科、南京橡胶厂、金三力公司工程分厂技术质量部等单位或部门未经其许可，多次翻印这篇文章用于生产经营，可见这是一篇实用性很强的技术论文。从20世纪80年代开始，南京橡胶厂销售科及改制后的金三力公司，翻印该文章时还删去了作者的姓名。黄子友认为金三力公司侵害了其享有著作权中的署名权和复制权，侵权时间长，事实清楚，证据确凿。故诉至法院，请求判令金三力公司：(1)停止侵权行为；(2)赔偿经济损失人民币30万元；(3)承担所有诉讼费用。

南京金三力橡塑有限公司(以下简称金三力公司)辩称：(1)本案中的技术论文《现场施工中橡胶水封的热粘合法》属于法人作品，相关的权利应该归单位所有。黄子友主动将该论文通知单位并申报相关的职称和奖励，单位也已经给予相关的奖励。(2)本案已经超过诉讼时效。(3)金三力公司主体不适格。本案金三力公司的前身是南京橡胶厂，金三力公司是由南京橡胶厂通过并购而来，本案中黄子友起诉的事实发生在南京橡胶厂存续期间，即使要追究相关责任也应由原南京橡胶厂承担。(4)即便构成侵权，索赔数额也明显过高，没有法律依据。故请求法院驳回黄子友的诉讼请求。后在庭审中，金三力公司放弃主体不适格的抗辩主张。

一审法院经过审理判决如下：(1)金三力公司自判决生效之日起立即停止侵害黄子友对“现场施工中橡胶水封的热粘合法”作品享有的署名权的行为。(2)金三力公司自判决生效之日起15日内赔偿黄子友经济损失包括制止侵权的合理费用人民币5000元。(3)驳回黄子友的其他诉讼请求。案件受理费5800元，由黄子友和金三力公司各负担2900元。如果未按判决指定的期间履行给付金钱义务，应当依照《中华人民共和国民事诉讼法》第253条之规定，加倍支付迟延履行期间的债务利息。

案例解析

职务作品是指公民为完成法人或者其他组织工作任务所创作的作品。

单位作品,即根据《著作权法》第11条第3款的规定,由单位主持、代表单位意志创作并由单位承担责任的作品,单位被视为作者,行使完整的著作权。

除单位作品外,公民为完成单位工作任务而又未主要利用单位物质技术条件创作的作品,称为一般职务作品。其著作权由作者享有,但法人或者其他组织有权在业务范围内优先使用。作品完成2年内,未经单位同意,作者不得许可第三人或者其他组织以与单位相同的方式使用该作品。作品完成两年内,经单位同意,作者许可第三人以与单位使用的相同方式使用作品所获报酬,由作者与单位按约定的比例分配。作品完成两年的期限,自作者向单位交付作品之日起计算。

特殊职务作品,这是指根据《著作权法》第16条第2款规定,主要是利用法人或其他组织的物质技术条件制作,并由法人或其他组织承担责任的工程设计图、产品设计图、地图、计算机软件等职务作品,或法律、行政法规规定或合同约定著作权由法人或者其他组织享有的职务作品。特殊职务作品的作者享有署名权,著作权人的其他权利由法人或者其他组织享有,法人或者其他组织可以给予作者奖励。

在本案中,涉案文章应当属于职务作品。理由如下:(1)黄子友是涉案作品的作者。根据我国《著作权法》第11条的规定,创作作品的公民是作者;如无相反证明,在作品上署名的公民、法人或者其他组织为作者。本案中,一方面,黄子友撰写创作了涉案作品,并在《水利水电技术》期刊上公开发表。另一方面,黄子友在发表的涉案作品中署名。黄子友发表的文章中署名"黄子友(南京橡胶厂)"。从署名的方式和布局来看,"黄子友"位于标题下一行的正中位置,而"南京橡胶厂"不仅被标注于括弧中,而且位于黄子友姓名的下一行,这种署名方式的应有之义是黄子友为涉案作品的作者,而南京橡胶厂是作者黄子友的工作单位。(2)黄子友因完成南京橡胶厂的工作任务而创作涉案作品。根据我国《著作权法》第16条的规定,公民为完成法人或者其他组织工作任务所创作的作品是职务作品,著作权一般由作者享有,法人或者其他组织有权在其业务范围内优先使用。本案中,其一,黄子友从事南京橡胶厂的工作是创作涉案作品的前提。黄子友之所以会创作涉案作品是因为其长期以来从事橡胶水封的现场施工工作,涉案作品所介绍的就是橡胶水封的热接头问题在现场施工中的操作方案。其二,黄子友为完成南京橡胶厂的工作任务形成的工作实践经验是黄子友创作涉案作品的缘由和内容。从涉案作品的类型来看,黄子友创作的文章是关于某一具体的施工工艺的方法论文,具有较强的可操作性和实用性,是实践经验的总结,如果没有经过工作实践是难以完成的。从涉案作品的内容来看,涉案作品中介绍的方法在黄子友完成单位的任务中得到了工作实践的反复检验。涉案作品结束语中介绍"近几年来,我们采用上述方法在郑州水工机械厂、葛洲坝工程、浙江镇海电厂和浙江水利水电机械修配厂等施工现场,黏合了几百个接头,没有一次因为接头质量使橡胶水封报废,且返工现象也极少。另外,上述方法还可用于其他橡胶制品的接头或修补"。庭审中黄子友确认这些施工现场中黏合的接头都是其带领工人去完成的,并且是代表企业去解决相关的技术难题。黄子友在完成单位的工作任务过程中形成工作的实践经验,并将这些工作经验加以总结,整理和撰写出涉案作品。一方面,涉案作品的创意、构思和撰写付出了黄子友的创造性劳动;另一方面,涉案作品的内容来源于黄子友长期以来完成南京橡胶厂的工作任务形成的工作实践经验。如葛洲坝工程是黄子友在涉案作品中所举的一个实施和验证涉案作品中介绍的橡胶水封的热粘合法的施工实例,而该工程是黄子友单位南京橡胶厂承接完成的"止水橡皮"施工项目,可见黄子友是接受单位的指派完成单位的工作任务才得以积累涉案作品中介绍的工作实践经验。故黄子友认为涉案作品是其个人经验总结的理由不能成立,个人经验与完成工作任务形成的工作实践经验显然不能等同,涉案作品应当属于职务作品。

虽然涉案作品是黄子友完成单位工作任务而形成的工作实践经验的总结,但作品的作者是黄子友,黄子友独立构思、创作并发表了涉案作品。金三力公司并未提供任何证据证明黄子友撰写发表涉案作品系取决于金三力公司的意志,金三力公司未举证证明涉案作品是黄子友在单位主持下撰写,或涉案作品的创作体现了黄子友单位的意志,故涉案作品不属于法人作品。至于金三力公司认为的涉案作品的责任承担问题,一审法院认为金三力公司所陈述的责任并不是指对黄子友所撰写的文章本身承担相应的责任，而是对应用涉案作品中介绍的方法进行施工的工程承担相应的责任。此时，金三力公司作为责任主体是基于工程施工方的身份，而非涉案作品的作者，不能据此认为金三力公司是涉案作品的作者或者涉案作品属于法人作品。

三、赖国伟与重庆龙煜精密钢管有限公司等劳动争议上诉案[1]

案例要旨

企业在用工过程中，需要区分提供劳务的性质。针对劳动关系的相对方，应当适用《劳动法》、《劳动合同法》进行调整，发生纠纷时应当先适用劳动仲裁程序。而针对劳务雇佣关系的相对方，应当适用《民法通则》、《合同法》，通过双方的协议调整双方的权利义务关系，发生纠纷时应当向法院提起诉讼。

案情简介

2010年7月19日，赖国伟（丙方）与重庆龙煜精密钢管有限公司（甲方）、重庆市江津区双福成人教育学校（乙方）签订《实习协议书》，约定：甲方为乙方提供学生实习基地，合作期限自2010年7月19日至2011年1月18日止，实习期满，表现良好的学生可在甲方继续工作，并享受正式员工待遇；甲方负责实习人员岗前培训、工资核算、考核管理工作，准时发放工资；乙方安排实习人员按时到岗实习，协助甲方抓好实习工作期间的管理、协调工作；丙方自愿到甲方实习，服从甲方的管理，遵守企业的规定，辞职须按程序进行交接，不经企业交接擅自离职的，不支付工资；丙方现属实习生岗位，报酬按招聘简章上的待遇支付工资。合同签订当日，重庆龙煜精密钢管有限公司（以下简称钢管公司）给赖国伟发放了实习工作牌后，赖国伟进入钢管公司从事轧机工作。钢管公司招聘的工人与实习生工资实行的是同工同酬，工人的工资待遇与实习生的工资待遇相同。赖国伟从进钢管公司之日起每月工资为人民币800元，另发有高温、餐费补贴等其他费用。2010年11月4日，赖国伟在工作时受伤。随后，其向重庆市

---

[1] 重庆市第五中级人民法院（2012）渝五中法民终字第00507号民事判决书。

江津区劳动争议仲裁委员会提起仲裁，重庆市江津区劳动争议仲裁委员会于2011年9月14日作出裁决书，裁决赖国伟与钢管公司之间不存在劳动关系，赖国伟不服，诉至重庆市江津区人民法院，要求确认赖国伟与钢管公司之间存在劳动关系。另查明，重庆市江津区双福成人教育学校(以下简称双福学校)是经批准成立的事业单位法人，业务范围：为成人提供各类学历教育和实用技术培训，扫盲和脱盲学生的继续教育，职业技术培训和科技推广。2010年5月14日，双福学校将赖国伟登记在《培训报名册》上，但该校未对赖国伟进行过职业技术理论培训，赖国伟未在该校上课。学校没有收取原告培训费，也未向赖国伟颁发学生证和任何培训证书。

江津区法院依照《中华人民共和国劳动法》第16条、第79条，《劳动和社会保障部关于确立劳动关系有关事项的通知》(劳社部发〔2005〕12号)第1条，最高人民法院《关于民事诉讼证据的若干规定》第2条的规定，判决如下：原告赖国伟与被告重庆龙煜精密钢管有限公司存在劳动关系。

一审宣判后，被告重庆龙煜精密钢管有限公司不服，上诉至重庆市第五中级人民法院。

重庆市第五中级人民法院终审判决：驳回上诉，维持原判。

案例解析

本案的争议焦点在于原告与被告之间是否存在劳动关系。法院在认定劳动关系时认为，原告虽然登记在双福学校《培训报名册》上，但原告未在该校上课，学校没有收取原告培训费，也未向赖国伟颁发学生证和任何培训证书，因此，原告赖国伟不属于在校学生实习。原告在被告公司劳动期间，接受被告公司的管理，遵守被告公司关于辞职等各项规章制度，双方形成管理与被管理的隶属关系；原告赖国伟在被告公司独立从事被告公司业务组成部分的轧机工作，被告公司按招聘工人的工资待遇按月向原告赖国伟支付工资及各种补贴，双方形成有偿劳动，因此，原被告双方之间的法律关系完全符合劳动关系的本质特征，故认定双方之间的劳动关系。

本案性质上属于实习过程中确认劳动关系的纠纷，很多学校在学生步入工作岗位之前都会设置一定的实习期以帮助学生更好地适应工作。这种实习关系实质上应当是一种劳务雇佣关系，不属于《劳动法》与《劳动合同法》中规制的劳动关系的范围，而应当由《民法》和《合同法》对此种关系进行规制。在此类案件的事实认定上，应着重审查实习人员的身份是否为尚未毕业的在校学生、实习是否为学校教学计划的组成部分、实习人员是否以学习技能为最终目的以及用人单位支付实习人员工资报酬情况、用人单位对实习人员的隶属管理情况等进行综合认定，而不应仅仅依据三方实习协议进行事实认定。

法律对用人单位与提供劳动或劳务一方的不同种法律关系规定了不同的义务，确定是哪种法律关系有助于解决之后可能会产生的劳务或者劳动报酬纠纷，以及在工作中提供劳动或劳务一方人身受到损害或者导致他人人身或财产受到损害时产生的纠纷。因此，认定劳动的性质以及双方之间的法律关系对解决劳动纠纷具有关键作用。

本案虽然不是发生在文化创意企业中，但是对文化创意企业也具有典型意义。在文化创意企业用工招工时，要根据提供劳动一方性质的不同来调整所签订的合同。在劳动关系中，用人单位应当严格依照《劳动法》规定为劳动者发放劳动报酬，缴纳社会保险，一旦发生争议应当先提交劳动争议仲裁委员会进行仲裁。而在劳务雇佣关系中，应当依照雇主和雇员之间的协议调整双方的权利义务，发生争议不属于劳动争议仲裁委员会的受案范围，应当向法院提起诉讼。

四、陈琦与浙西工程设计院劳动合同纠纷上诉案〔1〕

案例要旨

虽然单位借助个人的资质而与其签订劳动合同，但是因个人不属于用人单位实质性的管理范围且个人未向用人单位付出实际性的劳动，而不属于劳动争议纠纷，因此也就不属于劳动争议仲裁委员会的受案范围。如在此种情况下单位与个人之间产生了争议，应按照民事诉讼程序解决。

〔1〕 参见“陈琦诉浙西工程设计院劳动合同纠纷案件”，载《人民法院指导案例裁判要旨汇览·劳动社保卷》，中国法制出版社2013年版。

案情简介

陈琦为巨化监理公司的一名员工，取得了国家一级注册结构师的资格，挂靠在一家从事工程设计的企业，企业名称为浙西工程设计院。陈琦与浙西工程设计院签订了书面的劳动合同并将自己所有的注册证书与执业专用章交付于浙西工程设计院，浙西工程设计院按期向陈琦发放劳动报酬，但陈琦并未在该院实际工作。

现劳动合同期限届满，陈琦要求浙西工程设计院依法返还自己的注册证书与执业专用章。而浙西工程设计院以返还无法满足单位资质为由拒绝返还。陈琦遂向劳动争议仲裁委员会提起仲裁，仲裁委员会不予受理。

案例解析

根据《关于确立劳动关系有关事项的通知》(劳社部发〔2005〕12 号)的规定，确认劳动关系需要参考以下三大因素：

(1)用人单位和劳动者符合法律、法规规定的主体资格；

(2)用人单位依法制定的各项劳动规章制度适用于劳动者，劳动者受用人单位的劳动管理，从事用人单位安排的有报酬的劳动；

(3)劳动者提供的劳动是用人单位业务的组成部分。

根据案例简介可以看出，陈琦实际并未在浙西工程设计院工作，而是在巨化监理公司实际工作。陈琦与浙西工程设计院之间的关系为民事关系，不属于劳动仲裁的受理范围。陈琦应当另行提起民事诉讼，请求返还自己交付的注册证书与执业专用章。

本章常用法律法规索引

1.《中华人民共和国劳动法》

2.《中华人民共和国劳动合同法》

3.《劳动合同法实施条例》

4.《就业服务与就业管理规定》

5.《北京市工资支付规定》

6. 最高人民法院《关于审理劳动争议案件适用法律若干问题的解释(一)》

7. 最高人民法院《关于审理劳动争议案件适用法律若干问题的解释(二)》

8. 最高人民法院《关于审理劳动争议案件适用法律若干问题的解释(三)》

9. 最高人民法院《关于审理劳动争议案件适用法律若干问题的解释(四)》

10. 北京市高级人民法院、北京市劳动争议仲裁委员会《关于劳动争议案件法律适用问题研讨会会议纪要》

11. 北京市高级人民法院、北京市劳动争议仲裁委员会《关于劳动争议案件法律适用问题研讨会会议纪要(二)》

第六章

文化创意企业市场监管法律实务

第一节　文化创意企业市场监管法律实务概述

一、文化创意企业市场监管一般规定

市场监管是维护文化创意企业市场秩序、繁荣文化市场的重要环节。了解我国文化市场的监管,有助于文化创意企业合理的保护自己的合法权益,促进文化市场的健康发展。到目前为止,我国已经基本建立了以市场综合行政执法、社会监督、行业自律、技术监控为主要内容的文化市场监督体系,其中最重要的监管方式为市场综合行政执法。本章将主要围绕文化市场综合行政执法介绍我国文化市场监管的法律实务。[1] 由于文化市场监管的内容繁杂,监管主体众多,法律法规庞杂等原因,许多文化创意企业对我国文化创意企业市场监管体制并不明晰。本章将主要梳理我国法律法规对文化市场监管的一般规定,包括监管主体及范围、监管依据、监管程序、法律责任等。

(一)监管主体及范围

文化市场是一个包容性的概念,所有与文化有关的产业都属于文化市场的范畴。目前,我国文化创意产业市场主要包括影视音像市场、出版物印刷市场、演出与娱乐市场、网络文化市场、文物艺术品市场等。不同的文化市场,监管主体不同。不同的违法行为,执法监管的主体也不同。但是,一般而言,文化市场的监管主体可以大致划分为以下几类:

1. 产业行政主管部门

产业行政主管部门是文化创意产业的主要监管部门,监管范围最广。主要包括文化企业的设立、变更、终止的许可审批,文化内容的审查以及对企业违法行为的查处等。在我国实践中,为了机构的设置合理性及效率性,多个产业行政主管部门实际上为同一个机构。此现状给一些企业带来困扰。为了便于文化创意企业对此有概括了解,以下简单梳理了我国主要文化创意产业及其法律

---

[1] 席锋宇:“我国文化市场监管体系初步建立”,载《法制日报》2009年9月15日。

规定的监管部门和实践中对应的具体机关。

根据部门管理需要和文化创意活动的特点，目前文化创意产业大致可以分为9个大类。第一，文化艺术服务类：如大家熟知的文化艺术创造与表演服务、文化遗产保护服务等。诸如演唱会、话剧等营业性演出活动也都属于艺术创造与表演服务。根据《营业性演出管理条例》，营业性演出活动的行政主管部门为文化主管部门，在实践中对应的机关为文化部及各地方文化局。《中华人民共和国文物保护法》规定的文物保护行政主管部门为文物主管部门，在实践中主要指国家文物局及各地方文物局。第二，新闻出版及发行服务类：主要包括新闻业、出版服务业、发行服务业等。这些行业的产业行政主管部门皆为出版行政主管部门，在实践中指国家新闻出版广电总局和各地方新闻出版局。第三，广播电视电影服务类：主要包括广播电视制播、交易、传输服务，电影和影视录音服务等产业。目前这些产业的主管部门为广播电视行政主管部门，在实践中对应的机关为国家新闻出版广电总局及各地方广电局。第四，软件和信息技术服务类：主要包括软件服务、增值电信服务、信息技术服务等。这些产业的行政主管部门为电信主管部门，对应的机关为“工业和信息化部”及各地方的“工业和信息化委员会”、“经济和信息化委员会”和通信管理局。第五，广告和会展服务类：主要涉及广告、会议及展览等服务产业。根据2015年9月1日起施行的《中华人民共和国广告法》，广告业的行政主管部门为工商行政管理部门，对应的机关为国家工商行政管理总局及各地方工商局。第六，艺术品生产与销售服务类：涉及工艺美术品制造、销售及艺术品拍卖服务等。目前这些产业并没有一个核心的产业行政主管部门，而是由文化部门、工商部门等共同监管。第七，设计服务类：主要包括建筑设计、城市规划及专业设计服务等。其中建筑设计、城市规划等产业的行政主管部门在实践中为“住房和城乡建设部”和各地方“住房和城乡建设厅”。第八，文化休闲娱乐服务类：主要包括旅游服务和休闲娱乐服务等，如旅游活动、网吧活动、歌舞厅娱乐活动等。其中旅游相关产业的行政主管部门为旅游主管部门，具体指国家旅游局及各地方旅游局。第九，文化用品设备生产销售及其他辅助服务类：具体包括文化用品的生产、文化设备的生产、文化用品设备的销售等，这些产业的监管部门与一般企业的监管部门大致相同。

2. 工商行政管理局

工商行政管理局，主要负责文化创意企业本身的监管，监管范围主要是文化创意企业的设立、变更、终止等登记，以及对无证照经营企业的查处取缔。《无证照经营查处取缔办法》第 2 条规定："任何单位和个人不得违反法律、法规的规定，从事无照经营。"第 4 条第 1 款规定："下列违法行为，由工商行政管理部门依照本办法的规定予以查处：(一)应当取得而未依法取得许可证或者其他批准文件和营业执照，擅自从事经营活动的无照经营行为；(二)无须取得许可证或者其他批准文件即可取得营业执照而未依法取得营业执照，擅自从事经营活动的无照经营行为；(三)已经依法取得许可证或者其他批准文件，但未依法取得营业执照，擅自从事经营活动的无照经营行为；(四)已经办理注销登记或者被吊销营业执照，以及营业执照有效期届满后未按照规定重新办理登记手续，擅自继续从事经营活动的无照经营行为；(五)超出核准登记的经营范围、擅自从事应当取得许可证或者其他批准文件方可从事的经营活动的违法经营行为。"

国家工商行政管理总局负责全国监管，地方各级工商行政管理部门(以下简称工商局)负责具体无证照查处取缔的行政执法工作。文化创意企业的设立和经营必须取得相应的许可，领取营业执照，及时变更相关信息。防止无证照文化创意企业的经营是对文化市场主体监管的重要措施。

3. 公安机关

公安机关作为国家最主要的执法机关，拥有最强大的执法力量。公安机关根据有关法律法规的规定以及行政机关的委托执法，处理文化市场中的部分违法行为。例如，《印刷业管理条例》第 37 条规定："印刷业经营者印刷明知或者应知含有本条例第三条规定禁止印刷内容的出版物、包装装潢印刷品或者其他印刷品的，或者印刷国家明令禁止出版的出版物或者非出版单位出版的出版物的，由县级以上地方人民政府出版行政部门、公安部门依据法定职权责令停业整顿，没收印刷品和违法所得，违法经营额 1 万元以上的，并处违法经营额 5 倍以上 10 倍以下的罚款；违法经营额不足 1 万元的，并处 1 万元以上 5 万元以下的罚款；情节严重的，由原发证机关吊销许可证；构成犯罪的，依法追究刑事责任。"同时，作为刑事司法机关，文化市场中构成刑事犯罪的违法行为，也由公安机关按照刑事法律处理。

4. 综合执法机构

综合执法机构是为了更好、更高效地监管文化市场，进一步规范文化执法行为，部分地方根据《中华人民共和国行政处罚法》（以下简称《行政处罚法》）中关于“集中行使行政处罚权”的规定，设立综合执法机构，集中处理文化市场中的违法行为。《文化市场综合行政执法管理办法》第 2 条规定：“本办法所称文化市场综合行政执法是指文化市场综合行政执法机构（以下简称综合执法机构），依照国家有关法律、法规、规章的规定，对公民、法人或者其他组织的文化经营活动进行监督检查，并对违法行为进行处理的具体行政行为。”第 3 条规定：“本办法所称综合执法机构包括：（一）经法律、法规授权实施文化市场综合行政执法，对同级人民政府负责的执法机构；（二）接受有关行政部门委托实施文化市场综合行政执法，接受委托机关的指导和监督，对委托机关负责的执法机构。”

目前我国北京、天津、上海、重庆等地区都设立了相应的“综合执法机构”，通常称为“××文化执法总队”。以北京为例，“北京市文化市场行政执法总队”即负责本市文化市场综合行政执法工作的市政府直属行政执法机构。其主要职责是：“一、组织起草本市有关文化市场综合行政执法方面的地方性法规草案、规章草案，研究提出完善本市文化市场综合行政执法体制的意见和措施；二、负责本市文化市场综合行政执法的统筹协调和组织调度工作；三、负责集中行使法律、法规、规章规定应由省级文化、广播电视、新闻出版（版权）等行政主管部门行使的行政处罚职责及相关的行政强制、监督检查职责；四、负责集中行使法律、法规、规章规定应由省级文物行政主管部门行使的对文物市场中违法违规购销文物的行为的行政处罚职责及相关的行政强制、监督检查职责……”[1]由此可知，北京市综合执法机构集中行使省级文化厅、广电局、版权局、文物局等产业主管行政部门的行政处罚权。作为行政执法中最为有效的监管手段，综合执法机构在文化市场的监管中起到了至关重要的作用。

---

〔1〕 资料来源于北京市文化市场行政执法总队官网（http://www.bjwhzf.gov.cn/zqxx/fdzz/），2015 年 9 月 7 日访问。

5. 其他主体

其他主体主要包括海关、国土规划局、环保局和其他受委托的执法机构。海关是专门负责货物进出口的机关,只要涉及诸如音像制品、文物、艺术品等文化物品进出口或走私的事项,都由海关监管和查处。例如,《音像制品管理条例》第 41 条规定:"走私音像制品的,依照刑法关于走私罪的规定,依法追究刑事责任;尚不够刑事处罚的,由海关依法给予行政处罚。"

(二)监管依据

监管依据指赋予行政机关监管权的法律法规,行政机关必须在规定的权限范围内行使行政权力,"法无明文规定即禁止"。为了规范行政处罚权的行使,我国法律对设定行政处罚的规范层级做出了限定。根据《行政处罚法》的规定,只有法律能规定限制人身自由的行政处罚,行政法规可以设定限制人身自由以外的行政处罚。部门规章可以细化法律、行政法规的规定,只有在前两者都未规定的情况下才能设定警告或一定数量的行政处罚。在文化市场领域,直接由法律进行规范的比较少,大部分都是通过国务院行政法规进行规范。例如,《出版管理条例》、《印刷业管理条例》、《营业性演出管理条例》等。在行政法规之下,各主管部门几乎都颁布了相应的部门规章,但皆为对行政法规的细化规定。因此,在文化产业中,最主要的监管依据和执法依据为国务院行政法规,通常为"××条例"。

(三)监管程序

国家机关对文化市场的监管是行使国家行政权的行为,为了更好地保护文化创意企业和个人的合法权益,国家机关的监管行为必须遵从一定的程序,只有遵守合法程序作出的行政行为才对当事人具有约束力。反之,当事人可以对其提出复议或诉讼,保护自己的合法权益。在我国文化执法水平普遍不高的环境下,了解我国对行政执法程序的规定,文化创意企业可以更好地保护自己的权益,免受国家不当行政行为之侵害。以文化市场行政执法为例,《文化市场综合行政执法管理办法》便规定在文化执法过程中,执法人员必须遵守以下程序:

1. 规范着装,佩戴标志,出示证件

执法人员代表特定的国家机关行使执法权,在执法时必须佩戴或出示其享有特定身份的证明,否则对方可以拒绝。《文化市场综合行政执法管理办法》第 16 条规定:"执法人员依法执行公务时,应当规范着装,佩戴执法标志。"第 22

条规定:“在调查或者执法检查时,执法人员不得少于2名,并应当向当事人或者有关人员出示执法证件。”

2. 制作执法文书

执法人员在执法中作出的任何决定都应制作相应的执法文书,否则当事人可以拒绝相应的处罚。执法文书既是保证执法人员合法执法的依据,也是当事人能够据以复议、诉讼的证据。《文化市场综合行政执法管理办法》第17条规定:“综合执法机构开展行政执法活动,应当严格按照法律、法规和本办法规定的程序进行,并依法制作执法文书。”第20条规定:“违法事实确凿并有法定依据,对公民处以50元以下、对法人或者其他组织处以1000元以下罚款或者警告的行政处罚的,可以当场作出处罚决定;执法人员应当填写预定格式、编有号码的行政处罚决定书,经签名或者盖章后,当场交付当事人。”第22条规定:“执法人员应当制作调查询问或者现场检查笔录,经当事人或者有关人员核对无误后,由当事人或者有关人员签名或者盖章。当事人或者有关人员拒绝的,由2名以上执法人员在笔录上注明情况并签名。”

3. 告知权利,听取陈述申辩

执法人员的任何决定都直接关乎当事人的利益,因此其在作出行政处罚决定时也必须告知当事人处罚内容,允许当事人进行陈述申辩。否则当事人可以据此不履行处罚决定的内容。《文化市场综合行政执法管理办法》第19条便对此作出了规定:“在作出行政处罚之前,应当告知当事人作出行政处罚决定的事实、理由和依据,并告知当事人依法享有的权利。执法人员应当充分听取当事人的陈述和申辩,并制作笔录,对当事人提出的事实、理由和证据进行复核,经复核成立的应当采纳。”

4. 回避、听证

为了保证执法行为的公平公正,保护当事人的合法利益,要求文化执法人员在与当事人有直接利害关系时,应当回避。当事人也可要求执法人员回避,如果其不回避,当事人可以拒绝履行执法内容,提起复议或诉讼。同时为了更好地保护当事人的利益,防止作出错误决定,法律规定对于一些较为重大的处罚决定,当事人可以要求听证。《文化市场综合行政执法管理办法》第27条规定:“拟作出责令停业整顿、吊销许可证、较大数额罚款等行政处罚决定的,应当告知当事人有听证的权利。当事人要求听证的，应当组织听证。”

程序正义是实体正义的前提，只有保证监管程序合法合规，才能保证监管执法行为的合法有效。合法合理地监管才能保证文化创意企业的健康发展，真正产生规范文化市场秩序，促进文化市场繁荣发展的作用。

（四）法律责任

只有监管没有法律责任，监管将是无力的。为了切实有效地维护文化市场秩序，我国法律针对文化领域的违法犯罪行为规定了层次分明的法律责任体系。

1. 刑罚

刑罚是所有惩罚中最为严重的方式，是所有法律的最后一道防线。我国《刑法》中的许多规定都可以适用于文化市场的违法犯罪行为。文化市场中违法行为涉及的罪名主要集中在破坏社会主义市场经济秩序，侵犯知识产权以及走私罪等章节。例如，未经许可出版发行他人作品的，可能构成“侵犯著作权罪”；传播含有淫秽内容的作品、音像制品等，可能构成“传播淫秽物品罪”；走私禁止进出口的音像制品，可能构成“走私罪”。刑罚的种类包括自由刑和财产刑。文化市场中的犯罪多为经济型犯罪，大多承担财产刑，部分犯罪中“直接责任人”还需要承担自由刑。在实践中，由于刑事处罚的严重性，一项犯罪行为一旦进入刑事程序，就不再单独追究其行政处罚责任和民事责任。所以在文化市场中，如果执法人员发现一个具体违法行为已经达到刑事处罚的标准，应将案件移交刑事司法机关——公安机关，由其进行下一步侦查起诉的工作。

2. 行政处罚

行政处罚是行政机关根据其权限对违法行政行为作出的处罚，是文化市场中最主要，也最为广泛使用的处罚方式。行政处罚的种类包括：(1)警告；(2)罚款；(3)没收违法所得、没收非法财物；(4)责令停产停业；(5)暂扣或者吊销许可证、暂扣或者吊销执照；(6)行政拘留；(7)法律、行政法规规定的其他行政处罚。行政机关根据法律的规定对文化市场进行监管，一旦发现违法行为可以在法律的授权范围内作出以上种类的行政处罚。但是在实践中，有时部分执法人员会作出超出上述种类的处罚，文化创意企业可以要求行政机关改正其行为，甚至提起行政诉讼保护自己的合法权益。

3. 民事责任

民事责任不同于行政处罚和刑罚，其并非惩罚性的制度，而是补偿性的责任，是对权益受到侵害的民事主体的补偿，通常表现为财产性的损害赔偿。民事责任在客观结果上能起到维护文化市场经济秩序的作用，但其主要目的并不在监管，因此不再做详细的介绍。

二、文化创意企业市场监管特别规定

上一部分介绍了对所有文化创意企业都适用的监管制度，本部分将详细介绍每一具体文化市场中的文化创意企业监管制度，包括监管违法行为、执法机关、法律责任等。

（一）出版、印刷、音像市场

出版印刷音像市场指出版物的出版、印刷以及音像制品的出版流转市场，该市场中最主要的监管规范有《出版管理条例》、《印刷业管理条例》、《音像制品管理条例》，前述三部条例均根据国务院2016第666号令《国务院关于修改部分行政法规的决定》最新修改。

1. 适用范围

《出版管理条例》适用于所有出版活动，包括出版物的出版、印刷或者复制、进口、发行。《印刷业管理条例》适用于出版物、包装装潢印刷品和其他印刷品的印刷经营活动。[1]《音像制品管理条例》适用于录有内容的录音带、录像带、唱片、激光唱盘和激光视盘等音像制品的出版、制作、复制、进口、批发、零售、出租等活动。其中，音像制品用于广播电视播放的，适用广播电视法律、行政法规。

2. 监管机关

国务院出版行政主管部门（国家新闻出版广电总局）负责全国的出版活动、印刷业、音像制品的出版、制作、复制、进口、批发、零售和出租的监督管理工作。

---

〔1〕 出版物，包括报纸、期刊、书籍、地图、年画、图片、挂历、画册及音像制品、电子出版物的装帧封面等。包装装潢印刷品，包括商标标识、广告宣传品及作为产品包装装潢的纸、金属、塑料等的印刷品。其他印刷品，包括文件、资料、图表、票证、证件、名片等。印刷经营活动，包括经营性的排版、制版、印刷、装订、复印、影印、打印等活动。

县级以上地方各级人民政府负责出版管理的部门(新闻出版局)负责本行政区域内出版活动、印刷业以及音像制品出版、制作、复制等活动的监督管理工作。

3. 主要违法行为及法律责任

(1)擅自设立"出版活动"单位、印刷企业、音像制品单位等

文化创意企业未经批准,擅自设立"出版活动"单位或者音像制品出版、制作、复制、进口、批发、零售单位的,将承担以下法律责任:首先,新闻出版局和工商行政管理局可以依法取缔"无证照经营单位";其次,符合刑法非法经营罪条件的,追究刑事责任;再次,尚不够刑事处罚的,没收出版物、违法所得和从事违法活动的专用工具、设备,违法经营额1万元以上的,并处违法经营额5倍以上10倍以下的罚款,违法经营额不足1万元的,可以处5万元以下的罚款;最后,侵犯他人合法权益的,还需依法承担民事责任。

《印刷业管理条例》第34条也规定:"擅自设立印刷企业或者擅自从事印刷经营活动的,由公安部门、工商行政管理部门依据法定职权予以取缔,没收印刷品和违法所得以及进行违法活动的专用工具、设备,违法经营额1万元以上的,并处违法经营额5倍以上10倍以下的罚款;违法经营额不足1万元的,并处1万元以上5万元以下的罚款;构成犯罪的,依法追究刑事责任。"

(2)出版、进口、印刷、复制、发行含"禁止内容"的出版物、音像制品

文化创意企业出版、进口、印刷、复制、发行含有禁止内容的音像制品、出版物,如果触犯刑律的,依照刑法有关规定,依法追究刑事责任,如"传播淫秽物品罪"、"侵犯著作权罪"等。尚不够刑事处罚的,由新闻出版局责令限期停业整顿,没收出版物、违法所得,违法经营额1万元以上的,并处违法经营额5倍以上10倍以下的罚款;违法经营额不足1万元的,可以处5万元以下的罚款;情节严重的,将由原发证机关吊销许可证。

经营者印刷明知或者应知含有禁止印刷内容的出版物、包装装潢印刷品或者其他印刷品的,或者印刷国家明令禁止出版的出版物或者非出版单位出版的出版物的,由县级以上地方人民政府出版行政部门、公安部门依据法定职权责令停业整顿,没收印刷品和违法所得,违法经营额1万元以上的,并处违法经营额5倍以上10倍以下的罚款;违法经营额不足1万元的,并处1万元以上5万元以下的罚款;情节严重的,由原发证机关吊销许可证;构成犯罪的,依法追究

刑事责任。

(3)转让出租本出版单位名称、刊号、书号等

《出版管理条例》第66条规定,出版单位有下列行为之一的,由出版行政主管部门责令停止违法行为,给予警告,没收违法经营的出版物、违法所得,违法经营额1万元以上的,并处违法经营额5倍以上10倍以下的罚款;违法经营额不足1万元的,可以处5万元以下的罚款;情节严重的,责令限期停业整顿或者由原发证机关吊销许可证:①出售或者以其他形式转让本出版单位的名称、书号、刊号、版号、版面,或者出租本单位的名称、刊号的;②利用出版活动谋取其他不正当利益的。

(4)单位被处吊销许可证

单位被处以吊销许可证行政处罚的,其法定代表人或者主要负责人自许可证被吊销之日起10年内不得担任出版、印刷或者复制、进口、发行单位的法定代表人或者主要负责人。

(二)影视市场

影视市场主要包括电影、电视业,广播业,目前在该市场中最主要的法律法规有《电影管理条例》(2001年2月1日起施行)、《广播电视管理条例》(根据国务院2013第645号令《国务院关于修改部分行政法规的决定》修订)、《广播电视设施保护条例》(根据国务院2000第295号令发布并施行)、《卫星电视广播地面接收设施管理规定》(根据国务院2013第638号令《国务院关于废止和修改部分行政法规的决定》修改)。

1.适用范围

《电影管理条例》适用于中华人民共和国境内的故事片、纪录片、科教片、美术片、专题片等电影片的制片、进口、出口、发行和放映等活动;《广播电视管理条例》适用于在中华人民共和国境内设立广播电台、电视台和采编、制作、播放、传输广播电视节目等活动;《广播电视设施保护条例》适用于广播电视台、站和一些广播电视传输网的保护;《卫星电视广播地面接收设施管理规定》中所称卫星电视广播地面接收设施,指接收卫星传送的电视节目的天线、高频头、接收机及编码、解码器等设施。

2. 监管机关

国务院广播电影电视行政主管部门，即国家新闻出版广电总局负责全国的电影、广播、电视的管理工作；县级以上地方人民政府相应的行政主管部门，如电影局，出版局，广电局等负责本行政区域内的监管工作。除此之外，卫星电视接收装置的管理还受电子工业行政部门，工商行政管理部门的监管。

3. 主要违法行为及法律责任

（1）擅自设立广播电台、电视台等

《广播电视管理条例》第 47 条规定，擅自设立广播电台、电视台、教育电视台、有线广播电视传输覆盖网、广播电视站的，由县级以上人民政府广播电视行政部门予以取缔，没收其从事违法活动的设备，并处投资总额 1 倍以上 2 倍以下的罚款。

（2）擅自设立广播电视节目制作经营单位，电影制片、发行、放映单位等

我国对广播电视节目、电影的制作经营单位都实行准入制度，对广播电视节目和电影的制作也实行许可制度。《广播电视管理条例》第 48 条规定："擅自设立广播电视节目制作经营单位或者擅自制作电视剧及其他广播电视节目的，由县级以上人民政府广播电视行政部门予以取缔，没收其从事违法活动的专用工具、设备和节目载体，并处 1 万元以上 5 万元以下的罚款。"

《电影管理条例》第 55 条规定："擅自设立电影片的制片、发行、放映单位，或者擅自从事电影制片、进口、发行、放映活动的，由工商行政管理部门予以取缔；依照刑法关于非法经营罪的规定，依法追究刑事责任；尚不够刑事处罚的，没收违法经营的电影片和违法所得以及进行违法经营活动的专用工具、设备；违法所得 5 万元以上的，并处违法所得 5 倍以上 10 倍以下的罚款；没有违法所得或者违法所得不足 5 万元的，并处 20 万元以上 50 万元以下的罚款。"

（3）制作、播放、摄制含有禁止内容的节目或影片

为了保证影视行业健康有序的发展，我国对上映的节目或影片都实行严格的内容审查制度。《广播电视管理条例》第 49 条规定："制作、播放、向境外提供含有禁止内容的节目的，由县级以上人民政府广播电视行政部门责令停止制作、播放、向境外提供，收缴其节目载体，并处 1 万元以上 5 万元以下的罚款；情

节严重的，由原批准机关吊销许可证；违反治安管理规定的，由公安机关依法给予治安管理处罚；构成犯罪的，依法追究刑事责任。”《电影管理条例》第56条规定：“摄制含有禁止内容的电影片，或者洗印加工、进口、发行、放映明知或者应知含有禁止内容的电影片的，依照刑法有关规定，依法追究刑事责任；尚不够刑事处罚的，由电影行政部门责令停业整顿，没收违法经营的电影片和违法所得；违法所得5万元以上的，并处违法所得5倍以上10倍以下的罚款；没有违法所得或者违法所得不足5万元的，并处20万元以上50万元以下的罚款；情节严重的，并由原发证机关吊销许可证。”

(4)出口、发行、放映未取得《电影片公映许可证》的影片

在院线上映的电影，必须取得《电影片公映许可证》，否则将不能合法地公开放映。《电影管理条例》第58条规定：“出口、发行、放映未取得《电影片公映许可证》的电影片的，由电影行政部门责令停止违法行为，没收违法经营的电影片和违法所得；违法所得5万元以上的，并处违法所得10倍以上15倍以下的罚款；没有违法所得或者违法所得不足5万元的，并处20万元以上50万元以下的罚款；情节严重的，并责令停业整顿或者由原发证机关吊销许可证。”

(5)在广播电视设施保护范围内进行建筑施工、兴建设施等活动

广播电视设施是国家的重要财产，也是广播电视行业的基础，因此需要进行特殊的保护，任何人、单位不得作出可能损害广播电视设施的行为，否则将受到处罚。《广播电视设施保护条例》第20条规定：“在广播电视设施保护范围内进行建筑施工、兴建设施或者爆破作业、烧荒等活动的，由县级以上人民政府广播电视行政管理部门或者其授权的广播电视设施管理单位责令改正，限期拆除违章建筑、设施，对个人处1000元以上1万元以下的罚款，对单位处2万元以上10万元以下的罚款；对其直接负责的主管人员及其他直接责任人员依法给予行政处分；违反治安管理规定的，由公安机关依法给予治安管理处罚；构成犯罪的，依法追究刑事责任。”

(6)擅自生产、安装、使用卫星地面接收设施

《卫星电视广播地面接收设施管理规定》第11条规定：“擅自生产卫星地面接收设施的，由电子工业行政部门责令停止生产。擅自销售卫星地面接收设施的，由工商行政管理部门责令停止销售，没收其卫星地面接收设施，并可以处以

相当于销售额二倍以下的罚款。擅自安装和使用卫星地面接收设施的，由广播电视行政部门没收其安装和使用的卫星地面接收设施，对个人可以并处五千元以下的罚款，对单位可以并处五万元以下的罚款。”

（三）演出娱乐市场

演出娱乐市场主要包括诸如演唱会、话剧、歌剧等营业性演出行业和酒吧、歌厅、KTV 等娱乐行业。该市场中，文化创意企业涉及的主要调整规范有《营业性演出管理条例》（根据国务院 2016 第 666 号令《国务院关于修改部分行政法规的决定》修改）；《娱乐场所管理条例》（根据国务院 2016 第 666 号令《国务院关于修改部分行政法规的决定》修改）。

1. 适用范围

《营业性演出管理条例》适用于营业性演出，指以营利为目的为公众举办的现场文艺表演活动。《娱乐场所管理条例》中所称娱乐场所，是指以营利为目的，并向公众开放、消费者自娱自乐的歌舞、游艺等场所。

2. 监管机关

国务院文化主管部门即文化部，主管全国营业性演出的监督管理工作。国务院公安部门、工商行政管理部门在各自职责范围内，主管营业性演出的监督管理工作。县级以上地方人民政府文化局主管本行政区域内营业性演出的监督管理工作，公安局、工商局在自己的职责范围内负责。

县级以上人民政府文化主管部门，如文化局，负责对娱乐场所日常经营活动的监督管理；县级以上公安部门负责对娱乐场所消防、治安状况的监督管理。

3. 主要违法行为及法律责任

（1）擅自设立表演团体、演出经纪机构、演出场所经营单位等

《营业性演出管理条例》第 43 条规定，有下列行为之一的，由县级人民政府文化主管部门予以取缔，没收演出器材和违法所得，并处违法所得 8 倍以上 10 倍以下的罚款；没有违法所得或者违法所得不足 1 万元的，并处 5 万元以上 10 万元以下的罚款；构成犯罪的，依法追究刑事责任：①擅自设立文艺表演团体、演出经纪机构或者擅自从事营业性演出经营活动的；②超范围从事营业性演出经营活动的；③变更营业性演出经营项目未向原发证机关申请换发营业性演出许可证的。其中擅自设立演出场所经营单位或者擅自从事营业性演出经

营活动的,由工商行政管理部门依法予以取缔、处罚;构成犯罪的,依法追究刑事责任。

《娱乐场所管理条例》第40条规定:"擅自从事娱乐场所经营活动的,由工商行政管理部门、文化主管部门依法予以取缔;公安部门在查处治安、刑事案件时,发现擅自从事娱乐场所经营活动的,应当依法予以取缔。"

(2)未经批准举办营业性演出

我国对营业性演出实施严格的许可制度,只有经过批准才能举办,变更相关内容应当重新报批。《营业性演出管理条例》第44条规定,未经批准举办营业性演出的,由县级人民政府文化主管部门责令停止演出,没收违法所得,并处违法所得8倍以上10倍以下的罚款;没有违法所得或者违法所得不足1万元的,并处5万元以上10万元以下的罚款;情节严重的,由原发证机关吊销营业性演出许可证。变更演出举办单位、参加演出的文艺表演团体、演员或者节目未重新报批的,依照前款规定处罚;变更演出的名称、时间、地点、场次未重新报批的,由县级人民政府文化主管部门责令改正,给予警告,可以并处3万元以下的罚款。

(3)侵害消费者权益

在营业性演出和娱乐场所的消费过程中,消费者通常处于弱势地位,为了能更好保护他们的合法权益,法律法规对侵害消费者权益的行为也规定了行政处罚。《营业性演出管理条例》第47条规定,有下列行为之一的,对演出举办单位、文艺表演团体、演员,由国务院文化主管部门或者省、自治区、直辖市人民政府文化主管部门向社会公布;演出举办单位、文艺表演团体在2年内再次被公布的,由原发证机关吊销营业性演出许可证;个体演员在2年内再次被公布的,由工商行政管理部门吊销营业执照:①非因不可抗力中止、停止或者退出演出的;②文艺表演团体、主要演员或者主要节目内容等发生变更未及时告知观众的;③以假唱欺骗观众的;④为演员假唱提供条件的。有该条第1款第1项、第2项和第3项所列行为之一的,由县级人民政府文化主管部门处5万元以上10万元以下的罚款;有该条第1款第4项所列行为的,由县级人民政府文化主管部门处0.5万元以上1万元以下的罚款。

《娱乐场所管理条例》第45条规定,娱乐场所指使、纵容从业人员侵害消费者人身权利的，应当依法承担民事责任，并由县级公安部门责令停业整顿1个月至3个月；造成严重后果的，由原发证机关吊销娱乐经营许可证。

(4)设置赌博设备，提供现金、有价证券奖品等

《娱乐场所管理条例》第44条规定，娱乐场所有下列情形之一的，由县级公安部门没收违法所得和非法财物，并处违法所得2倍以上5倍以下的罚款；没有违法所得或者违法所得不足1万元的，并处2万元以上5万元以下的罚款；情节严重的，责令停业整顿1个月至3个月：①设置具有赌博功能的电子游戏机机型、机种、电路板等游戏设施设备的；②以现金、有价证券作为奖品，或者回购奖品的。

(四)文物、艺术品市场

文物、艺术品市场主要包括文物的保护和美术、绘画、雕塑等艺术品的流转与保护。目前相关的法律法规主要有《中华人民共和国文物保护法》(以下简称《文物保护法》，根据2015年4月24日第十二届全国人民代表大会常务委员会第十四次会议《关于修改〈中华人民共和国文物保护法〉的决定》修改)；《中华人民共和国文物保护法实施条例》(以下简称《实施条例》，根据国务院2016第666号令《国务院关于修改部分行政法规的决定》修改)；艺术品市场的调整规范主要为《中华人民共和国著作权法》、《拍卖法》等，该内容在本书第一章和第四章有详细介绍，此处不再赘述。

1. 适用范围

在中华人民共和国境内，受到国家保护的文物包括：(1)具有历史、艺术、科学价值的古文化遗址、古墓葬、古建筑、石窟寺和石刻、壁画；(2)与重大历史事件、革命运动或者著名人物有关的以及具有重要纪念意义、教育意义或者史料价值的近代现代重要史迹、实物、代表性建筑；(3)历史上各时代珍贵的艺术品、工艺美术品；(4)历史上各时代重要的文献资料以及具有历史、艺术、科学价值的手稿和图书资料等；(5)反映历史上各时代、各民族社会制度、社会生产、社会生活的代表性实物。具有科学价值的古脊椎动物化石和古人类化石同文物一样受国家保护。

2. 监管机关

国务院文物行政部门主管即国家文物局，负责全国文物保护工作。地方各

级人民政府负责本行政区域内的文物保护工作。县级以上地方人民政府承担文物保护工作的部门对本行政区域内的文物保护实施监督管理。县级以上人民政府有关行政部门在各自的职责范围内，负责有关的文物保护工作。

3. 主要违法行为及法律责任

(1)文物犯罪行为

《文物保护法》第 64 条规定："违反本法规定，有下列行为之一，构成犯罪的，依法追究刑事责任：(一)盗掘古文化遗址、古墓葬的；(二)故意或者过失损毁国家保护的珍贵文物的；(三)擅自将国有馆藏文物出售或者私自送给非国有单位或者个人的；(四)将国家禁止出境的珍贵文物私自出售或者送给外国人的；(五)以牟利为目的倒卖国家禁止经营的文物的；(六)走私文物的；(七)盗窃、哄抢、私分或者非法侵占国有文物的；(八)应当追究刑事责任的其他妨害文物管理行为。"

(2)擅自修建工程，迁移、拆除、修缮不可移动文物

《文物保护法》第 66 条规定："有下列行为之一，尚不构成犯罪的，由县级以上人民政府文物主管部门责令改正，造成严重后果的，处五万元以上五十万元以下的罚款；情节严重的，由原发证机关吊销资质证书：(一)擅自在文物保护单位的保护范围内进行建设工程或者爆破、钻探、挖掘等作业的；(二)在文物保护单位的建设控制地带内进行建设工程，其工程设计方案未经文物行政部门同意、报城乡建设规划部门批准，对文物保护单位的历史风貌造成破坏的；(三)擅自迁移、拆除不可移动文物的；(四)擅自修缮不可移动文物，明显改变文物原状的；(五)擅自在原址重建已全部毁坏的不可移动文物，造成文物破坏的；(六)施工单位未取得文物保护工程资质证书，擅自从事文物修缮、迁移、重建的。"

(3)非法流转、改变不可移动文物

不可移动文物是国家重要的精神财富，国家对其流转作出了严格的限制。《文物保护法》第 68 条规定："有下列行为之一的，由县级以上人民政府文物主管部门责令改正，没收违法所得，违法所得一万元以上的，并处违法所得二倍以上五倍以下的罚款；违法所得不足一万元的，并处五千元以上二万元以下的罚款：(一)转让或者抵押国有不可移动文物，或者将国有不可移动文物作为企业资产经营的；(二)将非国有不可移动文物转让或者抵押给外国人的；(三)擅自

改变国有文物保护单位的用途的。”

(4)擅自设立文物商店、文物拍卖企业等

为了保护文物的流转,国家对文物流转单位采用严格的准入制度,只有拥有相关资质的企业才能从事文物买卖、拍卖等活动。《文物保护法》第72条规定:“未经许可,擅自设立文物商店、经营文物拍卖的拍卖企业,或者擅自从事文物的商业经营活动,尚不构成犯罪的,由工商行政管理部门依法予以制止,没收违法所得、非法经营的文物,违法经营额五万元以上的,并处违法经营额二倍以上五倍以下的罚款;违法经营额不足五万元的,并处二万元以上十万元以下的罚款。”

(5)“私藏”文物

文物具有十分稀缺的属性,属于国家财产,任何人发现文物都不应私藏,而应汇报并上交国家珍藏保护。《文物保护法》第74条规定:“有下列行为之一,尚不构成犯罪的,由县级以上人民政府文物主管部门会同公安机关追缴文物;情节严重的,处五千元以上五万元以下的罚款:(一)发现文物隐匿不报或者拒不上交的;(二)未按照规定移交拣选文物的。”

(五)网络文化市场

网络文化市场并非一个真正独立的市场,只是传统文化市场在互联网上的体现。但由于互联网的特殊性,我国针对网络上的文化市场问题做出了许多单独的规定。针对网络文化市场的规范主要有《互联网上网服务营业场所管理条例》(根据国务院2016第666号令《国务院关于修改部分行政法规的决定》修改);《互联网信息服务管理办法》(根据国务院2011第588号令《国务院关于废止和修改部分行政法规的决定》修改);《计算机软件保护条例》(根据国务院2013第632号令《国务院关于修改〈计算机软件保护条例〉的决定》修改);《信息网络传播权保护条例》(根据国务院2013第634号令《国务院关于修改〈信息网络传播权保护条例〉的决定》修改);其中后两个主要属于“著作权”的范畴,此处也不赘述。另外,为了更好地规范网络文化市场,还制定了一些专门的部门规章,比较典型的包括《互联网文化管理暂行规定》、《网络游戏管理暂行办法》、《互联网出版管理暂行规定》等。

1.适用范围

《互联网上网服务营业场所管理条例》所称互联网上网服务营业场所,是指通过计算机等装置向公众提供互联网上网服务的网吧、电脑休闲室等营业性场所。《互联网文化管理暂行规定》将互联网文化活动分为经营性和非经营性两类。经营性互联网文化活动是指以营利为目的，通过向上网用户收费或者以电子商务、广告、赞助等方式获取利益，提供互联网文化产品及其服务的活动。非经营性互联网文化活动是指不以营利为目的向上网用户提供互联网文化产品及其服务的活动。

2. 监管机关

县级以上人民政府文化行政部门负责互联网上网服务营业场所经营单位的设立审批，并负责对依法设立的互联网上网服务营业场所经营单位经营活动的监督管理；公安机关负责对互联网上网服务营业场所经营单位的信息网络安全、治安及消防安全的监督管理；工商行政管理部门负责对互联网上网服务营业场所经营单位登记注册和营业执照的管理，并依法查处无照经营活动；电信管理等其他有关部门在各自职责范围内，依照本条例和有关法律、行政法规的规定，对互联网上网服务营业场所经营单位分别实施有关监督管理。

国务院文化行政部门即文化部，主管全国互联网文化活动的监督管理工作，地方文化行政部门即文化局，负责本行政区域内的互联网文化活动监管工作。

3. 主要违法行为及法律责任

(1)网吧超时经营，接纳未成年人等

《互联网上网服务营业场所管理条例》第31条规定，“互联网上网服务营业场所经营单位有下列行为之一的，由文化行政部门给予警告，可以并处15,000元以下的罚款；情节严重的，责令停业整顿，直至吊销《网络文化经营许可证》：(一)在规定的营业时间以外营业的；(二)接纳未成年人进入营业场所的；(三)经营非网络游戏的；(四)擅自停止实施经营管理技术措施的；(五)未悬挂《网络文化经营许可证》或者未成年人禁入标志的”。

(2)擅自从事互联网出版活动

《互联网出版管理暂行规定》第24条规定，“未经批准，擅自从事互联网出版活动的，由省、自治区、直辖市新闻出版行政部门或者新闻出版总署予以取缔，没收从事非法出版活动的主要设备、专用工具及违法所得，违法经营额1万元以上的，并处违法经营额5倍以上10倍以下罚款；违法经营额不足1万元的，并处1万元以上5万元以下罚款”。

(3)擅自从事经营性互联网文化活动

《互联网文化管理暂行规定》第21条规定:“未经批准,擅自从事经营性互联网文化活动的,由县级以上人民政府文化行政部门或者文化市场综合执法机构依据《无证照经营查处取缔办法》的规定予以查处。”

《网络游戏管理暂行办法》第29条规定:“违反本办法第6条的规定,未经批准,擅自从事网络游戏上网运营、网络游戏虚拟货币发行或者网络游戏虚拟货币交易服务等网络游戏经营活动的,由县级以上文化行政部门或者文化市场综合执法机构依据《无证照经营查处取缔办法》的规定予以查处。”

三、文化创意企业市场监管常见法律问题

文化市场是一个庞大而复杂的市场,其监管工作也“错综复杂”,存在许多监管难题,此处仅列举一些典型的问题。

第一,在出版、印刷、音像制品市场中,最为重要的问题为著作权的保护问题,此点在知识产权一章已有专门的介绍,不再赘述。现在比较突出的监管难点在于对互联网出版活动的监管,互联网出版活动门槛低,主体众多,有的甚至没有实体机构,不易追踪调查;且其中涉及的书目繁多,内容不易审查,互联网的特殊性为监管活动带来了挑战。许多监管机构面对互联网出版活动,通常显得力不从心,监管效率低。

第二,在影视市场中,主要的法律问题为主体资格和内容审查问题。目前,在我国只有县级以上政府广电部门才能设立广播台和电视台,个人、单位都没有资格。同样只有取得许可证的单位才能制作广播电视节目。但是,在互联网上却随处可以发现“电台”、“电视台”,这些主体都不是县级以上人民政府广电部门,那么这些行为是否就属于“擅自设立广播台、电视台”和“擅自制作广播电视节目”的行为呢?是否应该予以取缔,甚至处罚打击呢?我国关于何为有权主体,如何认定私设广播台,擅自制作广播节目仍存在困难。

第三,在演出娱乐市场中,我国监管比较到位,但有一个问题在监管体系中容易被忽略,即对侵害观众、消费者的行为的监管。演出活动中的观众来源分散,属于“追星者”、“消费者”,因此相较于演出活动的举办方而言,观众属于较

弱势的一方，其权益容易受到活动举办方的侵害。这一问题在商业性演出众多的文化环境下尤其严重，而我国在这方面的监管仍然比较欠缺。

第四，在文物、艺术品市场中，因为艺术品主要由知识产权保护，因此此处着重讨论文物的监管问题。旅游业的发展促使许多风景名胜管理处对旅游景点设施甚至文物进行大肆修缮，但是此前我国一直不重视文物修缮的监管工作，导致许多文物遭到明显的毁坏。如何真正落实文物修缮的监管工作，是我国文物保护领域的重中之重。

第五，在网络文化市场中，存在大量的监管漏洞，现在比较突出的问题是对诸如手机 APP 等客户端的监管工作，随着近几年移动互联网的蓬勃发展，诸如网络游戏、网络文学等各种 APP 已经充斥着移动互联网市场。而我国法律、行政法规等还未对其作出专门的规范，实践中对此类行为如何适用法律，怎样查处显得力不从心。

第二节 文化创意企业市场监管典型案例与解析

一、上海朗阅信息科技有限公司未经批准擅自从事互联网文学出版活动案[1]

案例要旨

网络文学出版并非法外之地，虽然互联网出版活动门槛低，也不意味着可以钻法律漏洞，进行违法行为，违反法律规定进行出版活动，将受到严厉的处罚，其中未经批准擅自从事对互联网出版活动，将处违法所得经营额5倍至10倍的罚款。

案情简介

上海朗阅信息科技有限公司在龙茗路2121弄10号101室经营互联网站“红薯网”。2012年5月3日，上海市文化市场行政执法总队执法人员在日常检查中发现，当事人未经批准擅自从事互联网出版活动，在“红薯网”上登载“变换沉醉”、“与护士同居的日子”、“至尊？红颜?”、“流氓老师”、“爱欲横流”、“情夫的诱惑”、“恶魔总裁，求你轻一点”、“强宠生欢”等20,000多部互联网出版物，供上网用户使用、阅读和浏览。执法人员通过调查取证发现，当事人从事互联网出版活动，自2011年5月至2012年4月，通过用户充值购买收费互联网出版物获取收益，经营额(用户充值)人民币6万余元，违法所得人民币1.5万余元。当事人网站注册用户30万，每天IP访问量3万次，PV访问量40万次。执法人员在查处违规经营的同时，兼顾了内容监管，督促当事人积极办证，取得合法的运营资质，并在以后的网站运营中加强内容管理。

当事人违反了《互联网出版管理暂行规定》(现已失效)的相关规定，鉴于当事人在被查处后主动关闭网站进行整改，主动完善了内容审查机制，减轻了

[1] 案例选自“文化部2012年全国文化市场十大案件之七”。

违法行为的危害后果，依据《互联网出版管理暂行规定》（该规定已由2016年3月10日施行的《网络出版服务管理规定》废止）和《中华人民共和国行政处罚法》的相关规定，上海市文化市场行政执法总队对当事人作出了罚没款人民币13.6万元的行政处罚。

案例解析

随着互联网的不断发展，电子书已经成为未来阅读的主要趋势。与此同时，以网络小说为代表的网络文学也异军突起，得到空前的发展，诸如“起点文学”，“红袖”等网络小说“出版”网站已经成为大众的主要阅读渠道。网络文学具有门槛低、书目众多、不易监管、内容审查困难等特点，如果任其发展，将严重影响人民阅读质量，影响青少年的健康发展。本案属于互联网文学出版领域的成功案例，既能为监管机构提供参考，又能为从事或拟从事“互联网文学出版”活动的企业提供法律尺度，规范其自身的行为。

为了加强对互联网出版活动的管理，保障互联网出版机构的合法权益，促进我国互联网出版事业健康、有序地发展，当时的新闻出版总署和信息产业部根据《出版管理条例》和《互联网信息服务管理办法》，制定了《互联网出版管理暂行规定》（现已失效，以下简称《规定》）。该《规定》第5条规定：“互联网出版，是指互联网信息服务提供者将自己创作或他人创作的作品经过选择和编辑加工，登载在互联网上或者通过互联网发送到用户端，供公众浏览、阅读、使用或者下载的在线传播行为。”本案中，上海朗阅信息科技有限公司将多部“文学作品”登载在“红薯网”供公众阅读的行为，属于本规定的互联网出版活动。同时《规定》第6条规定：“从事互联网出版活动，必须经过批准。未经批准，任何单位或个人不得开展互联网出版活动。”第17条规定：“互联网出版不得载有以下内容……（七）宣扬淫秽、赌博、暴力或者教唆犯罪的……”本案中，上海朗阅信息科技有限公司并未获得批准，取得相应的资质，违反了《规定》第6条的规定。同时“与护士同居的日子”、“流氓老师”、“爱欲横流”、“情夫的诱惑”、“恶魔总裁，求你轻一点”、“强宠生欢”等小说含有“宣扬淫秽”等不得载有的内容，违法了《规定》第17条的规定。

同时该《规定》第24条规定：“未经批准，擅自从事互联网出版活动的，由省、自治区、直辖市新闻出版行政部门或者新闻出版总署予以取缔，没收从事非法出版活动的主要设备、专用工具及违法所得，违法经营额1万元以上的，并处违法经营额5倍以上10倍以下罚款……”第27条规定：“互联网出版机构登载或者发送本规定第十七条、第十八条禁止内容的，由省、自治区、直辖市新闻出版行政部门或者新闻出版总署没收违法所得，违法经营额1万元以上的，并处违法经营额5倍以上10倍以下罚款……”本案中，当事人违法所得达人民币7万元之多，根据规定，可以处至少人民币35万元的罚款。但是鉴于当事人积极整改，审查违规内容，执法总队对其减轻处罚，作出罚没款人民币13.6万元的行政处罚决定合理合法。

本案启示

互联网出版作为未来“书籍”的发展趋势，肩负着丰富人民精神生活的重责，因此应高度重视对互联网出版活动的监管。但是，在当下社会，互联网出版活动门槛低，主体众多，有的甚至没有实体机构，不易追踪调查；书目繁多，其内容不易审查，互联网的特殊性为监管活动带来了挑战。本案作为互联网出版领域的成功案例，在行业起到了较大的警示作用，也为其他监管者提供了行政处罚的相关参考案例。希望在本案的激励下，监管机构能进一步加强对互联网出版活动的监管。对于文化创意企业而言，虽然互联网出版活动门槛低，但并不意味着可以钻法律漏洞，进行违法行为。从本案可以看出，对互联网出版违法行为，行政处罚的力度十分之大，为违法所得经营额的5～10倍。如果贪图小便宜，最终只会得不偿失。希望从事互联网出版活动的文化创意企业能引以为戒，积极规范自身行为，在法律的框架内行事，为我国的互联网文学发展做出贡献。

二、北京某公司未经许可擅自制作广播电视节目案[1]

案例要旨

在我国只有县级以上政府广电部门才能设立广播台和电视台，个人、单位都没有资格。广播电视节目的制作也必须取得相应人民政府的广播电视行政部门（即广电局）的许可。私自设立广播台、电视台或者擅自制作广播电视节目，将受到取缔，没收专用工具、设备和节目载体，并处1万元以上5万元以下罚款的处罚。

案情简介

2009年1月15日，某杂志向有关部门反映北京某文化传播有限公司伪造《广播电视节目制作经营许可证》开展经营活动。有关部门批示相关司局责成北京市广电局让北京市文化执法总队（以下简称总队）查处。

总队执法人员先向举报人了解详细情况并保持联系，同时对涉案主体进行暗访与外围调查，掌握重要线索后立即立案调查涉案主体。经调查核实，北京某文化传播有限公司未取得《广播电视节目制作经营许可证》，在2008年7月，租用其他公司的录音棚及工具设备，擅自制作广播电视节目。该公司的行为违反《广播电视管理条例》第31条的规定，依据《广播电视管理条例》第48条的规定，依法取缔了该公司擅自制作广播电视节目的违法活动，给予其没收广播电视节目光盘1张，罚款人民币20,000元的行政处罚。

案例解析

本案涉及的核心法律问题在于该公司是否具备设立广播台、制作广播电视节目的主体资格。在电影电视业中，虽然我国法律对主体做出了非常严格的限制，然而在实践中，尤其是在互联网的迅猛发展趋势之下，关于何为有权主体，

---

〔1〕 案例选自北京市文化执法网（http://www.bjwhzf.gov.cn/shdfyw/zfal/t20100915_268396.htm），2015年9月7日访问。

如何认定私设广播台、制作广播节目仍存在争议。

为了对我国广播电视行业实行监管和引导，我国对广播电视电影节目的制作都规定了较高的门槛。只有取得相关许可经营证明，才能进行广播电视节目的制作，否则将受到广播电视主管行政部门的处罚。本案就属于典型的擅自制作广播电视节目的行为。《广播电视管理条例》第31条规定："广播电视节目由广播电台、电视台和省级以上人民政府广播电视行政部门批准设立的广播电视节目制作经营单位制作。广播电台、电视台不得播放未取得广播电视节目制作经营许可的单位制作的广播电视节目。"由此可见，广播电视节目的制作必须取得相应人民政府的广播电视行政部门(即广电局)的许可方可，而本案中的某文化公司显然未取得相应的许可却擅自制作了广播电视节目，属于违法行为。根据《广播电视管理条例》第48条的规定，"违反本条例规定，擅自设立广播电视节目制作经营单位或者擅自制作电视剧及其他广播电视节目的，由县级以上人民政府广播电视行政部门予以取缔，没收其从事违法活动的专用工具、设备和节目载体，并处1万元以上5万元以下的罚款"。对该公司擅自制作广播电视节目的行为，广电局可以依法取缔，没收节目载体并处以罚款。在本案中，北京市文化执法总队属于综合的执法机构，为依法授权集中行使文化市场行政处罚权的机构，是合法的行政处罚机关。总队做出"依法取缔违法活动，没收节目载体光盘以及处罚2万元的行政处罚决定"也符合法律规定，是合法合理的执法行为。

本案启示

本案表面上看属于擅自制作广播节目，处罚也合理，并无任何不妥之处。但是实质上本案是关于广播电视行业主体资格的问题，而这一问题在我国目前阶段仍值得讨论。众所周知，我国法律对广播电视电影行业管理严格，限制众多，并不利于文化行业的健康发展。事实上，随着互联网行业的发展，许多现象并不能用我国现有法律处理，我国关于广播电视电影行业发展的态度仍值得深思。

《广播电视管理条例》第10条规定："广播电台、电视台由县、不设区的市以上人民政府广播电视行政部门设立，其中教育电视台可以由设区的市、自治州以上人民政府教育行政部门设立。其他任何单位和个人不得设立广播电台、电视台。"关于广播电视节目制作的规定上文已经提及。换言之，在我国只有县级以上政府广电部门才能设立广播台和电视台,个人、单位都没有资格。只有取得许可证的单位才能制作广播电视节目。但是,在互联网上,我们却随处可以发现“电台”、“电视台”,如“酷狗音乐”、“音悦台”等软件中的“在线电台”,“爱奇艺”采编、制作、播放《奇葩说》、《晓松奇谈》等节目。这些主体显然都不是县级以上人民政府广电部门,那么这些行为是否属于“擅自设立广播台、电视台”和“擅自制作广播电视节目”的行为呢?是否应该予以取缔,甚至处罚打击呢?

《广播电视管理条例》第 2 条规定:“本条例所称广播电台、电视台是指采编、制作并通过有线或者无线的方式播放广播电视节目的机构。”按照这个定义,只有通过“有线或者无线的方式”播放广播电视节目的机构,才是广播台和电视台。而互联网公司制作节目是通过“互联网”的方式播放节目,因此就不属于广播台或电视台,这其实是一种浅显且表面的看法,二者实质上完全相同。以前我们区分广播、电视权与信息网络传播权的主要因素在于,是否能“使公众可以在其个人选定的时间和地点获得作品、表演或者录音录像制品”。〔1〕换言之,广播和电视的特点在于其“实时性”,观众只有在规定的时间和特定的电台或广播台中才能观看和收听特定的节目。互联网上的“在线电台”和“电视节目”显然符合这一特点。在音乐电台中,你一旦选择相应的频率,就只能收听实时的特定节目。而“网络电视节目”也只能在特定的时间观看,甚至跟电视剧一样为连载性的。因此,网络上的电视节目和电台理应属于“广播台、电视台”和“广播电视节目”的范畴,这些主体也显然不可能具有相应的资格。可是,这并不意味着我们就应取缔这些活动,恰恰是因为我们的法律跟不上时代步伐,才会造成此种现象。笔者认为,在对待此类行为时我们应该采取宽容的态度,文化、艺术本来就是一个仁者见仁、智者见智的行业,我们应该允许多元主体的进入。只要这些节目传播的信息本身积极向上,没有违法违规内容,就应允许文化创意企业的“百花齐放”,只有如此才能真正促进我国文化事业的繁荣发展。

对文化创意企业而言,我国法律明确禁止私设广播台、电视台,未经许可制

〔1〕《信息网络传播权保护条例》第 26 条规定:“信息网络传播权,是指以有线或者无线方式向公众提供作品、表演或者录音录像制品,使公众可以在其个人选定的时间和地点获得作品、表演或者录音录像制品的权利。”

作广播电视节目的行为，文化创意企业应该遵守法律规定。对于“网络电台”、“网络电视台”、“网络电视节目”等，我国法律虽然没有直接的禁止规定，实践中相关部门也对此类行为采取宽容的态度，但并不意味着这些行为就一定是合法的，不会受到追究。文化创意企业在从事这些活动时，应该时刻提醒自己，不能跨越法律之线。文化创意企业应该秉持繁荣文化事业的态度，传播积极向上的价值观，制作好的节目，这才是这类企业真正的“护身符”。

三、上海新雨后文化体育信息有限公司擅自变更营业性演出节目内容未及时告知观众案[1]

案例要旨

在营业性演出中，文艺表演团体、主要演员或者主要节目内容等发生变更未及时告知观众并造成损失或者假唱的，将受到文化主管部门5万元以上10万元以下罚款的处罚。对经常举办大型演出活动或者明星演唱会的文化创意企业而言，在筹办活动的过程中，应当时时提醒自己需要履行的职责，避免侵犯消费者的合法权益。

案情简介

2013年5月31日，上海新雨后文化体育信息有限公司在承办“2013后街男孩20周年世界巡回中国首航演唱会（成都站）”的过程中，擅自变更舞台结构遮挡观众视线，减少演唱曲目数量，导致消费者在演出结束后长时间滞留。

2013年10月17日，武侯区文化体育旅游局对该公司举办营业性演出擅自变更节目内容未及时告知观众的行为作出了罚款人民币5万元的行政处罚。

案例解析

随着我国经济的不断发展，人民生活水平也不断提高，民众越来越追求精神生活，诸如演唱会、话剧等营业性演出也得到空前的发展。可是由于这些活

---

〔1〕 案例选自“文化部2013年全国文化市场十大案件之十”。

动中的观众来源分散，且属于“追星者”、“消费者”，因此相较于演出活动的举办方而言，观众属于较弱势的一方。观众对自己所参加演唱会的演出内容、节目数量、演出时长都处于无知的状态。有时演出单位擅自修改演出的内容、数量、时间等，观众通常也无法主张自己的权利，要求损害赔偿等。这一问题在商业性演出众多的文化环境下尤其严重，极易侵犯观众消费者的权益。例如，“TFBOYS 演唱会”在决定好演出时间后，观众买好演出票，定好机票、酒店甚至请好假后，突然在演出前几天通知演出时间被推迟，给观众造成经济损失，可是观众却难以获得赔偿。因此，在观众处于弱势地位一方的演出活动中，更应加强市场的监管，规范营业性的演出活动，切实保障观众的合法权益。

本案即属于侵害观众知情权而受到行政处罚的案例。首先，《营业性演出管理条例》第 5 条第 2 款规定：“县级以上地方人民政府文化主管部门负责本行政区域内营业性演出的监督管理工作……”本案中的文化体育旅游局属于当地文化主管部门，具有监管和行政处罚的权力。其次，《营业性演出管理条例》第 27 条第 1 款规定：“参加营业性演出的文艺表演团体、主要演员或者主要节目内容等发生变更的，演出举办单位应当及时告知观众并说明理由。观众有权退票。”据此演出单位应当事先通知观众节目内容变更的情况。同时《营业性演出管理条例》第 47 条第 1 款规定：“有下列行为之一的……（二）文艺表演团体、主要演员或者主要节目内容等发生变更未及时告知观众的……”“有本条第一款第（一）项、第（二）项和第（三）项所列行为之一的，由县级人民政府文化主管部门处 5 万元以上 10 万元以下的罚款……”在本案中，上海新雨后文化体育信息有限公司擅自减少节目数量，变更节目内容，但事先并未通知观众，导致观众演出结束后迟迟不愿离去，滞留演出场所，符合上述第 47 条的规定。武侯区体育文化局据此作出罚款 5 万元行政处罚决定合法。

本案启示

本案在营业性演出繁荣发展的当下社会，具有十分重要的意义，正如上文所说，由于演出举办方与观众地位的不平等，一方面，观众的利益容易受到损害，一旦处理不好就易引发大型演出事故；另一方面，由于地位强势性，演出单位在筹办演出活动中也容易忽略观众的利益，不认真履行自己的职责。例如，本案中的“不及时告知观众演出节目内容、数量变更”等。因此，对文化创意企业而言，尤其是经常举办大型演出活动、明星演唱会的单位，在筹办活动的过程中，应当时时提醒自己需要履行的职责，避免侵犯消费者的合法权益。如此，既能保证活动的顺利进行，也能避免受到文化主管行政部门的行政处罚。同时，文化主管部门也应加强对大型演出活动的监管，真正规范演出活动的举办，切实维护观众消费者的利益，只有消费者利益得到保障，文化事业才能长久持续的发展。此外，作为一名消费者，观众也应适时适当地维护自己的权益，大家的监督才是使演出活动不断变好的根本动力。

四、凤凰山云接寺擅自修缮不可移动文物致清代壁画损毁案[1]

案例要旨

文物的修缮工作必须经过许可，且由有资质的单位承担。文物的修缮应遵守“不改变文物原状”原则，否则，造成文物不可恢复性损坏，尚不构成犯罪的，由县级以上人民政府文物主管部门责令改正，造成严重后果的，处5万元以上50万元以下的罚款；情节严重的，由原发证机关吊销资质证书。

案情简介

辽宁省朝阳市凤凰山云接寺娘娘殿内的壁画维修于2013年5月开始。但与其说是修缮，不如说是对清代壁画的“重画”，最终导致壁画遭到彻底性的毁坏。有网友甚至嘲笑说，“动画片《大闹天宫》都比这画得好”，一时引起网络热议，相关部门也高度重视(修缮前后对比见图1和图2)。[2]

2013年10月，辽宁省朝阳市文化广电新闻出版局查明，凤凰山风景名胜区管理处在未按朝阳市文物局的要求聘请有资质单位制定修缮方案、也未履行报批手续的情况下，聘请锦州市大岩古建筑工程有限责任公司对云接寺进行修

〔1〕 案例选自“文化部2013年全国文化市场十大案件之二”。

〔2〕 图1和图2中图片来源于 http://news.liao1.com/epaper/hscb/html/2013-10/22/content_348720.htm，2015年11月15日访问。

缮，造成云接寺娘娘殿内清代壁画损坏。其中负责壁画修复工程的公司也不具备古壁画修复的勘察和设计资质。

2013 年 10 月 25 日，朝阳市文化广电新闻出版局向凤凰山风景名胜区管理处作出责令限期恢复壁画原貌并处人民币 50 万元罚款的行政处罚决定；对朝阳市文化市场综合执法支队文物监察大队长于某给予免职处理。朝阳市旅游局对凤凰山风景名胜区管理处书记谭某给予行政警告处分，对凤凰山风景名胜区管理处寺庙管理科科长袁某给予免职处理。

图 1 修复前资料图片

图 2 修复后资料图片

案例解析

历史文物是一个国家精神文明和深厚文化底蕴的象征，是整个民族宝贵的非物质财富，对文物的保护极为重要。随着时间的流逝，文物的价值越来越大，但文物的保存却越来越难，因此为了不让珍贵文物，尤其是不可移动文物消逝，许多文物保护单位都会对其保护范围内的文物进行一定程度的修缮。但是在实践中不可移动文物由谁进行修缮，修缮单位需要什么资质以及修缮的原则等却常常被忽视，导致不可移动文物遭到不可恢复性的毁坏。本案即是发生在文物修缮中的一个典型案例。

根据《中华人民共和国文物保护法》（以下简称《文物保护法》）第 3 条规定："古文化遗址、古墓葬、古建筑、石窟寺、石刻、壁画、近代现代重要史迹和代表性建筑等不可移动文物……"，壁画属于不可移动文物。《文物保护法》第 21 条进一步对不可移动文物的修缮人，修缮程序，修缮单位资质以及修缮原则等都进行了详细规定。具体而言，《文物保护法》第 21 条规定："国有不可移动文物由使用人负责修缮、保养……对文物保护单位进行修缮，应当根据文物保护单位的级别报相应的文物行政部门批准……文物保护单位的修缮、迁移、重建，由取得文物保护工程资质证书的单位承担。对不可移动文物进行修缮、保养、迁移，必须遵守不改变文物原状的原则。"据此，国有不可移动文物的修缮由使用人负责，必须取得文物行政部门的批准，承担单位必须具有相应的资质证书，对文物的修缮应当遵守不改变文物原状的原则。

在本案中，凤凰山云接寺娘娘殿中的清代壁画属国有不可移动文物，凤凰山风景名胜区管理处为其使用人，因此由凤凰山风景名胜区管理处负责壁画修缮工作。但是，凤凰山风景名胜区管理处并没有依照法律规定取得文物主管行政部门——朝阳市文化广电新闻出版局的批准，便擅自聘请不具备古壁画修复勘察和设计资质的锦州市大岩古建筑工程有限责任公司对云接寺进行修缮。修缮单位对这些壁画也并没有遵守"不改变文物原状"的原则，几乎属于"重画"，最终导致清代壁画遭到毁坏。凤凰山风景名胜区管理处的行为显然违反了《文物保护法》的规定。

根据《文物保护法》第 66 条的规定："有下列行为之一，尚不构成犯罪的，由县级以上人民政府文物主管部门责令改正，造成严重后果的，处五万元以上五十万元以下的罚款；情节严重的，由原发证机关吊销资质证书……（四）擅自修缮不可移动文物，明显改变文物原状的……（六）施工单位未取得文物保护工程资质证书,擅自从事文物修缮、迁移、重建的……”因此,朝阳市文化广电新闻出版局对凤凰山风景名胜区管理处作出责令限期恢复壁画原貌并处50万元罚款的行政处罚决定,符合法律规定。

本案启示

本案属于文物保护行业中的典型案例,对于我国当下文物保护单位和旅游景点都具有十分重要的意义。近年来,我国旅游业发展十分迅猛,每逢节假日旅游人群都会“占领”各大景点,其中具有深远历史意义的文物保护点自然成为了旅游的“重灾区”。一方面,由于游客的增多,文物受到的“人为威胁”便增大,文物保护工作也就越来越迫切,客观上促使了文物的不断修缮。另一方面,许多风景名胜管理处为了能吸引更多游客,便对旅游景点设施甚至文物进行大肆修缮,与其说是在保护这些文物,不如说是在“营利”,宛然一副“文化创意企业”的面孔。但文物何其珍贵,一旦毁坏,岂可“失而复得”,因此我们必须高度重视文物的修缮工作。希望本案能给文物修缮单位和文物使用人一个警示,在未来的文物修缮中认真尽责,遵照合理的程序,聘请合格的单位。同时,也希望文化行政管理部门和游客都能真正重视文物的保护,切实发挥行政监管和社会监督的作用。

五、上海果游网络信息科技有限公司擅自从事网络游戏经营活动并提供违规网络游戏产品案[1]

案例要旨

在移动互联网网络游戏蓬勃发展的当下,虽然没有专门的法律、行政法规等对其作出专门的规范,但是根据现有的规范,从事互联网网络游戏运营必须经过许可,取得相应的证照。否则,将由工商行政管理部门依法予以取缔,或没收违法所得。无照经营行为规模较大、社会危害严重的,还应处以2万元以上20万元以下罚款的处罚。

---

〔1〕 案例选自“文化部2013年全国文化市场十大案件之三”。

案情简介

2013 年 2 月，上海市文化市场行政执法总队查明，上海果游网络信息科技有限公司未经批准，擅自制作和运营 iPad、iPhone 和 Android 客户端网络棋牌游戏《××金花》，并通过向用户销售网络游戏虚拟货币的方式获得经营收入。

2013 年 2 月 20 日，上海市文化市场行政执法总队对当事人擅自从事移动网络棋牌游戏经营活动的违法行为予以取缔，并对当事人提供含有违规的网络游戏产品的违法行为予以责令改正，合并给予罚没款人民币 22 万元的行政处罚。

案例解析

本案属于从事手机网络游戏经营活动并提供手机游戏产品的案件。随着近几年移动互联网的蓬勃发展，诸如网络游戏、网络文学等各种 APP 已经充斥着移动互联网市场。而我国法律、行政法规等还未对其作出专门的规范，实践中对此类行为如何适用法律，怎样查处也显得力不从心。

虽然没有专门的行政法规，但是为了加强网络游戏管理，规范网络游戏经营秩序，维护网络游戏行业的健康发展，文化部于 2010 年 3 月 17 日根据《互联网信息服务管理办法》以及国家法律法规有关规定，制定了《网络游戏管理暂行办法》。该《办法》第 2 条规定："……本办法所称网络游戏是指由软件程序和信息数据构成，通过互联网、移动通信网等信息网络提供的游戏产品和服务。"该办法对从事网络游戏经营的单位提出了很高的要求，其中第 6 条规定："从事网络游戏上网运营、网络游戏虚拟货币发行和网络游戏虚拟货币交易服务等网络游戏经营活动的单位，应当具备以下条件，并取得《网络文化经营许可证》：（一）单位的名称、住所、组织机构和章程；（二）确定的网络游戏经营范围；（三）符合国家规定的从业人员；（四）不低于 1000 万元的注册资金；（五）符合法律、行政法规和国家有关规定的条件。"由此可知，网络游戏的经营具有非常高的门槛，达不到上述要求，未取得《网络文化经营许可证》则可能受到行政机关的处罚。《网络游戏管理暂行办法》第 29 条规定："违反本办法第六条的规定，未经批准，擅自从事网络游戏上网运营……由县级以上文化行政部门或者文化市场综合执法机构依据《无证照经营查处取缔办法》的规定予以查处。"其中《无证照经营查处取缔办法》第14条规定："对于无照经营行为，由工商行政管理部门依法予以取缔，没收违法所得……尚不够刑事处罚的，并处2万元以下的罚款；无照经营行为规模较大、社会危害严重的，并处2万元以上20万元以下的罚款。"

本案中，《××金花》是通过iPad、iPhone和Android等移动通信终端提供的游戏服务，属于网络游戏。上海果游网络信息科技有限公司未经批准，便擅自制作并提供该游戏，属于"未经批准擅自从事网络游戏上网经营"的行为。上海市文化市场行政执法总队作为综合执法机构，具有法定的行政处罚权。其根据上述规定作出"对当事人擅自从事移动网络棋牌游戏经营活动的违法行为予以取缔，并对当事人提供含有违规的网络游戏产品的违法行为予以责令改正，合并给予罚没款人民币22万元"行政处罚决定未超出法律规定，为合法的行政行为。

本案启示

本案的查处，在行业内起到较大的警示作用，对规范手机等移动网络游戏市场秩序、整治移动网络游戏市场违规行为，维护网络游戏企业和消费者合法权益、鼓励优秀移动网络游戏的创作和传播、促进移动网络游戏市场健康繁荣发展起到了典型示范作用。

但是从上述法律规定来看，关于手机游戏等的规定仍有值得商榷的地方。《网络游戏管理暂行办法》要求从事网络游戏经营活动的单位必须达到诸如"注册资金1000万元"等要求，并取得《网络文化经营许可证》。但是，我们都知道，网络游戏可以分为两类，一类为大型的网游，如《英雄联盟》等可以持续不断升级的游戏；另一类则为单机小游戏，如我们手机上常安装的《斗地主》、《消灭星星》等游戏。一般而言，手机端游戏都为单机小游戏，而现在手机APP的制作又十分简单。如果要求所有从事手机端游戏开发和经营的单位都达到上述要求显然不科学，不利于网络游戏的创新。现行《网络游戏管理暂行办法》的规定应该只适用于第一种"大型网游"。因此，希望在未来的法律法规制定中，能够充分考虑网络游戏的不同种类和经营主体。

对于从事手机游戏开发的文化创意企业而言，可以从本案中看出文化主管部门对该问题的立场。就目前而言，希望相关企业能从中吸取教训，在法律规定的框架内行事,不要试图钻法律的漏洞或从事违反法律规定的活动。要相信法律会随市场而变化,并努力推动法律的发展,最终迎来“合法”的春天。

本章常用法律法规索引

1.《中华人民共和国文物保护法》
2.《中华人民共和国著作权法》
3.《中华人民共和国行政处罚法》
4.《广播电视管理条例》
5.《广播电视设施保护条例》
6.《印刷业管理条例》
7.《计算机软件保护条例》
8.《出版管理条例》
9.《电影管理条例》
10.《互联网上网服务营业场所管理条例》
11.《中华人民共和国文物保护法实施条例》
12.《营业性演出管理条例》
13.《娱乐场所管理条例》
14.《信息网络传播权保护条例》
15.《音像制品管理条例》
16.《卫星电视广播地面接收设施管理规定》
17.《互联网出版管理暂行规定》
18.《无照经营查处取缔办法》
19.《网络游戏管理暂行办法》
20.《互联网文化管理暂行规定》

第七章

文化创意企业其他法律实务

第一节 文化创意企业其他法律实务概述

一、与文化创意企业相关的其他法律规定

在文化创意企业的生产经营活动中，除了需要重视上述各章中提到的法律法规外，也需要注意保护其他民事权利和防止不正当竞争行为，如保护企业的名誉权、防止诋毁商誉和虚假宣传等不正当竞争行为。只有明确权利的界限，了解侵权和不正当竞争行为的判断以及责任的认定，文化创意企业才能在法律保障的范围内实现和保障自身的合法权益。

因此，本章将围绕文化创意企业容易遇到的侵权和不正当竞争行为以及责任的认定，简要介绍与文化创意企业相关的其他法律规定。本节涉及的法律规定有《民法通则》、《侵权责任法》、《反不正当竞争法》以及相关的法律法规。

（一）民法通则

为了调整平等主体的公民之间、法人之间、公民和法人之间的财产关系和人身关系，《民法通则》对于民事权利和民事责任作出了一般规定，明确公民、法人的合法的民事权益受法律保护，任何组织和个人不得侵犯。

通过该法，文化创意企业可以了解到自身的哪些民事权益受到法律的保护，哪些民事行为是法律所不允许的侵权行为，以及侵犯民事权利的行为要承担什么法律责任。这些规定有助于文化创意企业了解民事法律制度的立法精神和保护原则，帮助企业更好地规范自身经营活动和维护自身民事权益。其中与文化创意企业相关的具体法律规定如下：

1. 人身权的一般规定

公民享有姓名权，有权决定、使用和依照规定改变自己的姓名，禁止他人干涉、盗用、假冒。法人、个体工商户、个人合伙享有名称权。企业法人、个体工商户、个人合伙有权使用、依法转让自己的名称。公民享有肖像权，未经本人同意，不得以营利为目的使用公民的肖像。公民、法人享有名誉权，公民的人格尊严受法律保护，禁止用侮辱、诽谤等方式损害公民、法人的名誉。

2. 侵权的民事责任

公民、法人的著作权(版权)、专利权、商标专用权、发现权、发明权和其他科技成果权受到剽窃、篡改、假冒等侵害的,有权要求停止侵害,消除影响,赔偿损失。公民的姓名权、肖像权、名誉权、荣誉权受到侵害的,有权要求停止侵害,恢复名誉,消除影响,赔礼道歉,并可以要求赔偿损失。法人的名称权、名誉权、荣誉权受到侵害的,适用前款规定。

3. 承担民事责任的方式

承担民事责任的方式主要有:停止侵害;排除妨碍;消除危险;返还财产;恢复原状;修理、重作、更换;赔偿损失;支付违约金;消除影响、恢复名誉;赔礼道歉。以上承担民事责任的方式,可以单独适用,也可以合并适用。人民法院审理民事案件,除适用上述规定外,还可以予以训诫、责令具结悔过、收缴进行非法活动的财物和非法所得,并可以依照法律规定处以罚款、拘留。

(二)侵权责任法

为了保护民事主体的合法权益,明确侵权责任,预防并制裁侵权行为,《侵权责任法》对于侵害民事权益的行为承担侵权责任作出了一般规定,并且明确其他法律另有特别规定的依照其规定。

《侵权责任法》的规定对于规范文化创意企业的行为有指导性的作用,其规定能够帮助企业明确经营活动行为是否构成侵权行为,以及实施了侵权行为会导致怎样的法律责任。同时,该法也能够帮助企业更好地维护自身的权益。其中与文化创意企业相关的具体法律规定如下:

1. 保护对象

侵害民事权益,应当依照该法承担侵权责任。本法所称民事权益,包括生命权、健康权、姓名权、名誉权、荣誉权、肖像权、隐私权、婚姻自主权、监护权、所有权、用益物权、担保物权、著作权、专利权、商标专用权、发现权、股权、继承权等人身、财产权益。

2. 责任构成

行为人因过错侵害他人民事权益,应当承担侵权责任。根据法律规定推定行为人有过错,行为人不能证明自己没有过错的,应当承担侵权责任。行为人损害他人民事权益,不论行为人有无过错,法律规定应当承担侵权责任的,依照其规定。

3. 责任方式

承担侵权责任的方式主要有:停止侵害;排除妨碍;消除危险;返还财产;恢复原状;赔偿损失;赔礼道歉;消除影响、恢复名誉。以上承担侵权责任的方式,可以单独适用,也可以合并适用。

4. 其他规定

除了上述一般规定之外,《侵权责任法》对于不承担责任和减轻责任的情形、关于责任主体的特殊规定、产品责任、机动车交通事故责任等特殊情形也进行了规定。

(三)反不正当竞争法

为了保障市场经济健康发展,鼓励和保护公平竞争,制止不正当竞争行为,保护经营者和消费者的合法权益,《反不正当竞争法》对于什么是不正当竞争行为、怎样监督规制不正当竞争行为,以及不正当竞争行为应该承担什么样的法律责任,进行了详细的规定。

上述规定,帮助文化创意企业明确竞争行为的法律界限,在法条的引导下进行正当、合理的公平竞争,促进全行业的健康进步。与此同时,明确不正当竞争行为的法律责任,也有助于企业拿起法律武器,制裁不正当竞争的恶性行为,补偿企业在恶性竞争中受到的损失、维护自身的合法权益。其中与文化创意企业相关的具体法律规定如下:

1. 不正当竞争行为的类型

经营者不得采用下列不正当手段从事市场交易,损害竞争对手:假冒他人的注册商标;擅自使用知名商品特有的名称、包装、装潢,或者使用与知名商品近似的名称、包装、装潢,造成和他人的知名商品相混淆,使购买者误认为是该知名商品;擅自使用他人的企业名称或者姓名,引人误认为是他人的商品;在商品上伪造或者冒用认证标志、名优标志等质量标志,伪造产地,对商品质量作引人误解的虚假表示。经营者不得利用广告或者其他方法,对商品的质量、制作成分、性能、用途、生产者、有效期限、产地等作引人误解的虚假宣传。广告的经营者不得在明知或者应知的情况下,代理、设计、制作、发布虚假广告。

2. 不正当竞争行为的法律责任

经营者违反该法规定，给被侵害的经营者造成损害的，应当承担损害赔偿责任，被侵害的经营者的损失难以计算的，赔偿额为侵权人在侵权期间因侵权所获得的利润；并应当承担被侵害的经营者因调查该经营者侵害其合法权益的不正当竞争行为所支付的合理费用。被侵害的经营者的合法权益受到不正当竞争行为损害的，可以向人民法院提起诉讼。

（四）其他法律规定

除了上述法律条文之外，其他法律法规中的部分条款也与文化创意企业的运营活动息息相关，了解这些法律法规也有助于文化创意企业更好地规避法律风险、保障合法权益。这些法律法规简要介绍如下：

1. 广告法

为了规范广告活动，保护消费者的合法权益，《广告法》规定广告应当真实、合法，以健康的表现形式表达广告内容，而且不得含有虚假或者引人误解的内容，不得欺骗、误导消费者。在对于广告的内容以及广告从业人员的行为都作出详细规定之外，该法还规定了违反相关规定的行政法律责任和民事侵权责任。

其中，民事侵权责任的具体规定为：违反本法规定，发布虚假广告，欺骗、误导消费者，使购买商品或者接受服务的消费者的合法权益受到损害的，由广告主依法承担民事责任；关系消费者生命健康的商品或者服务的虚假广告，造成消费者损害的，其广告经营者、广告发布者、广告代言人应当与广告主承担连带责任。其他商品或者服务的虚假广告，造成消费者损害的，其广告经营者、广告发布者、广告代言人，明知或者应知广告虚假仍设计、制作、代理、发布或者作推荐、证明的，应当与广告主承担连带责任。广告主、广告经营者、广告发布者违反本法规定，有下列侵权行为之一的，依法承担民事责任：(1)在广告中损害未成年人或者残疾人的身心健康的；(2)假冒他人专利的；(3)贬低其他生产经营者的商品、服务的；(4)在广告中未经同意使用他人名义或者形象的；(5)其他侵犯他人合法民事权益的。

2. 旅游法

为保障旅游者和旅游经营者的合法权益，规范旅游市场秩序，《旅游法》对于旅行社、旅游者在履行旅游合同过程中发生的侵权行为以及民事赔偿责任进行的具体规定如下：

旅行社为招徕、组织旅游者发布信息，必须真实、准确，不得进行虚假宣传，误导旅游者。

旅行社不履行包价旅游合同义务或者履行合同义务不符合约定的，应当依法承担继续履行、采取补救措施或者赔偿损失等违约责任；造成旅游者人身损害、财产损失的，应当依法承担赔偿责任。

在旅游者自行安排活动期间，旅行社未尽到安全提示、救助义务的，应当对旅游者的人身损害、财产损失承担相应责任。

由于公共交通经营者的原因造成旅游者人身损害、财产损失的，由公共交通经营者依法承担赔偿责任，旅行社应当协助旅游者向公共交通经营者索赔。

旅游者在旅游活动中或者在解决纠纷时，损害旅行社、履行辅助人、旅游从业人员或者其他旅游者的合法权益的，依法承担赔偿责任。

3. 消费者权益保护法

为保护消费者的合法权益，《消费者权益保护法》对于消费者的权利、经营者的义务以及相关民事责任的承担作出了具体的规定。其中对于经营者侵犯消费者权利的情形及具体法律责任规定如下：

经营者提供商品或者服务，造成消费者或者其他受害人人身伤害的，应当赔偿医疗费、护理费、交通费等为治疗和康复支出的合理费用，以及因误工减少的收入。造成残疾的，还应当赔偿残疾生活辅助具费和残疾赔偿金。造成死亡的，还应当赔偿丧葬费和死亡赔偿金。

经营者侵害消费者的人格尊严、侵犯消费者人身自由或者侵害消费者个人信息依法得到保护的权利的，应当停止侵害、恢复名誉、消除影响、赔礼道歉，并赔偿损失。

经营者有侮辱诽谤、搜查身体、侵犯人身自由等侵害消费者或者其他受害人人身权益的行为，造成严重精神损害的，受害人可以要求精神损害赔偿。

二、文化创意企业其他法律实务中常见法律问题

文化创意企业的其他常见法律问题往往涉及企业运营过程中的侵权问题。因此，下面将简要列举一些典型的法律问题，对其中涉及不同的侵权行为分别

进行阐述。

1. 民事主体人身权的侵权问题

公民个人的姓名权、肖像权,公民和法人的名誉权都是受到民法保护的人身权。在企业的经营活动中,经常会利用名人的姓名、肖像和名誉以达到特定商业目的,在这个过程中,应当注意商业行为不得侵犯其他民事主体的人身权。如下一节所述的金山诉周鸿祎名誉权侵权案例所示,周鸿祎在网站上发表特定言论,针对金山这一企业法人发表了一系列评论,最终被法院认定应当承担侵权责任。根据最高人民法院《关于审理名誉权案件若干问题的解答》第 8 条的规定,因撰写、发表批评文章引起的名誉权纠纷,文章反映的问题虽基本属实,但有侮辱他人人格的内容,使他人名誉受到侵害的,应认定为侵害他人名誉权。即周鸿祎在网站上发表的批评文章即使反映问题基本属实,但是使他人名誉受到损害,仍然认定为侵害他人名誉权。

2. 不正当竞争侵权的问题

市场经济的发展离不开公平、健康的竞争,文化创意企业应当合理把握竞争手段的界限、正确区分不正当竞争行为。

下一节所述的腾讯诉360 扣扣保镖不正当竞争诋毁商誉侵权案例,将重点阐述诋毁商誉的侵权行为,为文化创意企业回答什么行为构成诋毁商誉、诋毁商誉应当承担什么法律责任等问题。该案法院认为,被告的行为,构成了片面陈述真实的事实而贬损他人商誉的情形,同虚假宣传一样容易引人误解,足以导致相关消费者对相关商品产生错误认识,并对竞争对手的商品声誉或者商业信誉产生负面影响。

另一个典型案例重庆银翼诉重庆交通大学、重庆方特虚假宣传纠纷案则将重点阐述虚假宣传侵害企业商业利益的侵权行为认定和侵权责任承担。根据最高人民法院《关于审理不正当竞争民事案件应用法律若干问题的解释》第 8 条规定,经营者以歧义性语言或者其他引人误解的方式进行商品宣传的,人民法院应当根据日常生活经验、相关公众一般注意力、发生误解的事实和被宣传对象的实际情况等因素,对引人误解的虚假宣传行为进行认定。该案中,法院结合日常生活常识,认定两被告在宣传过程中的行为足以令相关公众产生误解,侵犯了原告的商业利益,构成不正当竞争侵权。

第二节 文化创意企业其他法律实务典型案例与解析

一、周鸿祎与北京金山安全软件有限公司侵犯名誉权纠纷上诉案[1]

案例要旨

在微博、微信等自媒体高度发达的互联网时代，公众人物应对其言行谨慎负有更高的注意义务。对其撰写、发表的批评文章所引起的名誉权纠纷，若无法判定其主观为善意，也不能排除其借此而获得自己利益的可能性，则在正确区分"正常批评"与"侮辱诽谤"的基础上，认定为侵权行为并承担相应责任。

案情简介

北京金山安全公司2009年11月30日成立，系"金山软件"旗下核心企业，是金山网盾杀毒软件的版权人之一。周鸿祎系奇虎360公司董事长，也是新浪、搜狐、网易微博的博主，粉丝众多，在新浪微博上经过了加"V"认证。

2010年5月25日15时左右开始，周鸿祎相继在新浪、搜狐、网易微博发表"揭开金山公司面皮"等数十篇微博，称金山公司曾在微点造毒传毒案件中故意陷害微点恶意作伪证，借机要"岳不群一统江湖"，并使用了"偷鸡摸狗"、"搞阴谋"、"作伪证"、"借刀杀人"、"暗地里搞动作"、"搞小动作"、"黑山"、"难道金山非要把自己用户的电脑全都变成肉鸡吗"、"至少不会既要当啥子，又要立牌坊"等言辞，还指称金山公司员工道德标准下降极快、排挤老员工葛柯、故意偷袭破坏360软件运行等。

原告（被上诉人）北京金山安全软件有限公司（以下简称金山安全公司）诉称：奇智软件（北京）有限公司董事长周鸿祎未经调查核实，仅凭主观臆断，虚构

---

[1] 北京市第一中级人民法院(2011)一中民终字第09328号民事判决书。

事实,恶意毁谤,散布大量诋毁商业信誉及产品声誉的不实言论,极大损害了金山安全公司良好的商誉和企业形象,使社会公众对原告及"金山软件"品牌产生了重大误解,造成金山安全公司社会评价严重降低。周鸿祎作为同业竞争企业中有一定影响力的负责人,应对其言行谨慎负有注意义务,并对不负责任言行的不良后果有所预见。受周鸿祎言论及市场因素的影响,金山软件股票在2010年5月26日跌幅达到11.9%,市值损失超过6亿元。故诉至法院,请求判令周鸿祎停止侵权、赔礼道歉、消除影响,并索赔1200万元。

被告(上诉人)周鸿祎辩称:金山安全公司于2009年11月30日成立,微博中提及的"微点案"发生在2005年,其时原告尚未成立,故其对"微点案"的言论与原告无关。其发布的微博言论均有事实依据,没有侮辱、诽谤原告人格的内容。案外人金山软件的股价波动与被告的言论无任何因果关系。所谓"我的微博发言让金山丢了6个亿"完全是调侃之意。综上所述,其发表的评论内容属实,没有侮辱、诽谤原告人格的内容,也不存在侵权故意,而是履行公民监督、批评指责的正当行为,不构成侵害名誉权,请求法院驳回原告的诉讼请求。

诉讼中,金山安全公司向法院提供《金山软件会议备忘》,内容为:为便利诉讼和主张权利,作为"金山软件"一体化的组成部分,金山软件旗下金山软件有限公司等企业在本次维权活动中的全部权益,由北京金山安全公司代表开展维权活动,就周鸿祎先生现有的及将来的对金山软件的侵权言论提起名誉权诉讼。

诉讼中,周鸿祎未就金山公司故意作伪证陷害微点公司以及恶意破坏360软件运行、排挤老员工葛柯等事项进行充分有效的举证。周鸿祎提供2010年5月25日金山披露的"截至2010年3月31日三个月期间的未经审计的财务业绩公告",称"金山软件"股价下跌是各种市场因素共同作用的结果,其中该财务报告披露很多财务数据较上一季度都有较大幅度下降,这是造成金山软件股价大跌的原因,且微博中相当一部分言论发表于2010年5月27日,与5月26日金山软件股价下跌没有关联性。

一审法院查明事实后,作出判决如下:(1)自本判决生效之日起,周鸿祎停止侵权,并删除相关微博文章;(2)自本判决生效之日起10日内,周鸿祎在其新浪微博首页、搜狐微博首页、网易微博首页发表致歉声明,向北京金山安全软件有限公司公开赔礼道歉、消除影响,持续时间为连续7天;(3)自本判决生效之日起7日内,周鸿祎赔偿北京金山安全软件有限公司经济损失包括公证费等合理费用共计人民币8万元;(4)驳回北京金山安全软件有限公司的其他诉讼请求。案件受理费60,200元,由北京金山安全软件有限公司自行负担50,000元,已交纳,由周鸿祎负担10,200元,于本判决生效后7日内交纳。

一审宣判后,被告不服判决提起上诉。

二审法院查明事实后作出判决如下:(1)维持北京市海淀区人民法院(2010)海民初字第19075号民事判决第二项;(2)撤销北京市海淀区人民法院(2010)海民初字第19075号民事判决第一项、第三项、第四项;(3)自本判决生效之日起,周鸿祎删除其在新浪微博、搜狐微博、网易微博中的如下内容:①而金山之所以哭着喊着要"兼容",无非就是想先同居,进来以后就有机会搞小动作了,慢慢地一点一点搞破坏,占360的便宜,让用户觉得360不稳定、不管用。反正黑灯瞎火地大家也看不明白,谁也不知道到底发生了什么,是非说不清。真要打起来了,先扯着嗓子喊"非礼啦!",这次果不其然。②我们这次吃亏就吃亏在没先喊,另外360多年来一直被做木马的、做流氓软件的、做收费杀毒的围攻,天天被泼粪,而金山一直扛着民族软件的大旗,俨然一副正人君子的模样,所以一打起来,先得了不少同情分。事实上,金山真是"道德君子"吗?(4)于本判决生效后7日内,周鸿祎赔偿金山安全公司50,000元;(5)驳回金山安全公司的其他诉讼请求;(6)驳回周鸿祎的其他上诉请求。一审案件受理费60,200元,由金山安全公司负担50,000元(已交纳),由周鸿祎负担10,200元(于本判决生效后7日内交纳)。二审案件受理费60,200元,由金山安全公司负担60,000元(已交纳),由周鸿祎负担200元(已交纳)。

案例解析

本案是一起名誉权侵权案件,案件涉及的双方当事人分别为公民个人和企业法人,而且侵权行为的媒体是新兴的网络媒体微博,因此具有特殊的典型意义。本案涉及的法律问题包括:如何判断发表博文的行为是否构成侵权,以及责任如何承担。

(1)周鸿祎发表博文行为是否构成侵权

根据《中华人民共和国民法通则》第101条规定,公民、法人享有名誉权,公民的人格尊严受法律保护，禁止用侮辱、诽谤等方式损害公民、法人的名誉。最高人民法院《关于审理名誉权案件若干问题的解答》第 8 条对因撰写、发表批评文章引起的名誉权纠纷是否构成侵权问题作出规定。

本案中涉及的个人微博，作为新兴的网络媒体，具有巨大的粉丝群体，其中涉及批评的内容，往往起到了舆论监督的积极作用。因此，鉴于微博对丰富人们的精神生活具有一定的积极意义，每个网民更应该避免借助微博发表言论攻击他人使微博成为相互谩骂的空间。

本案被告周鸿祎作为一个网络行业的知名公众人物，深悉网络传播之快之广，更应谨慎自己的言行。然而，通观周鸿祎微博的前后文，既无法读出周鸿祎主观上的善意，也不能排除其借助对金山安全公司技术上的指责而获得自己利益的可能性。因此，本案两审法院均认为其中部分微博的描述具有明显的侮辱性质，构成侵权。

(2)侵犯名誉权的责任应该如何承担

依据最高人民法院《关于审理名誉权案件若干问题的解答》第 10 条的规定，人民法院依照《中华人民共和国民法通则》第 120 条和第 134 条的规定，可以责令侵权人停止侵害、恢复名誉、消除影响、赔礼道歉、赔偿损失。恢复名誉、消除影响、赔礼道歉可以书面或者口头的方式进行，内容须事先经人民法院审查。恢复名誉、消除影响的范围，一般应与侵权所造成不良影响的范围相当。公民、法人因名誉权受到侵害要求赔偿的，侵权人应赔偿侵权行为造成的经济损失；公民并提出精神损害赔偿要求的，人民法院可根据侵权人的过错程度、侵权行为的具体情节、给受害人造成精神损害的后果等情况酌定。因此，二审法院的判决撤销了一审法院判决的第一项、第三项和第四项，即改变了被告承担侵权责任的具体方式。

其一，针对删除博文的判决，二审法院仅要求被告删除两条博文，通过这一判罚将“正常批评”和“侮辱诽谤”的博文进行区分。二审法院认为，对于这些具有明显侮辱性质的博文，应通过删除的方式实现金山安全公司停止侵权的诉讼请求，并通过发表致歉声明等方式以赔礼道歉、消除影响。

其二，针对损害赔偿，二审法院认为，金山安全公司提出赔偿的根据是周鸿祎的言论导致股票大跌，由于没有证据表明之间的因果关系，为此一审未予以支持是正确的。二审由于对指控的博文的定性发生了部分改变，赔偿数额应当予以酌减。

本案启示

本案的裁判中使用了公众人物概念，但用意不在于限制对公众人物的名誉权保护，而在于讨论和界定公众人物对自己言行是否具有更高的注意义务。法院认为，周鸿祎作为公共人物具有巨大的影响力，因此应对言行谨慎负有更高的注意义务。与此同时，周鸿祎作为金山系企业竞争对手360公司的董事长，与360公司、金山公司之间存在的密切利益关系，其微博发言显然并未站在公共利益的立场，而明显带有为自己公司私利考虑、自愿成为360公司代言人之嫌。基于上述理由，法院认定周鸿祎的行为构成了侵权行为，并判定其承担赔偿责任。

从本案例可以看出，在微博、微信等自媒体高度发达的互联网时代，企业及高管的媒体账号也往往成为企业塑造商业形象、维护企业价值的无形战场。在利用互联网媒体进行企业宣传和商业竞争的同时，也应该严格区分言论自由与正当竞争的界限，杜绝侵犯他人合法权益的行为发生。

二、北京奇虎科技有限公司、奇智软件(北京)有限公司与腾讯科技(深圳)有限公司、深圳市腾讯计算机系统有限公司不正当竞争纠纷上诉案[1]

案例要旨

对互联网市场领域中商业诋毁行为的认定，其根本要件是相关经营者的行为是否以误导方式对竞争对手的商业信誉或者商品声誉造成了损害，并注意区分片面误导与客观批评之间的界限。

案情简介

北京奇虎科技有限公司、奇智软件(北京)有限公司针对腾讯科技(深圳)

〔1〕 最高人民法院(2013)民三终字第5号民事判决书。

有限公司、深圳市腾讯计算机系统有限公司(下称腾讯公司等)的QQ软件专门开发了“360扣扣保镖”软件,在相关网站上宣传扣扣保镖软件全面保护QQ软件用户安全,并提供下载。2011年8月,腾讯公司等以上述行为构成不正当竞争为由,提起诉讼。

原告腾讯公司、腾讯计算机公司一审起诉称:两被告通过其运营的网站向用户提供“360扣扣保镖”(以下简称扣扣保镖)软件下载,并通过各种途径进行推广宣传。该软件直接针对腾讯QQ软件,自称具有“给QQ体检”、“帮QQ加速”、“清QQ垃圾”、“去QQ广告”、“杀QQ木马”、“保QQ安全”和“隐私保护”等功能模块,实质上是打着保护用户利益的旗号,污蔑、破坏和篡改腾讯QQ软件的功能;同时通过虚假宣传,鼓励和诱导用户删除腾讯QQ软件中的增值业务插件、屏蔽原告的客户广告,并将其产品和服务嵌入原告的QQ软件界面,借机宣传和推广自己的产品。被告的上述行为不仅破坏了原告合法的经营模式,导致原告产品和服务的完整性与安全性遭到严重破坏,原告的商业信誉和商品声誉亦遭到严重损害。被告的上述行为违反了公认的商业道德,构成不正当竞争,减少了原告的增值业务交易机会和广告收入,给原告造成了无法估量的损失,亦导致用户不能再享受优质、安全、有效的即时通讯服务,最终损害用户的利益。

被告奇虎公司、奇智公司答辩称:(1)扣扣保镖不破坏QQ软件系统的完整性。软件的合法复制品所有人有权为了改进其功能、性能而进行必要的修改。因此,软件用户有权对QQ软件进行修改,而扣扣保镖协助用户实现该权利显然不构成著作权意义上的“破坏软件完整性”。(2)原告关于扣扣保镖破坏腾讯商业模式的指控不能成立。商业模式并不构成法律保护的客体,扣扣保镖采用符合公认商业道德的方式,促使腾讯对其掠夺性商业模式做出改变,有利于消费者和市场竞争,符合反不正当竞争法的规定。(3)被告不构成对原告商业声誉的诋毁。扣扣保镖的打分只是对于QQ软件运行状况的反映与评价,不涉及对QQ软件整体的评价,只是基于技术中立的原则对运行状况客观评分,并未有贬低QQ软件的意图,也并未断言原告扫描了用户隐私。(4)被告的行为不构成“搭便车”的不正当竞争行为。(5)原告的高额赔偿请求缺乏法律和事实依据。综上所述,原告起诉缺乏事实与法律依据,恳请法院驳回其全部诉讼请求。

法院经审理查明:在安装了QQ软件的电脑上运行扣扣保镖后,该软件自动对QQ进行“体检”,然后显示“体检得分4分,QQ存在严重的健康问题”;“共检查了40项,其中31项有问题,建议立即修复!重新体检”;“在QQ的运行过程中,会扫描您电脑里的文件(腾讯称之为安全扫描),为避免您的隐私泄露,您可禁止QQ扫描您的文件”等用语,另外还有“阻止QQ扫描我的文件”、“一键修复”等按键设置。

本案证据显示,只有在用户使用了被告给用户设置的“一键修复”功能后,用户的QQ软件才能取得100分。如一旦用户成功使用“一键修复”功能,原告借助QQ平台搭建的增值服务和广告业务功能就将被禁用、阻止或者清除。也就是说,只有当QQ特定的功能插件、自带的安全防护功能、广告、资讯弹窗被一律禁用、阻止和清除后,QQ才能得满分。QQ所得100分是用户使用了扣扣保镖进行“一键修复”的结果。

本案证据证明,在扣扣保镖对QQ进行体检后,用户只要点击“保QQ安全”功能键,“升级QQ安全中心”功能显示“已开启”,并显示“点击QQ主面板中的安全中心时打开扣扣保镖”;用户点击“杀QQ木马”功能键后,页面显示“点击安装360安全卫士”以及“如果您不安装360安全卫士,将无法使用木马查杀功能”。

一审法院据此判决如下:(1)奇虎公司、奇智公司连带赔偿腾讯公司、腾讯计算机公司经济损失及合理维权费用共计500万元;(2)奇虎公司、奇智公司连续15日在其网站(www. 360. cn、www. 360. com)首页显著位置,在新浪网(www. sina. com)、搜狐网(www. sohu. com)和网易网(www. 163. com)网站首页显著位置,连续7日在《法制日报》和《中国知识产权报》第一版显著位置就其不正当竞争行为向腾讯公司、腾讯计算机公司赔礼道歉,消除影响;(3)驳回腾讯公司、腾讯计算机公司的其他诉讼请求。

奇虎公司、奇智公司不服一审判决,提起上诉。

二审法院认为一审判决认定事实清楚,适用法律正确,判决如下:驳回上诉,维持原判。一审案件受理费666,800元,由被上诉人腾讯科技(深圳)有限公司、深圳市腾讯计算机系统有限公司共同负担166,800元,由上诉人北京奇虎科技有限公司、奇智软件(北京)有限公司共同负担500,000元。二审案件受理费666,800元,由上诉人北京奇虎科技有限公司、奇智软件(北京)有限公司共同负担。

案例解析

本案是一起不正当竞争纠纷案件,具有非常典型的意义。其一,案件的当事人双方均为网络行业内的龙头知名企业,案件所涉及的商业行为对于广大消费者造成了巨大的影响,对两家企业的商业利益也产生了很大的震动。其二,本案涉及的软件运行方式、技术方案以及商业盈利模式都非常复杂,通过本案的审理,厘清了网络软件行业中的很多难点问题,对于网络软件行业的公平竞争、良性发展起到了正面积极的作用。

本案的焦点在于:被告的行为是否构成不正当竞争,被告应该赔偿原告的经济损失数额。

(1)被告的行为是否构成不正当竞争

第一,关于被告扣扣保镖是否能够破坏原告QQ软件及其服务的安全性、完整性,使原告丧失增值业务的交易机会及广告收入,从而构成不正当竞争的问题。被告针对QQ软件专门开发了扣扣保镖,该扣扣保镖运行后对QQ软件进行深度干预,相关用户按照扣扣保镖提示进行相应操作后,使QQ软件相关功能键的全部或者部分功能无法使用,会改变QQ软件原有的运行方式,破坏了该软件运行的完整性。被告为达到其商业目的,诱导并提供工具积极帮助用户改变被上诉人QQ软件的运行方式,并同时引导用户安装其360安全卫士,替换QQ软件安全中心,破坏了QQ软件相关服务的安全性并对QQ软件整体具有很强的威胁性。

第二,关于被告在经营扣扣保镖软件及其服务时,是否存在捏造、散布虚伪事实,从而构成商业诋毁的问题。依据《反不正当竞争法》第14条的规定,经营者不得捏造、散布虚伪事实,损害竞争对手的商业信誉、商品声誉;因此,认定是否构成商业诋毁,其根本要件是相关经营者之行为是否以误导方式对竞争对手的商业信誉或者商品声誉造成了损害。除了直接批评贬损、捏造事实进行虚假宣传之外,以片面陈述真实的事实而引起消费者的误解,同样可以起到贬损他人商誉的效果。在本案中，被告无事实依据地宣称QQ软件会对用户电脑硬盘隐私文件强制性查看，并且以自己的标准对QQ软件进行评判并宣传QQ存在严重的健康问题，造成了用户对QQ软件及其服务的恐慌及负面评价，使相关消费者对QQ软件的安全性产生怀疑，影响了消费者的判断，并容易导致相关用户弃用QQ软件及其服务或者选用扣扣保镖保护其QQ软件。这种评论由于其片面性和不准确性，同虚假宣传一样容易引人误解，足以导致相关消费者对相关商品产生错误认识，进而影响消费者的决定，并对竞争对手的商品声誉或者商业信誉产生负面影响，损害竞争者的利益。因此，本案中被告的片面陈述事实，已超出正当商业评价、评论的范畴，突破了法律界限，构成了商业诋毁。

第三，关于被告的扣扣保镖是否通过篡改QQ的功能界面从而取代原告QQ软件的部分功能以推销自己的产品，构成不正当竞争的问题。被告在经营扣扣保镖时，将自己的产品和服务嵌入QQ软件界面，取代了原告QQ软件的部分功能，其根本目的在于依附QQ软件强大用户群，通过对QQ软件及其服务进行贬损的手段来推销、推广360安全卫士，从而增加被告的市场交易机会并获取市场竞争优势，此行为本质上属于不正当地利用他人市场成果，为自己谋取商业机会从而获取竞争优势的行为，构成了不正当竞争。

综上可见，被告的行为确实构成了不正当竞争，应该承担相应的法律责任。

(2)被告应该赔偿原告经济损失的数额

《反不正当竞争法》第20条规定，经营者违反本法规定，给被侵害的经营者造成损害的，应当承担损害赔偿责任，被侵害的经营者的损失难以计算的，赔偿额为侵权人在侵权期间因侵权所获得的利润；并应当承担被侵害的经营者因调查该经营者侵害其合法权益的不正当竞争行为所支付的合理费用。被侵害的经营者的合法权益受到不正当竞争行为损害的，可以向人民法院提起诉讼。

在本案中，根据法院查明认定的证据足以表明，被告发布扣扣保镖的行为给原告造成的损失已经明显超过了法定赔偿的最高限额，因此本案依法不适用法定赔偿额的计算方法，而应当综合案件的具体证据情况，在法定赔偿最高限额以上合理确定赔偿额。

本案一审法院在确定赔偿数额时，全面考虑了以下因素：①被告实施的侵权行为给原告造成的损失包括业务收入、广告收入、社区增值业务收入和游戏收入,QQ. com 网站的流量减少,QQ 新产品推广渠道受阻,被上诉人品牌和企业声誉因商业诋毁而受损;②互联网环境下侵权行为迅速扩大及蔓延;③原告商标和公司声誉的市场价值;④被告具有明显的侵权主观恶意;⑤原告为维权支出的合理费用等。一审法院在综合考虑上述因素并根据本案证据确定原告遭受的经济损失数额已经远远超过法定赔偿限额的情形下,将本案赔偿数额确定为500 万元。

本案启示

本案中,最高人民法院明确了互联网市场领域中商业诋毁行为的认定规则,其根本要件是相关经营者的行为是否以误导方式对竞争对手的商业信誉或者商品声誉造成了损害;最高人民法院也明确了经营者以竞争为目的对他人进行商业评论或者批评尤其要善尽谨慎注意义务。

从本案例可以看出,互联网企业经营者在对他人进行商业评论时,要谨慎把握片面误导与客观批评之间的界限;互联网技术的创新发展要严格避免侵犯他人的合法商业经营;互联网的健康发展需要有序的市场环境和明确的市场竞争规则作为保障,竞争自由和创新自由必须以不侵犯他人合法权益为边界。只有当互联网企业之间开展有序竞争,互联网市场资源才能进一步优化配置,实现全行业的共同发展。

三、重庆银翼诉重庆交通大学、重庆方特虚假宣传纠纷案〔1〕

案例要旨

承办公益活动以及在公益活动中冠名的行为具有广告宣传的商业价值,应当遵循诚实信用原则及商业道德,不得作出引人误解的虚假宣传,亦不得以此虚假宣传谋取不正当的竞争优势、侵害他人的合法商业利益。

---

〔1〕 重庆市第五中级人民法院(2009)渝五中法民初字第247 号民事判决书。

案情简介

原告银翼公司诉称:2009 年 6 月,在原告承办的“绿色未来·韵动一夏——2009 中国重在绿色形象大使公益活动”(以下简称“2009 中国·重庆绿色形象大使活动”)开展过程中,被告交通大学与被告方特公司签订了协议,由被告方特公司对“方特绿色形象大使活动”冠名。二被告进行大量宣传,积极招募“方特绿色形象大使”。在其宣传资料中,注明活动主办方与“2009 中国·重庆绿色形象大使活动”的主办方相同,并且对活动流程的描述也与“2009 中国·重庆绿色形象大使活动”一致。原告认为,二被告的行为属于虚假宣传行为,对原告合法利益造成了侵害,遂诉至法院,请求:(1)判令二被告立即停止侵害,即取消“方特绿色形象大使活动”;(2)判令二被告消除影响并向原告赔礼道歉;(3)判令二被告连带赔偿原告经济损失 5 万元;(4)本案诉讼费用由二被告承担。

被告交通大学答辩称:被告没有虚假宣传行为。原告银翼公司在被告举办的活动结束以后才获得了独家授权,被告没有侵犯原告银翼公司的合法权益。

被告方特公司答辩称:方特公司的赞助行为属于公益性质的活动。二被告与原告没有竞争关系,不符合不正当竞争的主体条件,不会侵犯原告的经济利益。二被告的行为也不会使相关公众产生误解,不构成虚假宣传行为。

法院经审理查明:2009 年 5 月,原告银翼公司制作了一份“2009 中国·重庆绿色形象大使活动”策划案,载明“2009 中国·重庆绿色形象大使活动”于 2009 年 6 月至 8 月举行,主办单位为重庆市绿色志愿者联合会、重庆市红十字基金会绿基金、重庆流浪小动物救助网,协办单位是重庆市国际国内公共关系协会,承办单位是原告银翼公司,高校报名点包括了被告交通大学下属环境与资源保护协会。该方案中载明,该活动可以作为一种广告行为,为企业赢得知名度和品牌效应。该活动还安排有赞助商市场推广活动等内容。在策划案封面,主办单位、协办单位与作为承办单位的原告均加盖了公章。原告银翼公司为活动能够顺利开展,制作了宣传画报、报名资料、报名表以及商业赞助招商方案,其中报名资料注明“只要获奖,将立即成为 2009 中国·重庆绿色形象大使,获得由重庆市绿色志愿者联合会、重庆市红十字基金会绿基金颁发的绿色形象大使证书及聘书。成为重庆公益史上第一位绿色环保形象代言人……”报名时间为 2009 年 5 月 15 日至 6 月 15 日,报名地点在各个高校指定报名点。该报名资料也加盖了主办单位的公章。

2009年6月4日，被告交通大学下属环境与资源保护协会与被告方特公司就开展“方特环保形象大使招募活动”签订一份《协议书》，约定由被告方特公司提供赞助资金2100元并获得招募活动的冠名权。活动时间为2009年6月8~10日。协议签订后，环境与资源保护协会在被告交通大学校园内展出了招募“方特绿色形象大使”的宣传海报。其内容为“方特绿色形象大使火热招募中……只要你获奖，你将立即成为2009中国绿色形象大使，获得由重庆市绿色志愿者联合会、重庆市红十字基金会绿基金颁发的绿色形象大使证书及聘书，成为重庆公益史上第一位绿色环保形象代言人……招募时间:2009年6月8~10日”。宣传海报上标注有重庆方特科幻公园的名称，并注明由重庆方特科幻公园赞助。

2009年6月24日，重庆市绿色志愿者联合会、重庆市红十字基金会绿基金、重庆流浪小动物救助网共同出具一份情况说明，载明“2009中国·重庆绿色形象大使活动”的主办方唯一承认并授权的承办单位是原告银翼公司，除该公司外，任何其他单位均非该大型公益活动的承办方。具体活动的开展及商业赞助招商等活动，全部由原告银翼公司进行，主办单位未单独进行任何形式的招商赞助活动。2009年8月27日，原告银翼公司遂向法院提起诉讼。

法院据此作出判决如下:(1)被告交通大学和被告方特公司向原告银翼公司赔偿经济损失10,000万元;(2)驳回原告银翼公司的其他诉讼请求。

案例解析

本案为涉及虚假宣传的不正当竞争纠纷案件，在本案中涉及的商业活动为校园公益活动的冠冕赞助活动，涉及公益活动冠名的商业利益，具有一定的典型意义。

本案争议的焦点在于二被告的行为是否构成虚假宣传，以及该行为是否侵犯了原告的合法权益构成不正当竞争行为。

(1)被告的行为是否构成虚假宣传

《反不正当竞争法》第9条规定，经营者不得利用广告或者其他方法，对商品的质量、制作成分、性能、用途、生产者、有效期限、产地等作引人误解的虚假宣传。依据最高人民法院《关于审理不正当竞争民事案件应用法律若干问题的解释》第 8 条第 3 款的规定，经营者“以歧义性语言或者其他引人误解的方式进行商品宣传的”，足以造成相关公众误解的，可以认定为《反不正当竞争法》第 9 条第 1 款规定的引人误解的虚假宣传行为。该条司法解释还规定，人民法院应当根据日常生活经验、相关公众一般注意力、发生误解的事实和被宣传对象的实际情况等因素，对引人误解的虚假宣传行为进行认定。

在本案中，被告交通大学为“方特绿色形象大使招募活动”的承办者，而被告方特公司为该活动的冠名赞助者。涉案海报上载明“方特绿色形象大使火热招募中……只要你获奖，你将立即成为 2009 中国绿色形象大使，获得由重庆市绿色志愿者联合会、重庆市红十字基金会绿基金颁发的绿色形象大使证书及聘书，成为重庆公益史上第一位绿色环保形象代言人……”但被告交通大学和被告方特公司均没有提供充分证据证明其已经获得合法授权承办或冠名“2009 中国 · 重庆绿色形象大使活动”。二被告也未提供充分证据证明海报上所记载的相关内容属实。因此，法院根据日常生活经验、相关公众一般注意力、发生误解的事实和被宣传对象的实际情况等因素，认定该行为属于引人误解的虚假宣传行为。

（2）被告的行为是否构成不正当竞争行为

本案中，由原告银翼公司制作并加盖有主办方公章的“2009 中国 · 重庆绿色形象大使活动”策划案中载明，该活动可以作为一种广告行为。此外，主办方于 2009 年 6 月 24 日出具的《情况说明》也明确了“2009 中国 · 重庆绿色形象大使活动”的开展及商业赞助招商等活动，全部由原告银翼公司进行。因此，“2009 中国 · 重庆绿色形象大使活动”具有一定的广告商业价值，原告银翼公司作为活动承办单位能够在承办活动中进行商业赞助招商等商业行为，并享有合法的商业利益。

“2009 中国 · 重庆绿色形象大使活动”定于 2009 年 6 月至 8 月举行，报名时间预定为 2009 年 5 月 15 日至 6 月 15 日，报名地点包括被告交通大学下属环境与资源保护协会。被告交通大学在明知“2009 中国 · 重庆绿色形象大使活动”即将举行并预定在该校报名的情况下，仍以“方特绿色形象大使招募活动”的名义进行与“2009 中国 · 重庆绿色形象大使活动”内容相似的虚假宣传，足以导致相关公众的混淆和误解，其主观上存在过错。而被告方特公司作为“方特绿色形象大使招募活动”的冠名单位也未尽到合理的审查义务。因此，二被告违反了诚实信用原则和公认的商业道德,扰乱了社会经济秩序,损害了原告银翼公司的商业利益,构成不正当竞争行为。

本案启示

本案判决中指出,对于从事商品经营或者营利性服务的主体而言,承办公益活动或在公益活动中冠名可以起到扩大其知名度的作用,有利于承办者或冠名者所从事的商品经营或者营利性服务,增强其竞争实力和交易机会。因而,承办公益活动以及在公益活动中冠名的行为具有广告宣传的商业价值,应当遵循诚实信用原则及商业道德,不得作出引人误解的虚假宣传,亦不得以此虚假宣传谋取不正当的竞争优势、侵害他人的合法商业利益。

从本案例可以看出,虽然公益活动的冠名和承办并非一般意义上的广告宣传,但是其具有与广告宣传相同的商业价值,同样会影响企业的商业竞争力。因此,企业在公益活动宣传和承办过程中,同样应当以诚实信用和公平竞争的原则约束自身的行为,杜绝侵害他人合法权益的虚假宣传。

本章常用法律法规索引

1.《中华人民共和国专利法》

2.《中华人民共和国民法通则》

3.《中华人民共和国反不正当竞争法》

4.《中华人民共和国广告法》

5.《中华人民共和国消费者权益保护法》

6.《中华人民共和国侵权责任法》

7.《中华人民共和国旅游法》

8.《集成电路布图设计保护条例》

9. 最高人民法院《关于审理名誉权案件若干问题的解答》

10. 最高人民法院《关于审理侵犯专利权纠纷案件应用法律若干问题的解释》

11.《专利审查指南》

参 考 文 献

1. 陈奕霏:“浅析合同法鼓励交易原则的实践效用”,载《东方企业文化》2014 年第 20 期。

2. 明星:“企业要防范知识产权合同陷阱”,载《中关村》2014 年第 2 期。

3. 袁博:“小心! 著作权合同里也埋‘雷’”,载《中国新闻出版报》2015 年 4 月 8 日。

4. 王燕:“知识产权交易纠纷特点之剖析”,载《中国发明与专利》2010 年第 10 期。

5. 周俊武、陈曦:“演艺经纪合同之经纪约、唱片约和词曲约的法律属性及相关问题分析”,载《中华全国律师协会知识产权专业委员会年会暨中国律师知识产权高层论坛论文集》(上),2009 年。

6. 赵桂茹:“图书出版合同的法律风险防范”,载《中国版权》2007 年第 6 期。

7. 李稚戎:“浅谈出版合同的法律特征及其作用”,载《科教文化》2013 年第 4 期。

8. 易新:“签订科技图书出版合同应注意的问题”,载《科技创新导报》2014 年第 17 期。

9. 柏亚琴:“关于会展合同的法律思考”,载《中国会展》2004 年第 7 期。

10. 席锋宇:“我国文化市场监管体系初步建立”,载《法制日报》2009 年 9 月 15 日。

11. 陶钧:“‘演艺经纪合同’解约风波:窦骁 Vs. 新画面影业”,载《法庭内外》2014 年第 4 期。

12. 赵旭东等著:《商法学》,高等教育出版社 2011 年版。

13. 王淑焕等著:《企业法律风险防控应用全书》,中国法制出版社 2012 年版。

14. 李德成主编:《文化创意产业法律操作实务》,法律出版社 2010 年版。

15. 范健主编:《商法》,高等教育出版社、北京大学出版社 2011 年版。

16. 陈小君:《合同法学》,高等教育出版社 2009 年版。

17. 韩世远:《合同法总论》,法律出版社 2004 年版。

18. 邱永清:《专利许可合同法律问题研究》,法律出版社 2010 年版。

19. 周俊武:《星路律程——行走娱乐圈法律之道》,法律出版社 2008 年版。

20. 吴汉东等:《知识产权基本问题研究》,中国人民大学出版社 2005 年版。

21. 李扬:《知识产权法基本原理》,中国社会科学出版社 2010 年版。

22. 王迁:《知识产权法教程》,中国人民大学出版社 2011 年版。

23. 李明德、许超:《著作权法》,法律出版社 2009 年版。

24.《中国指导案例》编委会:《人民法院指导案例裁判要旨汇览 · 劳动社保卷》,中国法制出版社 2013 年版。

后　记

党的十八届四中全会提出，全面推进依法治国，目标是建设中国特色社会主义法治体系，建设社会主义法治国家，必须弘扬社会主义法治精神，建设社会主义法治文化，增强全社会厉行法治的积极性和主动性。

为深入贯彻党的十八届四中全会精神，全面推进依法行政工作，深化“放管服”改革，北京市国有文化资产监督管理办公室（以下简称北京市文资办）坚持问题导向，深入走访调研，深挖企业痛点，编撰出版了《文化创意企业法律实务手册》，供文化创意企业依法经营、依法治企参考。

本书的顺利出版，得益于各方的支持和帮助。北京市文资办主任周茂非担任主编，对编撰工作进行了周密部署和指导，主持重大问题研讨，审定全书框架和主干内容。北京师范大学法学院韩赤风教授承担了本书的统稿和编辑工作。北京市高级人民法院刘庆辉，国家知识产权局专利复审委员会王丽颖，北京师范大学法学院张晓钢、腾飞、杨文慧、涂燕辉，北京安博律师事务所张静、宋俊生等同志参与了本书相关章节编撰工作。北京市文资办政策法规处牵头统筹推进本书的编撰出版工作，综合处、规划发展处、监事会工作处、产权管理处、财务预算处、审计处、企事业领导人员管理处、党群工作处、产业促进处、投融资处、项目协调处、科技创新处、国际交流处、宣传信息处、人事处、机关党委、纪检监察处等部门的同志，特别是产业促进处汪卉同志对书稿的修改润色工作，给予了大力帮助，在此一并表示衷心的感谢。

水平所限，疏漏难免，诚盼广大读者批评指正。

《文化创意企业法律实务手册》编委会

2016年12月

图书在版编目(CIP)数据

文化创意企业法律实务手册/北京市国有文化资产监督管理办公室组织编写.—北京:法律出版社,2016.3

ISBN 978-7-5118-9293-5

Ⅰ.①文… Ⅱ.①北… Ⅲ.①文化产业—法律—中国—手册 Ⅳ.①D922.16-62

中国版本图书馆CIP数据核字(2016)第060736号

文化创意企业法律实务手册	北京市国有文化资产监督管理办公室 组织编写	策划编辑 李天一 责任编辑 李天一 装帧设计 乔智炜

开本 720毫米×960毫米 1/16
版本 2016年12月第1版
出版 法律出版社
总发行 中国法律图书有限公司
印刷 北京嘉恒彩色印刷有限责任公司

印张 16.75 字数 280千
印次 2016年12月第1次印刷
编辑统筹 独立项目策划部
经销 新华书店
责任印制 张建伟

法律出版社/北京市丰台区莲花池西里7号(100073)
网址/www.lawpress.com.cn
投稿邮箱/info@lawpress.com.cn
举报维权邮箱/jbwq@lawpress.com.cn

销售热线/010-63939792/9779
咨询电话/010-63939796

中国法律图书有限公司/北京市丰台区莲花池西里7号(100073)
全国各地中法图分、子公司销售电话:
统一销售客服/400-660-6393
第一法律书店/010-63939781/9782 西安分公司/029-85330678 重庆分公司/023-67453036
上海分公司/021-62071010/1636 深圳分公司/0755-83072995

书号:ISBN 978-7-5118-9293-5 定价:48.00元
(如有缺页或倒装,中国法律图书有限公司负责退换)